# Peter Alexander

*»Das Leben ist lebenswert«*

# Peter Alexander

## *»Das Leben ist lebenswert«*

Die Biographie
von Claudio Honsal

Mit 69 Abbildungen

Amalthea

*Bildnachweis*

Lukas Beck, Wien: 63; Beta Taurus, Unterföhring: 9, 15, 26 34, 38; CONTRAST/ Kainerstorfer, Wien: 60; Filmdokumentationszentrum/Filmarchiv Austria, Wien: 23, 25, 31; Filmmuseum Berlin/Deutsche Kinemathek, Berlin: 10; HIPP Foto, Berlin: 2, 12, 18, 19, 27–30, 42, 43, 46, 51, 58, 59, 62, 64, 65; Archiv Dr. Karl Karkosch, Gilching bei München: 35; Kirch Media, Unterföhring: 24; LISA-FILM, Wien: 36; P.M. Michaelis, Hamburg: 44; NEWS/Zach-Kiesling, Wien: 17; ÖNB Wien, Bildarchiv: 7, 22, 47; ÖNB Wien, Plakatsammlung: 32; ORF Wien, Fotoredaktion: 39, 40, 45, 48-50,54-57, 66, 67; Platzer, Wien: 68; Privat: 8, 11, 13, 14, 16, 20, 21, 52, 53, 61; Max-Reinhardt-Seminar, Wien: 3-6; SONY BMG: 41 (Norbert Unfried), 69; Taurus, Unterföhring: 33, 37; Ullstein Bilderdienst, Berlin: 1.

Der Verlag konnte in einzelnen Fällen die Inhaber der Rechte nicht ausfindig machen. Er bittet, ihm bestehende Ansprüche mitzuteilen.

Besuchen Sie uns im Internet unter:
www.amalthea.at


Umschlaggestaltung: Kurt Hamtil, verlagsbüro wien
Umschlagabbildungen: ORF/Ali Schafler (vorne), Platzer, Wien (hinten)
Herstellung und Satz: VerlagsService Dr. Helmut Neuberger
& Karl Schaumann GmbH, Heimstetten
Gesetzt aus der 12/15 Punkt Berkeley
Druck und Binden: Ueberreuter Buchproduktion, Korneuburg
Printed in Austria
ISBN 3-85002-564-0
ab 1.1.2007: ISBN 978-3-85002-564-5

# *Inhalt*

# *Vorwort*

Ich habe meinen Beruf über fünfzig Jahre sehr ernst genommen, jetzt nehme ich meine Pension, meinen Ruhestand sehr ernst« – mit diesen Worten hat sich »Peter der Große« schon vor Jahren aus der Öffentlichkeit zurückgezogen, von seinen Millionen Fans verabschiedet. Er genießt seither als Peter Alexander Neumayer das Leben abseits von Scheinwerfern und Kameras in seiner geliebten Heimatstadt Wien. Während die meisten aus seinem Metier wie ums Leben reden und gerade diese Öffentlichkeit suchen, gibt es nur wenige, die schweigen, aber damit zur Legende werden. Ein solcher ist Peter Alexander, der letzte seines Fachs, der den Begriff des TV-Straßenfegers verkörpert hat – zu Recht!

Ein Buch über »Peter den Großen« zu schreiben ist nicht nur eine Herausforderung, sondern vor allem das Resümieren eines Stücks deutschsprachiger, ja europäischer Entertainment-Geschichte. Das Ausmaß seines Könnens als Schauspieler, Unterhaltungsmusiker, qualifizierter Jazzer und Ausnahme-Entertainer darf zu heutigen Fernsehzeiten schon fast als Verschwendung gelten. Showstars gehen heute rascher zuschanden als leichtverderbliche Genussmittel – entsprechend verhält es sich mit ihrem Ablaufdatum. Die paar, die allen Schnelllebigkeiten trotzen, sind die Kaiser dieser inflationsgeschüttelten Branche.

Ein Buch über Peter Alexander zu schreiben ist aber auch das Festhalten einer sehr menschlichen Erfolgsgeschichte.

Das Kennenlernen eines über die Jahrzehnte selbstzweifelnden Künstlers und dessen Rückhalt bei seiner großen Liebe, seiner »Schnurrdiburr« Hilde Alexander. Eine menschliche Symbiose, die den Erfolg erst ermöglicht hat. Eine Liebe, die weit über den Tod hinaus bestehen wird. Eine echte, aufrichtige Verbindung, die ich während unzähliger Interviews erfahren durfte. Eine Liebe, die von Freunden und Kollegen, die in diesem Buch zu Wort kommen, immer wieder als zentrales Erfolgsrezept von »Peter dem Großen« genannt wird.

Ein Buch über Peter Alexander ist für den Schreiber auch die Kontaktaufnahme zum Menschen hinter der Showfassade, der viel lieber gemütlich seinen Hobbys nachgeht, die Familie genießt, gut isst und trinkt und Gespräche über Gott und die Welt führt – abseits jener Öffentlichkeit, die über fünf Jahrzehnte das Leben des Superstars beherrscht hat. Denn Peter Alexander Neumayer hat heute nicht nur auf achtzig Lebensjahre zurückzublicken, sondern auch auf zehn Bambis, zwei Romys, fünf goldene Bildschirme, unzählige Ehrungen, Auszeichnungen und Preise. Immer noch hat er Millionen von Fans, entstanden durch 39 Spielfilme, rund 600 Fernsehauftritte, 500 Schallplatten und sechs ausgedehnte Live-Tourneen. Immer noch hält er mit 79 Prozent Einschaltquote im Jahr 1973 den absoluten Rekord. Fakten, die Peter Alexander zur lebenden Legende machten und ihn im Olymp der Unterhaltung als Ausnahmeerscheinung verewigen werden.

# *Kindheit in Wien*

Es war in den sonnig-warmen Tagen Ende September 1925, als Berta und Anton Neumayer, rundum glücklich, noch etwas näher zusammenrückten und beschlossen, eine richtige Familie zu gründen. Von den existentiellen Sorgen, die einige Monate später über sie hereinbrechen sollten, hatten der Bankangestellte aus dem niederösterreichischen Waldviertel und die Tochter eines angesehenen Musikalienhändlers aus dem tschechoslowakischen Pilsen damals nicht die geringste Ahnung. Neun Monate später kam dann das gewünschte Ergebnis zur Welt. »A Star was born« – nur, bis zum Star sollte es noch ein sehr langer und mühsamer Weg werden.

Denn zunächst war da nur ein neuer Erdenbürger namens Peter Alexander Maximilian Neumayer, der am letzten Junitag des Jahres 1926 gegen 15 Uhr das Licht der Welt erblickte. »Nicht zu früh, nicht zu spät, sondern sozusagen zur gemütlichen Nachmittagsjause war ich endlich in der schönen Wienerstadt angekommen«, beschreibt Peter Alexander dieses Ereignis und meint, dass ihm damit die Gemütlichkeit geradewegs in die Wiege gelegt wurde. Und seine über alles geliebte Geburtsstadt sollte ihn nachhaltig prägen. Peter war ein echtes Wiener Kind, ausgestattet mit Witz, Charme und allen Attributen dieser hier heimischen leicht morbiden Gemütlichkeit, Eigenschaften, mit denen er später im gesamten deutschsprachigen Raum zum Publikumsliebling avancieren sollte.

Es war in der noblen Privatklinik Rudolfinerhaus, wo die sanfte Geburt ohne Komplikationen über die Bühne ging. Auch seine spätere Ehefrau Hilde und die beiden Kinder Susanne und Michael Neumayer kamen hier zur Welt. »Wir haben auf das Rudolfinerhaus offenbar ein Familien-Abonnement gebucht«, scherzt Alexander.

Obwohl medizinisch und physisch völlig komplikationsfrei, waren die psychischen Umstände am Tag der Geburt für Mutter Berta nicht ganz so erfreulich gewesen. Vater Anton hatte just an diesem heißen Sommertag seinen sicheren Job bei der Bank verloren – sie war in den wirtschaftlichen Wirren des Jahres 1926 bankrott gegangen. Und der frischgebackene Vater war beim Einsetzen der ersten Wehen wie vom Erdboden verschluckt.

Erst Stunden nach der Geburt von Sohnemann Peter kam ein von argen Existenzängsten geplagter Anton Neumayer in die Klinik. Bis dahin hatte Mutter Berta, bei aller Freude über den Familienzuwachs, in banger Ungewissheit geschwebt, wie sie sich in einem späteren Interview erinnerte: »Einerseits war ich überglücklich über den gesunden und hübschen Nachwuchs, andererseits natürlich sehr besorgt, weil mein Mann nicht auftauchte und ich doch wusste, wie es um die Bank und somit um seinen Arbeitsplatz bestellt war.«

Letztendlich konnte man die triste berufliche Situation, in der sich damals so viele Menschen befanden, nicht ändern und versuchte gemeinsam die positiven Dinge des Lebens heller zu beleuchten – speziell den neuen Erdenbürger. Ein Optimismus, der trotz harter Entbehrungen bald schon belohnt werden sollte. Noch im ersten Jahr nach der Geburt, im Sommer 1927, erhielt Vater Neumayer die ihm zustehende Abfertigung der in Konkurs gegangenen Bank. Die Jungfamilie konnte durchatmen und neue, wenn auch bescheidene Pläne schmieden.

Die kleine Mietwohnung wurde gegen eine Zweizimmerwohnung im gutbürgerlichen 9. Wiener Gemeindebezirk eingetauscht. Man wollte dem Nachwuchs ein schöneres Zuhause bieten, eine neue Bleibe, in der Peter seine Jugend verbringen sollte. Ein prägender Ort, an den er sich auch heute noch gerne erinnert, wenn er zufällig an der Sechsschimmelgasse 4 vorbeifährt: »Wir hatten ein Wohnzimmer, ein Schlafzimmer, Vorraum und ein Bad mit integriertem WC, was damals nicht jeder hatte. Zwar waren es nur etwas über 70 Quadratmeter, aber mein Vater konnte sich nicht mehr leisten nach all den finanziellen Wirren der damaligen Zeit.«

Ein eigenes Zimmer besaß der Neumayer-Spross somit nicht. Zuerst wurde das Bettchen bei den Eltern im Schlafzimmer platziert, später wanderte der junge Mann samt Bett ins angrenzende Wohnzimmer, aber: »Es war zwar sehr eng, doch die Wohngegend war gut, denn sie galt als Ärzte- und Diplomatenviertel.«

Bald bekam dann auch Vater Anton wieder eine neue feste Anstellung als einfacher Bankkassier der Landeshypothekenanstalt für Niederösterreich nahe dem Schwedenplatz. Sein Onkel väterlicherseits hatte ein gutes Wort für den jungen Vater eingelegt. Allerdings unter der Prämisse, er müsse ganz klein und unten, also an der Kasse, beginnen. Immerhin, es war ein Anfang. Mit den 300 Schilling (21,5 Euro) Monatsgehalt konnte er die junge Familie gerade einmal halbwegs über die Runden bringen. Die Wohnung kostete nur 27 Schilling (1,90 Euro), und Ehefrau Berta, als hauptberufliche Mutter ganztags für klein Peter da, konnte nichts beisteuern. Finanzielle Unterstützung gab es allerdings aus dem nahen Pilsen von ihren Eltern.

In gewohnt charmanter und witziger Art erinnert sich der Showstar in der 1971 erschienenen persönlichen Gedankensammlung *Gestatten, Peter Alexander* daran, dass er sich an rein gar nichts aus seinen ersten Lebensjahren erinnern kann: »Über meine Babyzeit klafft bei mir eigenartigerweise eine gewaltige Erinnerungslücke. Da kann ich kaum noch etwas erzählen«, scherzt er über seine ersten Lebensjahre.

Mutter Berta wusste hingegen über eine markante Eigenschaft ihres Sprösslings in späteren Interviews immer wieder gerne und ausführlich zu berichten – seine Musikalität, die sich bereits im Windelalter lautstark bemerkbar machte: »Er hat als Baby versucht, alle Melodien nachzusingen oder nachzuquietschen. Und man hat jedes Liedchen erkannt. Seine Liebe zur Musik ist ihm von Gott schon in die Wiege gelegt worden.«

Egal, ob gut erfunden oder von der stolzen Mutter etwas verklärt, an der späteren Offenheit Peters allem Musischen gegenüber aber dürfte sein Großvater mütterlicherseits einen bestimmenden Hauptanteil gehabt haben. Er war in Pilsen ein angesehener Musikalienhändler mit dem einzigen Schallplatten- und Radiogeschäft des Städtchens: »Mein Großpapa pflegte jeden Abend kurz vor Ladenschluss eine Art Wunschkonzert zum Zwecke der Eigenpromotion zu veranstalten. Er richtete einen gewaltigen Grammophontrichter direkt auf die Straße vor dem Geschäft und beschallte sie lautstark mit Märschen, Volksliedern und Opernausschnitten«, erinnert sich Peter an seine ersten musikalischen Eindrücke.

Es muss im zarten Alter von drei Jahren gewesen sein, denn da verbrachte er erstmals einige Tage bei seinem »Großpapa« – im Gegensatz zum »Großvater« väterlicherseits – in Pilsen: »Die ganze Familie war entzückt, wie ich aus meinem Kinderwagen heraus diesen musikalischen Potpourris begeistert und freudig lauschte.« Rundherum auf der Straße hörten Hunderte Menschen begeistert zu und ließen sich diese Art der neuen Unterhaltung, zumal sie auch noch gratis war, nicht entgehen.

Mit sechs Jahren konnte sich Peter bereits als Discjockey bewähren: »Mein Großvater hat mich damit beauftragt, die Schallplatten für die abendliche Veranstaltung selbst auszuwählen und, was ein wirklicher Vertrauensbeweis war, selbst aufzulegen. Ausgerechnet mich, der ich in diesem Alter den Ruf eines Alleszerstörers hatte. Doch ich habe meinen Opa nicht enttäuscht. Ich schwebte geradezu zum Grammophon und balancierte die Platten wie rohe Eier. Keine einzige Platte hat je einen Kratzer abbekommen! Ich habe mich erstmals in meinem Leben wie ein verantwortungsbewusster Erwachsener benommen.«

Was er nur wenige Monate zuvor in Wien in der elterlichen Wohnung nicht von sich behaupten konnte, denn da hatte Peter noch jede Menge kindlichen Forscherdrang und war beseelt von den abenteuerlichsten Ideen, denen beinahe alles zum Opfer fiel. So auch seine erste, vom Vater gekaufte Eisenbahn. Es war eine elektrische, wie sie damals nicht jedes Kind bekam: »Als mein Vater einmal nicht zuhause war, spielte ich Eisenbahnkatastrophe.« Das Fatale an der Inszenierung war wohl der Ort, den klein Peter für das folgenschwere Zugsunglück auswählte, den Balkon: »Niemand überlebte. Und schon gar nicht meine Lokomotive!«

Dieser Vorfall brachte zwar mächtigen Verdruss mit dem gestrengen Herrn Papa, konnte aber eine lebenslängliche Begeisterung für elektrische Spielzeug-Eisenbahnen nicht schmälern. Peter Alexander entspannt sich bis zum heutigen Tag mit seiner HO-Eisenbahn, aber auf die Katastrophen kann er im reiferen Alter gerne verzichten.

Mit der bis dahin erträumten Karriere als Lokomotivführer war es aufgrund der zerstörten Lokomotive vorbei, dafür sollte sich eine neue, vielversprechende Zukunftsvision für den kleinen Peter auftun – die des Opernsängers. Denn er hatte fortan nur noch Schallplatten im Kopf und kannte beinahe jede, die er bei seinem Großvater in Pilsen aufgelegt hatte, auswendig. Bevorzugtes Fach: Opern. »Ich kannte jeden Sänger und jede Arie, soweit sie auf Schellack gebannt und bei meinem Opa vorrätig war. Als ich die erste Platte mit Wagner-Gesang in die Finger bekam, war es völlig aus mit mir. Ich war fasziniert von dieser Musik und liebe sie noch heute. Erstaunlich, dass ich ihr bereits als Sechsjähriger total verfallen war.«

Eine Leidenschaft, die nicht im Verborgenen bleiben sollte. Zumindest nicht bei den häufigen Aufenthalten in Pilsen, wo er sich als lautstarker Wagner-Straßensänger hervortat, und im engsten Kreise der Familienfreunde in Wien. Mit der Zeit beherrschte der Sechsjährige Lohengrins Gralserzählung, und so unglaublich es klingen mag, selbst Siegfrieds Schmiedelieder schmetterte der Jung-Wagnerianer ohne jeden Fehler mit seinem kindlichen Sopran stundenlang unter die begeisterte Zuhörerschaft. »Immer wenn wir Gäste hatten, brauchten die mich nicht erst lange zu bitten, etwas vorzusingen. Ganz im Gegenteil«, erinnert sich Alexander an das häusliche Szenario. Ausgerüstet mit einem selbst geschnitzten Holzschwert, war er längst schon in Position gegangen, während die Erwachsenen noch beim Essen saßen, und wartete und hoffte auf das Stichwort, das bei jedem Besuch einmal fallen musste: Richard Wagner. In der Sekunde erhob Peter seine Stimme und sorgte immer wieder für Verblüffung ob des einwandfreien Vortrags der schwierigsten Heldengesänge.

Bei einer dieser hausmusikalischen Darbietungen konnte der Freund eines Freundes des Chorleiters der Wiener Sängerknaben diesen beeindruckenden Auftritt miterleben. Es dauerte nicht lange, bis ein Abgesandter des Chorleiters in die Sechsschimmelgasse 4 geschickt wurde. Er sollte ein neues Mitglied werben – den kleinen Wagnerianer mit der glasklaren Stimme: »Ein freundlicher Herr bot meinem Vater an, mich in diesen weltberühmten Chor aufzunehmen.«

Anton Neumayer war von dieser Idee mehr als angetan und sah seinen kleinen Peter schon in blau-weißer Matrosenuniform von Konzerthalle zu Konzerthalle um die Welt reisen. Außerdem würde das relativ streng geführte Regime im Augarten-Internat dem Lausbuben gar nicht schaden.

Doch der Vater machte etwas, was Alexander noch heute beeindruckt: Er überließ die Entscheidung seinem Sohn. Obwohl sich der Vermittler redlich bemühte und dem kleinen Stimmwunder sämtliche Vorteile in den schönsten Farben ausmalte, war dessen Reaktion ein herzerweichendes Heulen, wie immer in ihm bedrohlich erscheinenden Situationen: »Die schönen Uniformen und die vielen Reisen in ferne Länder hätte er wohl besser nicht erwähnt. Bei mir ist sofort der Rollladen gefallen!«

Alles, was mit Uniformen zu tun hatte, hasste schon der Knirps Peter und ein Leben ohne sein geliebtes Wien wollte er sich überhaupt nicht vorstellen: »Was sollte ich denn in fremden Ländern? Wo es mir daheim so gut gefiel und ich im 9. Bezirk so viele prima Spezis hatte. Das war für mich kein wunderbares Angebot, sondern vielmehr eine fürchterliche Bedrohung!«

»Kein Mensch wird dich zwingen, wenn du nicht willst«, waren die befreienden Worte des Vaters, und dieses Kapitel war ein für alle Male abgeschlossen: »Zumindest für mich.

Denn bis zum heutigen Tag werde ich immer wieder auf meine Mitgliedschaft bei den Wiener Sängerknaben angesprochen, und jeder stellt sich den kleinen Peter im hübschen Matrosenanzug vor. Es ist und bleibt eine nette Medienente, die zyklisch immer wieder zu watscheln beginnt.«

Erst Jahrzehnte später sollte Peter Alexander gemeinsam mit den Wiener Sängerknaben auftreten – sie als Gäste und er als Moderator seiner TV-Show.

Glück gehabt! Nach einigen Tagen der stillen Einkehr und Besinnung auf ein Leben als wohlerzogener Sohn war es allerdings schon wieder genug mit der Dankbarkeit über Vaters Großherzigkeit. Peter besann sich, denn: »Ich war immer ein Lausbub und kein Streich war mir zu dumm. Ein wunderbares Leben!«

Egal, ob er kleine Mauerstückchen aus der Wohnzimmerwand zu Wurfgeschossen formte und gegen leidgeprüfte Nachbarn schleuderte oder ahnungslosen Passanten vom Balkon aus dem zweiten Stock direkt aufs Haupt spuckte, Peter hatte viele Lieblingsspiele. Die Konsequenzen konnten da nicht ausbleiben: »Einmal habe ich einen gesetzten Herrn mittleren Alters voll erwischt. Direkt auf seine Glatze. Der ist dann wutentbrannt raufgekommen und hat sich bei meinen Eltern beschwert. Da war dann was los im Hause Neumayer. Es hagelte Watschen, und selbst mir blieb für einige Zeit die Spucke weg. Freiwillig!«

Peter Alexander erinnert sich mit Schmunzeln an die verschiedensten Methoden der Maßregelung und des Strafvollzuges in seinem Elternhaus. Da war Mutter Berta, die im äußersten Notfall schon einmal zum Rohrstock oder zum Teppichklopfer griff: »Das schreckte mich eigentlich überhaupt nicht, denn mit Mutter konnte man herrlich Ringelreihen spielen.« Was sich dann in einer schier endlosen Verfolgungsjagd rund um den Wohnzimmertisch abspielte und in den wenigsten Fällen mit einem Punktesieg der Mutter endete, denn der kleine Peter beherrschte es bravourös, zwischen den mütterlichen Beinen hindurchzuschlüpfen und zu entwischen. »Der Zorn verrauchte zumeist schnell und ohne irgendwelche Spuren bei mir zu hinterlassen.«

Aber der Herr Papa legte etwas mehr Konsequenz an den Tag: »Da gab es schon die eine oder andere feste Watschen. Wenn er mit der erhobenen Hand auf mich zukam, habe ich schon regelmäßig um mein noch junges Leben gebrüllt.« Das ging dann dem Vater zumeist so sehr auf die Nerven, dass die Bestrafungsaktion zumindest ab und zu mit einer Begnadigung und klärendem Gespräch endete. Heute gibt Peter Alexander zu: »Wenn ich zurückdenke und in meiner Erinnerung nachkrame, komme ich zum Schluss, dass Vater meistens gute Gründe für seinen Watschenhagel hatte. Ich war schon manchmal geradezu ein schlimmer Teufel. Was ich so seinerzeit alles aufgeführt habe!«

Besserung im Betragen ihres Sprösslings erwarteten sich die Neumayers im Herbst 1932. Peter musste in der Volksschule Galileigasse die ersten Schritte auf dem Weg zum Ernst des Lebens tun. »Warte nur, mein Sohn, bis du erst einmal in der Schule bist! Dort werden sie dir die Flötentöne schon beibringen« war der Satz, den Peter den ganzen Sommer über aus dem Munde des Vaters zu hören bekommen hatte.

Aber gerade diese Worte machten den Taferlklassler verdammt neugierig auf den bevorstehenden Lebensabschnitt. Peter Alexander erinnert sich an seine Debüterfahrung im ungewohnten Klassenzimmer: »Ich war so aufgeregt, dass ich mir zwar den neuen Schulranzen stolz umhängte, aber in der Klasse leider draufkommen musste, dass ich seinen gesamten

Inhalt zuhause vergessen hatte.« Eine wunderbare Schulpremiere! Dabei war Peter auch noch genetisch-pädagogisch schwer vorbelastet, denn einige seiner Verwandten hatten sich den Lehrberuf ausgesucht, und Großvater Neumayer war gar Schuldirektor an einem Wiener Gymnasium gewesen. »Was nützte der schönste Stammbaum, wenn man so aus der Art geschlagen war wie ich!«

Trotzdem verliefen die Volksschuljahre sowohl für den Schüler Neumayer als auch die Eltern mehr als zufriedenstellend. »Ich hatte ausschließlich Einser und der Stoff machte mir überhaupt keine Probleme. Ich war bestens informiert und konnte mich gut verkaufen.«

Seinen Mitschülern gegenüber war Peter jedes Mittel recht. Auch die vermeintliche Freundschaft mit dem Klassenlehrer: »Herrn Tex liebte und verehrte ich abgöttisch. Das ging sogar soweit, dass ich ihm allmorgendlich auflauerte.« Da die Schule ja nur ums Eck der elterlichen Wohnung lag, machte sich der gewiefte Schüler immer schon etwas früher auf den Weg um, welch Zufall, jedesmal vor dem Schulhof auf seinen Lieblingslehrer zu treffen. Seite an Seite schritten dann beide durch das Eingangsportal. Auf Peters Mitschüler wirkte das wie ein Nahverhältnis zwischen ihm und dem gestrengen Lehrer. Mit dem Ergebnis, dass alle Respekt vor dem Jungen hatten – die ganze Volksschulzeit über.

## *Richard Wagner zum Einstand und Jungenstreiche im Exil*

Die Volksschuljahre vergingen wie im Flug und brachten, trotz äußerst geringem Lern- und Energieeinsatz, die Durchschnittsnote Eins auf das abschließende Zeugnis. Vom Streber war Peter Neumayer aber meilenweit entfernt. Zumindest war nun der Weg in ein Gymnasium geebnet, und auch die Aufnahmeprüfung meisterte er gleichsam im Vorbeigehen.

Mit knapp zehn Jahren war er also Schüler des humanistischen Gymnasiums in der Gymnasiumstraße im 18. Gemeindebezirk, einer in Wien bis zum heutigen Tage angesehenen Institution.

Gleich am ersten Schultag, bei der alljährlichen Aufnahmefeier, gab Peter den Ton an und ließ das Auditorium aus Lehrern, Eltern und Mitschülern wissen, womit sie in den kommenden Jahren zu rechnen hätten: »Ich war auserkoren, diesem denkwürdigen Ereignis die musikalische Weihe zu geben.« Natürlich unter der Mithilfe seines Lieblingskomponisten Richard Wagner. Peter trug seine Glanznummer, die Gralserzählung, fehlerfrei und mit glasklarer Stimme vor. Er beeindruckte Lehrkörper und Schülerschaft gleichermaßen und erweckte gereift und zielstrebig in seinen Eltern Gefühle von Stolz und Zuversicht für den beginnenden Lebensabschnitt. Aber: »Es war das erste und das letzte Mal, dass ich an diesem Institut einen guten Eindruck hinterließ«, erinnert sich Peter Alexander Jahrzehnte später an den Beginn seiner eigentlichen Flegeljahre.

Zwar konnte er weiterhin in den Fächern Musik und Leibeserziehung sowie, merkwürdigerweise, wie er heute findet, in Latein brillieren und ohne viel Aufwand und Ehrgeiz den Klassenprimus abgeben, aber die Mathematik entwickelte sich für Peter zum übermächtigen Gegner, was Vater Anton als Bankbeamten natürlich enttäuschte und erzürnte. »Ich habe es nur immer geschafft, weil ich Vaters strenge Nachhilfe erleiden musste.«

Mit dieser Belastung quälte sich der Gymnasiast Neumayer durch die höheren Klassen. Seine Interessen verlagerten sich mehr und mehr auf außerschulische Gebiete, die sich im Sommer im Freien – so zum Beispiel im geliebten Strandbad von Kritzendorf bei Klosterneuburg oder im Gänsehäufl, einem bekannten Wiener Erholungsgebiet an der Alten Donau – abspielten und im Winter mehr und mehr dem Kino und Theater galten.

Später bezeichnete Alexander die Leidenschaft für Film und Theater als sein »liebstes Hobby« neben dem Singen. Im Alter zwischen zwölf und fünfzehn Jahren dürfte der Wunsch, Schauspieler zu werden, in ihm geweckt worden sein. Den ersten Kinofilm seines Lebens besuchte er mit dreizehn. Es war, wie konnte es auch anders sein, ein Musikfilm: *Das Land des Lächelns* mit Richard Tauber in der Hauptrolle. Zutiefst beeindruckt von der Leistung des großen Sängers und der Welt des Kinos entwickelte sich Peter zum Franz-Lehár-Fan. Er versuchte nun jeden Groschen seines Taschengeldes für diese für ihn neue und faszinierende Art der Unterhaltung zu sparen. Ein mühsames Unterfangen, bekam er doch vom Vater nur einen Schilling (72 Cent) Taschengeld pro Monat. Eine Kinokarte kostete damals in der Regel 50 Groschen. So pendelte er zumindest zweimal im Monat zwischen seinen beiden Lieblingsspielstätten, dem Apollo-Kino in der Gum-

*1 Mit dreizehn Jahren galt sein erster Kinobesuch der Verfilmung von Franz Lehárs Operette »Das Land des Lächelns« mit Richard Tauber als Prinz Sou-Chong.*

pendorferstraße und dem Schubert-Kino auf der Mariahilferstraße. Er war nicht nur von den Filmen beeindruckt, sondern auch von den Hammondorgel-Konzerten oder Tanz- und Artistenvorführungen, die zu jener Zeit als unterhaltsamer Vorspann auf dem Bühnenparkett der Lichtspielhäuser auf den eigentlichen Film einstimmen sollten.

Zweimal im Monat war dem zum leidenschaftlichen Cineasten herangereiften Jugendlichen natürlich zu wenig und so begann sich Peter nach lukrativen Nebenjobs umzusehen, um sein karges Taschengeld aufzubessern. Als Kegeljunge und als Schneeschaufler der Gemeinde Wien verdiente er sich mit hartem körperlichen Einsatz ein paar Schilling dazu, sehr zum Missfallen der Eltern, denn die schulischen Leistungen näherten sich mehr und mehr einem Tiefpunkt.

Ausgerechnet in diesen schulischen Wirren stolperte Peter über ein Zeitungsinserat der Wiener Volksoper. Man suchte stimmbegabte Statisten zur Verstärkung des Chores. Da er stimmlich selbstgeschult war, genügend Selbstvertrauen besaß und mit seinen fünfzehn Jahren bereits alle Klassenkollegen mit knapp 1,80 Meter Körpergröße überragte, ging er zum Vorsingen und wurde genommen. Dass er seinen ersten Auftritt als neues Chormitglied ausgerechnet in Wagners *Lohengrin* hatte, ist für Peter Alexander bis heute »kein Zufall, sondern Fügung des Schicksals und ein unvergessliches Erlebnis«.

Ebenso unvergesslich war wohl der Eindruck, den Peter bei seinen Lehrern hinterließ. Die schulischen Leistungen wurden wegen anhaltender Übermüdung oder durch tagelange Absenzen immer schlechter. Während Mutter Berta das Opernengagement ihres Sohnes stolz unterstützte und den Vater zu beschwichtigen versuchte, hatten die Professoren am Gymnasium kaum noch Hoffnung auf einen positiven Anschluss ihres Zöglings und mittlerweile sämtliche humanistische Gesinnung ihm gegenüber aufgegeben. Ein finaler Eklat schien bereits vorprogrammiert.

Und so geschah es denn auch an einem warmen Frühlingstag des Jahres 1941. Europa befand sich mitten im Krieg, was zur Folge hatte, dass bei den Wiener Schulen jede Menge Wassertonnen und mit Sand gefüllte Papiersäcke für den Fall eines Luftangriffes vor und in den Gebäuden offen zugänglich gelagert waren. Das konnte auch Peter nicht übersehen. Er entsann sich seiner kindlichen Wurfaktionen vom Balkon der elterlichen Wohnung und machte sich daran, zu überprüfen, ob die Gesetze der Schwerkraft auch im 18. Bezirk ihre Gültigkeit hatten. »Unser Klassenzimmer lag im dritten Stock. Also eine ideale Höhe, um die Gesetze des freien Falls in der Praxis zu erproben«, erinnert sich Alexander an das folgenschwere physikalische Experiment.

Der Schüler hatte schnell einen der herumstehenden Sandsäcke entleert, mit Wasser gefüllt und in den dritten Stock geschleppt. Ein ahnungsloser Mitschüler, der eben auf den Schulhof gegangen war und jeden Moment um die Ecke kommen musste, sollte das Opfer sein. »Ich sah den Spezi auch noch und ließ in der Sekunde die sehr schwere Wasserbombe fallen. Dann trat ich vom Fenster zurück.« Er hörte die Detonation und freute sich. Zu früh, wie sich herausstellen sollte. Denn die Wasserbombe hatte nicht das Zielobjekt, sondern ausgerechnet Peters Mathematik-Professor getroffen und durchnässt, der ebenfalls um die Ecke gebogen war.

Der Skandal war perfekt. Nach stundenlangen Verhören und der Androhung drakonischer Strafmaßnahmen für die ganze Klasse hatte sich Peter kleinlaut freiwillig gestellt. Dass es sich um ein Versehen handelte, war dem Professor kein Trost, und ein Bote mit dem gefürchteten blauen Brief war längst in die Sechsschimmelgasse unterwegs. Peter hatte das Fass endgültig zum Überlaufen gebracht.

Erst gegen Mitternacht traute sich der Übeltäter an diesem Tag in die elterliche Wohnung, doch die väterliche Standpauke blieb selbst zu dieser unchristlichen Zeit nicht aus.

Am nächsten Tag gab es allerdings einen kleinen Trost, denn ausgerechnet dieser Anlass ließ Vater Anton vor versammeltem Lehrerkollegium zum glühenden Verteidiger seines Sohnes werden. »Meine Mutter hat mir später einmal verraten, dass Vater den Professoren Humorlosigkeit vorgeworfen hat und im Grunde seines Herzens mit mir sympathisierte.«

Es half trotzdem nichts, die Schlacht am humanistischen Gymnasium war verloren. Peter Neumayer musste die Schule verlassen. Und noch heute wundert er sich: »Ich hätte eigentlich damit gerechnet, dass man irgendwann eine Gedenktafel an der Schule anbringt mit den Worten: ›Hier hat von 1936 bis 1941 Peter Alexander geschlafen.‹«

Aus war es nun mit der Schulkarriere in der Bundeshauptstadt Wien, denn aus dem Verwandtenkreis der Neumayers, der ja pädagogisch bestens informiert war, machte man Mutter Berta auf ein ausgezeichnetes deutsches Gymnasium im hundertzwanzig Kilometer nördlich von Wien gelegenen tschechischen Znaim aufmerksam. Es sei streng, habe ein gut geführtes Internat, und der Direktor sei ein ausgezeichneter Mann.

Zwar konnte Peter so dem beinahe täglichen Strafgericht des Vaters entkommen, aber er musste all seine Freunde aufgeben und seine geliebte Wienerstadt verlassen. Was dem kulturinteressierten Jungsänger aber am meisten im Magen lag: Er musste sein Engagement als Chormitglied der Volksoper an den Nagel hängen.

Im Juni des Jahres 1941 machte er sich mit Mutter Berta per Eisenbahn auf den Weg ins Znaimer Exil. Diesmal gab es keine feierliche Einschulungsveranstaltung, und auch sonst erinnerte den Neuzugang nichts an das ihm lieb gewordene Gymnasium in Wien-Währing.

Zucht und Ordnung waren am Staatsobergymnasium zu Znaim die obersten Gebote. Das Internat neben dem Hauptgebäude glich mehr einer Kaserne als einem Schülerheim, und Peter begann sich von Tag zu Tag mehr nach der kleinen Wohnung seiner Eltern zu sehnen. Die Schlafsäle waren mit achtzehn Betten ausgestattet, die zu seinem Missfallen in drei Etagen übereinander gestapelt waren. Auch für Neuzugänge aus der Großstadt gab es keine Sonderkonditionen. So musste Peter wie alle Neuen im obersten Geschoss seine Schlafstätte aufschlagen und konnte sich erst im Laufe der Zeit herunterarbeiten.

Schlechte Erinnerungen rufen auch heute noch die dort üblichen militärischen Drillmethoden bei Alexander hervor: »Es gab Fingernagel- und Schuhsohlenappelle. Man ging nie ganz gemütlich zum Frühstück, sondern marschierte in Richtung Speisesaal mit einem flotten Liedchen der damaligen Zeit auf den Lippen.«

Trotz des strengen Regiments begann sich Peter Neumayer auch fern der Heimat im regnerischen, kalten Waldviertel mit der Zeit recht wohl zu fühlen. Mutter Berta kam in der Regel wöchentlich mit dem Zug für einen Kurzbesuch und als Proviantlieferantin nach Znaim, denn der im Wachstum befindliche Jugendliche hatte immer Hunger. Die schulischen Leistungen waren zufriedenstellend, das Auskommen mit den Lehrern gut, und so war es an der Zeit, allmählich wieder an neue Streiche zu denken.

Als Peter sich eingelebt hatte, waren Gleichgesinnte schnell gefunden. Wieder sollte auf dem Gebiet der Naturwissenschaften experimentiert werden. Zwar hatte sich an Peters Abneigung mathematischen Formeln gegenüber nichts geändert, aber plötzlich schien er den chemischen sehr zugetan. Mit Schwarzpulver wusste man bald umzugehen wie die chinesischen Feuerwerkserfinder vor Hunderten von Jahren, und an die jeweiligen Rohstoffe kam man ohne größere Probleme, war doch der Vater eines Mitschülers Besitzer der örtlichen Drogerie. Zusammengebraut wurden die hochexplosiven Chemikalien im Freiluftlabor etwas außerhalb von Znaim unter einer Eisenbahnbrücke – vornehmlich nachts, nachdem man übers Fenster das Internat verlassen hatte. Es funkte, brannte und krachte so jede zweite Nacht unter der Brücke, und die ehrgeizigen Jungchemiker hatten ihre helle Freude an ihren Experimenten.

Was der eingeschworene Kreis um Peter Neumayer nicht bedacht hatte: In Europa herrschte der Zweite Weltkrieg. Auch in Znaim. Eines Nachts, man hatte wieder einmal gegen das strenge Verdunkelungsgebot mit hellem Feuerschein verstoßen, wurden die Halbwüchsigen durch ein lautes »Hände hoch! Gesichter zur Wand!« aufgescheucht. Peter und die Seinen waren von der Polizei umzingelt worden. »Wir mussten die Hände vor der Mündung einer Maschinenpistole erheben und wurden nach Waffen untersucht. Eine Behandlung wie die von Schwerverbrechern.«

Erst im Stubenlicht der Polizeiwache wurde ersichtlich, dass es sich bei den »Attentätern« um Jugendliche handelte, die ihrem Experimentierdrang freien Lauf ließen, und nicht um Agenten, die feindliche Flugzeuge mittels Leuchtfeuer einweisen sollten. »Wir flehten die Polizisten an, keine Anzeige zu erstatten oder die Direktion zu benachrichtigen«, erinnert sich Alexander an diese bangen Momente am Polizeirevier Znaim. Die Gesetzeshüter hatten Einsicht, und Peter entkam gerade noch einmal seinem zweiten Rauswurf aus einem Gymnasium.

In der Folge wurden eine öffentliche Toilettenanlage in einem Znaimer Park gesprengt und ein riesiger Gusseisenofen im Klassenzimmer mittels Platzpatronen zum Explodieren gebracht. Doch die Schuldirektion schenkte diesen Vorkommnissen immer weniger Aufmerksamkeit, denn der Krieg war nun so weit fortgeschritten, dass ein Großteil der jungen Lehrer bereits eingezogen war und der Unterricht durch Ersatzkräfte, zumeist ältere Herrschaften aus Znaim und Umgebung, abgehalten wurde. Ein leichtes Spiel für Peter und seine Kumpanen, denn von Zucht und Ordnung wie zuvor war keine Rede mehr. Ruhe und Gelassenheit kehrte in die heiligen Schulhallen ein. Das wurde wiederum von der Schülerschaft beinhart ausgenützt, neue Streiche und Untaten folgten. Erschwerend kam hinzu, dass die Neumayersche Klasse ab der Oberstufe zur absolut verschworenen Gemeinschaft zusammengewachsen war, die fortan nach dem Musketier-Prinzip agieren sollte.

Die Methoden, unangenehmen Situationen wie einer Mathematik-Schularbeit, für die man natürlich keinen Strich gelernt hatte, aus dem Weg zu gehen, wurden immer dreister. Die Phantasie der Schüler war schier grenzenlos, und Peters genialer Einfall als letzte Rettung vor der drohenden Mathematik-Klausur war die Parole »Wir blasen Fliegeralarm!« Eilends rollte die gesamte Schulklasse in der Pause vor der gefürchteten Prüfungsstunde sämtliche verfügbaren Zeichenblätter zu riesigen Trichtern und stieß unisono ins Horn. Ein Alarmsignal, das zu dieser Zeit sehr ernst genommen wurde und durchs ganze Schulgebäude hallte. Schülerschaft samt Lehrerkollegium marschierten geschlossen in den Keller. »Stundenlang haben wir dort verbracht und auf die Entwarnung gewartet. Nur, wie sollte die kommen, da wir doch mitten unter den Geflüchteten saßen?« erinnert sich Peter Alexander mit spitzbübischer Freude und einer Portion schlechtem Gewissen. »Allerdings konnten wir diesen Spaß nur zweimal veranstalten, dann sind wir aufgeflogen und man hat uns nicht mehr ernst genommen.«

Trauriger Nebeneffekt: Auch dem echten Fliegeralarm gegenüber wurde man etwas leichtfertiger.

Während in der fernen Großstadt Wien der Luftkrieg voll ausgebrochen war und die Menschen in Angst und Not lebten, merkte man in Znaim nicht viel davon. Lediglich das Gymnasium am Kopal-Platz wurde eines Tages in ein Wehrmachtslazarett umfunktioniert und der Lehrbetrieb kurzfristig in die zweite höhere Schule der Stadt, das Ottokar-Gymnasium, verlegt. Nichts Außergewöhnliches, könnte man meinen, wäre dieses Institut nicht eine ausschließlich den Mädchen vorbehaltene Schule gewesen. Gemeinsame Physik-Unterrichtsstunden brachten die Geschlechter einander näher, und so geschah es, dass Peter sich unsterblich in eine gewisse Inge Schlosser verknallte. »Mein Gott, waren wir damals mit siebzehn Jahren noch so schön naiv. Wir waren noch richtige Kinder. Heute ist das alles anders. Allein wenn man sich anschaut, wie erwachsen Siebzehnjährige zumindest äußerlich wirken«, stellte Peter Alexander später fest.

Über ein Strohfeuer hat sich diese erste Liebe kaum hinausentwickelt: »Wir gingen schon im Mondschein händchenhaltend spazieren, aber viel mehr ist nicht passiert.« Denn im Grunde seines Herzens waren Peter seine Spezis und die gemeinsamen Streiche viel wichtiger als das neue Erlebnis der Schmetterlinge im Bauch.

Trotz der widrigen Umstände, die mehr und mehr an Form gewinnen sollten, waren die letzten Monate im »verträumten« Znaim für Peter recht unbeschwert. Er absolvierte einen Tanzkurs und machte erste Erfahrungen mit Alkohol. Im Juni 1943 legte Peter Alexander Neumayer das damals übliche Notabitur ab. Ohne Probleme und mit gutem Erfolg. Und damit fand die schöne Zeit im Exil ihr Ende.

## *Kriegslist und Entertainment*

Nach dem Abitur und dem Ende der letzten großen Ferien 1943 folgte nicht der Gang zur Universität, sondern Peters Jahrgang 1926 wurde zum Dienst für den Staat einberufen. Gegen die Uniform der Wiener Sängerknaben hatte er noch rebellieren können, aber jetzt half nichts mehr. Es begann ein neuer Lebensabschnitt – kein schöner in den Tagen des immer heftiger tobenden Zweiten Weltkriegs.

Peter Neumayer wurde zu den Flakhelfern abkommandiert, geradewegs in sein geliebtes Pilsen. »Es war wie eine kleine Entschädigung. Mit Tränen in den Augen habe ich vor dem Geschäft meines Großpapas gestanden und mich an die wunderbaren Tage meiner Kindheit zurückerinnert. Das Geschäft hat es aber längst nicht mehr gegeben.«

Zwei Monate dauerte der Aufenthalt in Pilsen, dann wurde bereits die nächste, eine braune Uniform für Peter bereitgestellt. Er musste zum Reichsarbeitsdienst.

Eine schlimme Zeit für die Familie Neumayer, vor allem für Mutter Berta. Ehemann Anton war bereits wochenlang auf Korfu im Kriegseinsatz und schwer verwundet worden, und Sohn Peter stand die Stationierung in Breslau bevor.

Peter war zum Schienenlegen eingeteilt worden. Eine schwere körperliche, kräftezehrende Arbeit, wie sie der zarte, schöngeistige Jüngling bislang noch nicht erlebt hatte.

So war es auch in diesen Monaten beim Arbeitsdienst, dass er sich erstmals ernsthafte Gedanken über seine weitere berufliche Zukunft machte – sofern er den Krieg heil überstehen würde. Der Ernst des Lebens hatte ihn ereilt, die kindlichen Berufswünsche von Polizist bis Lokomotivführer waren längst ausgeträumt. Den elterlichen Wunsch, in guter alter Familientradition Pädagoge oder Bankbeamter zu werden, konnte und wollte Peter nicht erfüllen. Es blieben zwei Möglichkeiten, die dem Heranwachsenden realistisch erschienen: Förster oder Arzt. »Als Förster wäre ich immer in der gesunden Natur gewesen und als Arzt hätte ich anderen Menschen helfen können. Außerdem war mein Vater gegen Zweites nicht abgeneigt, denn in unserem Familienstammbaum gab es seit Generationen auch immer wieder Ärzte.«

Nach dem anstrengenden Schienenlegen mussten sich die Arbeitsdienstler immer sofort in die Kaserne begeben. An Ausgang war nicht zu denken. Dafür fand man Ausgleich zum tristen Kriegsalltag in den sogenannten Bunten Abenden. Vom Künstlerischen her empfand Peter sie grauenhaft, dafür waren sie aber eine willkommene Ablenkung. So kam es, dass er stets die lustigsten Sketche auf der improvisierten Bühne darbot, sich dabei seines parodistischen Talents gewiss wurde und von allen Laiendarstellern immer den lautesten Applaus erntete. Nur etwas fehlte zur selbstinszenierten allabendlichen Glückseligkeit: Musikinstrumente, denn außer einem ungestimmten Klavier gab es nichts dergleichen in ganz Breslau.

Das brachte Peter, der seine Sehnsucht nach seinem geliebten Wien nicht unterdrücken konnte, auf eine Idee: Er versuchte mit viel Feingefühl seinen Vorgesetzten davon zu überzeugen, dass es dort immer noch Instrumente in Hülle und Fülle gäbe, die er beschaffen könnte, damit der eintönige Arbeitsdienst zumindest musikalisch etwas abwechslungsreicher zu gestalten wäre.

Er reüssierte bei seinem einfältigen Kommandanten und wurde für drei Urlaubstage nach Wien entsandt. Natürlich hatte er zu diesem Zeitpunkt noch nicht den geringsten Schimmer, wo er die Instrumente auftreiben sollte, aber das Ticket in seine Heimatstadt war ihm sicher: Wien, ich komme!

Die Mutter freute sich über den unerwarteten Besuch und verwöhnte den Sohn nach Strich und Faden. Der Vater war immer noch im Lazarett in Griechenland, aber man wusste nichts Genaueres über seinen Aufenthaltsort und seinen Zustand.

Peter machte sich im zerbombten Wien auf die Suche nach alten Freunden. Einer davon war Harry, Sohn eines reichen Fabrikanten und zusätzlich Musikfreak, der zumindest noch ein Schlagzeug besaß. Ihm schilderte Peter seine geheime Mission und seine Verzweiflung. Mit dem Ergebnis, dass der gute Freund Peter gerade noch rechtzeitig, wenige Stunden vor der Rückfahrt nach Breslau, sein Schlagzeug überließ. Aus den versprochenen »Instrumenten in Hülle und Fülle« wurde eine kleine Schachtel mit einem gebrauchten Schlagzeug. Kein aufregendes Mitbringsel aus dem fernen Wien, was einen gehörigen Anschiss des Vorgesetzten nach sich zog. Trotzdem, Peter hatte seine Mission erfüllt, sein geliebtes Wien samt Mutter wiedergesehen und in diesen kurzen drei Tagen eine weitere, prägende Erfahrung gemacht. Freund Harry hatte nämlich nicht nur ein Schlagzeug, sondern auch eine riesige illegale Sammlung von amerikanischen Jazz-Platten: »So machte ich in dieser kurzen Zeit meine erste Bekanntschaft mit der von den Nazis verpönten ›Negermusik‹ und ich liebe den Jazz bis zum heutigen Tag.«

Im Mai 1944 gingen dann auch die Tage des Arbeitsdienstes in Breslau zu Ende, und Peter übersiedelte wieder nach Wien, um dort mit Bangen seinem Einberufungsbefehl an eine der zahlreichen Fronten entgegenzufiebern. Just in dieser Situation machte er ganz zufällig die Bekanntschaft eines alten Kriegshaudegens, der auf Heimaturlaub in Wien war. Der gebürtige Preuße gab dem verunsicherten Rekruten den besten Tipp, den man damals nur bekommen konnte: »Junge, du musst dich freiwillig melden. Es dauert dann mindestens ein bis zwei Monate, bis der Einberufungsbefehl über mehrere Instanzen zugestellt wird. Wenn du den Schrieb in der Hand hast, meldest du dich, wieder freiwillig, für die Offiziersausbildung an. So kannst du weitere zwei bis drei Monate rausschinden!« Aber es sollte noch dreister kommen: »Bevor sie dich dann wirklich einziehen, musst du auch noch zur Offiziersprüfung. Die ist sehr leicht, aber du musst durchfallen. Dann gewinnst du, meiner Erfahrung nach, nochmals etwas Zeit.«

Das hörte sich für Peter verlockend an und so handelte er, strikt nach den Vorgaben des Militär-Experten. »Das war das erste und letzte Mal, dass ich mich freiwillig gemeldet habe!«

Warum er sich als Österreicher ausgerechnet zur Kriegsmarine gemeldet hatte, erklärte er später so: »Ich habe aufgrund meines Sternzeichens Krebs eine ganz natürliche Affinität zum Wasser. Außerdem war ich immer ein guter Schwimmer und habe mir zu Wasser im Ernstfall mehr Chancen ausgerechnet als zu Lande.«

Der Rat des Kriegsveteranen funktionierte jedenfalls bestens, und Peter wurde erst Ende August 1944 zum Kriegsdienst nach Kiel einberufen. Wieder musste er sein geliebtes Wien verlassen.

Die Züge waren überfüllt und die Bahnverbindungen katastrophal. »Ich habe ganz schlimme Erinnerungen an einen unfreiwilligen Aufenthalt in Berlin, das zu diesem Zeitpunkt schon völlig zerbombt war.« Peter wechselte in der »Reichshauptstadt« unter ständiger Lebensgefahr von einem Bahnhof zum anderen. »Was sich damals abspielte, werde ich nie vergessen. Ich habe den Untergang dieser wunderschönen Stadt live miterlebt.«

Mit einer über einwöchigen Verspätung kam er schließlich am 15. September bei seiner Einheit an der Kieler Förde an. Er fand vorerst im Auffanglager an der Eckernförder Chaussee seine Unterkunft. In Zivilkleidung, denn Uniformen waren längst Mangelware geworden. Lediglich eine Armbinde wies den Neuankömmling als Marineangehörigen aus. Auch der Aufgabenbereich war weit von dem eines Marinerekruten entfernt, denn es galt in erster Linie, die Opfer der permanenten Bombardements zu bergen und in Sicherheit zu bringen.

Etwas Licht erschien am Horizont, als Peter nach drei Wochen von Kiel nach Ostfriesland verlegt wurde. Es folgte eine Ausbildung zum Funker, bevor er für weitere zwei Monate mit seinem Regiment nach Kopenhagen abkommandiert werden sollte. Dort begann er wieder einmal, sich gegen die Obrigkeit aufzubäumen, was in der Wehrmacht nicht gerade sinnvoll war. Er wurde geschliffen und durfte so mit allen möglichen und unmöglichen Trainingsmethoden der Marine Bekanntschaft machen.

Wieder ging es zurück nach Ostfriesland. Der Ernstfall rückte immer näher. Doch der Gefreite Peter Neumayer hatte sich, wie schon beim Arbeitsdienst in Breslau, einen guten Namen als Unterhalter der Kompanie gemacht. Merkwürdigerweise war er besonders beliebt bei seinem verhassten Obermaat und galt so eine Zeitlang als unabkömmlich für den Fronteinsatz. Das mag ihm das Leben gerettet haben.

Am 7. Mai 1945 schlug aber auch für Peter die Stunde. Er musste in Ostfriesland zum Fronteinsatz. Während er mit seiner Panzerfaust, für deren Bedienung er noch am selben Tag in Windeseile einen Schnellsiedekurs erhalten hatte, bei widrigsten Witterungsbedingungen im Schlamm lag und auf ein Wunder hoffte, tat sich genau dieses am Horizont auf. Plötzlich stoppten die britischen Panzer, die in Richtung der deutschen Schützengräben unterwegs waren, und ein Beiwagenmotorrad mit britischen Parlamentären, die eine weiße Fahne schwenkten, näherte sich der Frontlinie. Peter Alexander erinnerte sich später: »Wir kletterten aus unseren Löchern. Da ich der einzige war, der Englisch konnte, begann ich mit den Verhandlungen.«

Viel zu verhandeln gab es allerdings nicht mehr, denn schon waren die erleichternden Worte gefallen: »The war is over!« Die deutsche Wehrmacht hatte bedingungslos kapituliert. Zwar unter britischem Geleit und als nunmehrige Kriegsgefangene, aber erleichtert wanderte die Truppe in die Unterkünfte nach Aurich zurück.

Für das kommende Jahr sollte für Peter eine wahre Odyssee durch die verschiedensten Kriegsgefangenenlager in Norddeutschland folgen. Er machte Bekanntschaft mit salzlosem Essen, mit Wanzen und Flöhen, aber auch mit Gleichgesinnten, die der Musik ebenso verfallen waren wie er selbst. Also begann man mit Vokalgruppen und Chören den Lageralltag etwas bunter zu gestalten und durfte erstmals, ja man sollte sogar, in voller Lautstärke auch englische Lieder und Schlager singen. Mit dem Benny-Goodman-Hit »Sentimental Journey« konnte man selbst die Engländer beeindrucken. Als für eine Silvesterfeier im Offiziersclub zum Jahreswechsel 1945/46 Berufsmusiker gesucht wurden, begann in Peter Neumayer das Herz des Entertainers auf Hochtouren zu schlagen.

Zwar war er kein Berufsmusiker, aber die in Aussicht gestellten zweihundert Zigaretten ließen ihn in der Sekunde zum Barpianisten werden, was ihm die Engländer ohne Vorspiel abnahmen: »Ich konnte damals gerade einmal in schlichtestem C-Dur spielen. Die schwarzen Tasten waren für mich eigentlich überhaupt nicht vorhanden.«

An jenem besagten Silvesterabend gab das Klavier also ausschließlich C-Dur vor. Das brachte die hochmusikalischen Kollegen an den anderen Instrumenten zwar in Rage und beleidigte das ein oder andere geschulte Offiziersohr, änderte aber nichts an der Tatsache, dass Peter bis vier Uhr morgens das Klavier quälte: »Es war eine komische Oper in C-Dur.« Das Ergebnis: Zweihundert Zigaretten und Peters erster öffentlicher Auftritt, wenn auch hinter verschlossenen Toren in Gefangenschaft.

Ein weiterer, zukunftsweisender Wink des Schicksals folgte wenige Wochen später nach der abermaligen Verlegung ins Kriegsgefangenenlager bei Jever. Dort traf Peter auf den Landsmann und ehemaligen Intendanten des Klagenfurter Stadttheaters, Gustav Barthelmus. Der internierte Theatermann war gerade damit beschäftigt, ein Stück mit den Gefangenen und für die Lagerinsassen zu inszenieren: Hugo von Hofmannsthals *Jedermann*. Peter witterte die große Chance und nahm sie wahr. Als Mammon brillierte er erstmals als Schauspieler in einer Kirche nahe Jever. Zu der Vorstellung waren auch viele Menschen aus der ortsansässigen Zivilbevölkerung gekommen und zeigten sich begeistert.

Als nächstes folgte die Aufführung von Heinrich Bertés Schubert-Singspiel *Das Dreimäderlhaus*. Peter wuchs in der Rolle des Baron Schober förmlich über sich hinaus. Und tief in seinem Innern lebte der Gedanke wieder auf: Schauspieler, das könnte mein Beruf werden.

Im zehnten Straflager nützte Peter seine Begabung und mimte vor den Engländern den Todkranken. Unter Zuhilfenahme der restlichen hundert Zigaretten, die ihm von der Silvestergage geblieben waren, konnte er die Kommission glauben machen, dass er schwerkrank war. Ein kurzer Blick der Offiziere auf die leidende Miene des Kriegsgefangenen Neumayer genügte, die Entlassungspapiere waren unterschrieben und der Weg ins geliebte Wien geebnet.

Auf der langen Zugreise durch Deutschland über Linz in die Heimat hatte Peter Neumayer so manche Gräuelgeschichte über den Zustand seiner Heimatstadt erfahren: Wien sollte durch die permanenten Bombardierungen geradezu dem Erdboden gleich gemacht worden sein. Seine Angst um die Eltern wuchs mit jedem Kilometer, den er sich Wien näherte.

Die Schilderungen waren nicht übertrieben, denn schon der Westbahnhof glich bei seiner Ankunft einem Trümmerhaufen, ebenso die direkte Nachbarschaft der Wohnung in der Sechsschimmelgasse, in der Peter so viele schöne Stunden verlebt hatte: »In der Galileigasse, wo ich zur Schule gegangen bin, lag der Schutt über zwei Meter hoch. Auch mein Elternhaus hatte allerhand abgekriegt, aber man konnte noch darin wohnen.«

Groß war die Wiedersehensfreude mit den Eltern, die mehr oder minder wohlauf waren und immerhin noch in der Zweizimmerwohnung leben konnten. Bei Neumayers spielten sich Szenen der Freude und Betroffenheit ab, die in diesen furchtbaren Tagen bei Millionen von Familien ähnlich durchlebt wurden: »Ein Wiedersehen, das man mit Worten nicht beschreiben kann.«

Abgemagert auf dreiundsechzig Kilo bei einer stattlichen Körpergröße von 1,85 Metern betätigte sich der Heimkehrer die nächsten Wochen damit, die Schäden am Haus zu reparieren und dabei möglichst wenig Kalorien zu verbrauchen. Er entsann sich des lukrativen Geschäfts mit Zigaretten, das ihm wenige Wochen zuvor schon einen guten Dienst erwiesen hatte, und betätigte sich erfolgreich im Schwarzhandel. Ein willkommenes illegales Zubrot, das die tristen Nachkriegswochen etwas erträglicher machte. Denn Vater Neumayer musste sich wegen seiner Kriegsverletzungen und der beschwerlichen Heimreise aus der Gefangenschaft – er war den weiten Weg aus Griechenland beinahe ausschließlich zu Fuß unterwegs gewesen – schonen.

Aber nicht nur physisch, auch psychisch war Anton Neumayer schwer angeschlagen. Peter Alexander erinnerte sich später in einem Interview: »Sein Lebenslicht flackerte schon sehr müde. Das war auch der Grund, warum ich ihm zuerst noch verheimlichte, dass ich nicht Arzt, sondern Schauspieler werden wollte.«

So schrieb sich Peter schließlich dem Vater zuliebe im Sommersemester 1946 an der Universität Wien als Medizinstudent ein.

2 *»Der Peter war in seiner Rolle in ›Abschiedswalzer‹ um vieles besser als sein Vorgänger«, urteilt Waltraut Haas über die Zweitbesetzung Peter Alexander im Wiener Bürgertheater 1948. Vierzehn Jahre später waren die beiden als arrivierte Stars zum dritten Mal Filmpartner in »Hochzeitsnacht im Paradies«.*

## *Berufsziel Schauspieler, Waltraut Haas und ein glücklicher Unglücksfall*

Vater, ich tauge überhaupt nicht für die Medizin. Ich möchte Schauspieler werden.« Dieses Geständnis machte Peter Neumayer seinem Vater ausgerechnet in den Tagen um seinen zwanzigsten Geburtstag. Er fühlte sich damals alt und reif genug, diesen Schritt zu wagen und: »Ich wollte meinen Vater nicht länger belügen, das hatte er am allerwenigsten verdient. Ich fasste allen Mut zusammen, denn ich hätte ihm natürlich gerne seinen Lebenswunsch erfüllt und das Medizinstudium irgendwann erfolgreich beendet.« Was Peter seinem Vater wohlweislich verschwieg: »Zwar hatte ich mich an der Universität Wien ordnungsgemäß inskribiert und war somit als Medizinstudent registriert, aber ich beehrte nicht eine Vorlesung mit meiner Anwesenheit. Heute würde ich sagen: Die Menschheit hat noch einmal Glück gehabt, dass ich nicht Arzt geworden bin! Ich wollte unbedingt Schauspieler werden und habe meine Karriere als Mediziner eben dafür an den Nagel gehängt.«

Der Vater war entsetzt und verärgert. So musste sich Peter die erwartete Standpauke anhören: »Das ist doch kein Beruf für einen Mann. Du wirst dein Leben lang von der Hand in den Mund leben. Du wirst niemals mit gutem Gewissen eine Familie gründen können und im Alter womöglich als arbeitsloser, abgetakelter Mime in einem Kaffeehaus herumsitzen. Ein Hungerleiderjob!«

»Viel später erst konnte ich ihn verstehen. Denn ich selbst hätte zwar meine beiden Kinder nie gehindert, den Beruf des Künstlers zu ergreifen, aber ich hätte sie eindringlich davor gewarnt. Auf der Bühne, im Film oder im Showgewerbe galt schließlich damals wie heute die Devise: Alles oder nichts! Und selbst die wenigen, die es schaffen, wissen nie, ob der Erfolg auch von Dauer ist. Ein Umstand, der heute noch viel offensichtlicher ist als zu meiner Zeit.«

Trotz aller väterlichen Bedenken und Ermahnungen war Peter, angespornt von seinem Erfolg in den Kriegsgefangenenlagern und vom Gedanken an eine höhere Berufung besessen und davon überzeugt, dereinst auf der Bühne des Burgtheaters große Erfolge zu feiern. »Ich wollte nicht irgendwo landen, sondern auf den Brettern der Burg. In ernsten Rollen als Charakterdarsteller. Das war mein Traum.«

Mutter Berta erinnerte sich in einem späteren Interview an den Abend des Geständnisses ihres Sohnes: »Ich glaube, mein Mann hat Peters Entschluss nie wirklich ernst genommen und in seinem tiefsten Innern immer noch gehofft, dass sein Sohn einmal Arzt werden würde. Inskribiert war der Peter ja noch.«

Der Entschluss, den Beruf des Schauspielers zu ergreifen, war aber felsenfest gefasst, und mit der mentalen und finanziellen Unterstützung seiner Mutter wagte Peter schließlich im Herbst 1946 den Gang zur Aufnahmeprüfung am renommierten Wiener Max-Reinhardt-Seminar, der damals wie heute ersten Adresse auf diesem Gebiet. »Ich wollte mich schließlich nicht auf meinen starken Willen und mein natürliches Talent verlassen, sondern eine fundierte Ausbildung genießen.«

Mit der Szene des Kosinsky aus Schillers *Die Räuber* bestand er die Prüfung unter den unbestechlichen Augen damaliger

Schauspielgrößen wie Fred Liewehr und Helene Thimig. Er war nervös, hatte spür- und sichtbares Lampenfieber. Ein Umstand, der wohl jeden Aufnahmeprüfling in dieser entscheidenden Situation ereilt, und ein Zustand, der den großen Peter Alexander während seines gesamten Lebens im Bühnenrampenlicht nicht mehr loslassen sollte.

Es ging schließlich um einiges an diesem schicksalsträchtigen Vormittag im Reinhardt-Seminar. Einer der Mitschüler erinnert sich heute noch mit Schaudern und Ehrfurcht an den Prüfungstag: Erwin Strahl, jener Wiener Schauspieler, der 1963 gemeinsam mit Peter Alexander in *Schweijk's Flegeljahre* Kinoerfolge feiern sollte und dessen spätere Ehefrau Waltraut Haas sich 1960 als Wirtin in der Verfilmung des *Weißen Rössl* in ihren Zahlkellner Leopold alias Peter Alexander verliebt.

»Peter, aber auch ich waren zusätzlich noch mit der sogenannten Kontrollprüfung bedacht«, entsinnt sich Strahl an das harte Auswahlverfahren. Über vierhundert Bewerber hatten sich für diesen Jahrgang angemeldet, aber nur vierzehn wurden letztendlich aufgenommen. »Peter hat sich wirklich bemüht und alle Register des klassischen Theaters gezogen, um der Rolle in dem Schillerdrama gerecht zu werden, aber er sorgte schließlich durch seine schon damals unverkennbare Art für ein mitleidiges Schmunzeln in der gestrengen Jury.« Egal, beide, Neumayer und Strahl, hatten einen Sieg davongetragen und durften sich nun als Studenten des Reinhardt-Seminars ausweisen. »Wir waren ein toller Jahrgang mit Ernst Stankovski, dem Riedmann und dem Reyer. Jeder hat eine tolle Karriere gemacht. Jeder auf seine Art und Weise.«

Peter Neumayer allerdings eine ganz andere, als er ursprünglich vorgesehen hatte, denn die Laufbahn als gefeierter Schauspieler des ernsten Faches schwebte ihm während der folgenden beiden Ausbildungsjahre immer wieder vor. Als Hamlet oder Prinz von Homburg sah er sich, doch schon früh erkannte die geneigte und erfahrene Lehrerschaft, dass seine Stärken woanders lagen. »Junger Mann, Ihre Qualitäten sind unübersehbar, aber sie liegen doch wohl eher im komischen Fach«, hatte die große Helene Thimig dem Jungmimen gegenüber mehrmals und mit Überzeugung geäußert. Dementsprechend begann sich der einsichtige Student mehr und mehr den komischen Rollen zu widmen.

Auch seinem Kollegen Erwin Strahl ist dieses Talent damals schon aufgefallen: »Peter hat sich anfangs krampfhaft in Rollen gezwängt, die ihm nie gelegen waren. Dadurch hatte man ihn im Seminar nie als komisch empfunden und er versuchte seinen natürlichen Hang oder auch das gottgegebene Talent zur Komik ständig zu unterdrücken, weil es eben nicht die ideale Voraussetzung für dieses Seminar war.«

1947, im zweiten Jahr der Ausbildung, musste Peter einen schweren Verlust hinnehmen. Sein Vater, schwer leidend an den Verwundungen in Griechenland und der Kriegsgefangenschaft, war plötzlich verstorben. »Ich betrachte es heute noch als einen jener irreparablen Unglücksfälle in meinem Leben, dass mein Vater in tiefer Sorge um meine Zukunft so früh von uns gegangen ist«, sinniert Alexander selbst noch im hohen Alter und hätte Vater Anton gerne an seinem Erfolg teilhaben lassen. Er hätte ihm beweisen wollen, dass er doch den richtigen Weg beschritten hatte: »Wie glücklich wäre er wohl gewesen, wenn er wenigstens meinen ersten Erfolg noch erlebt hätte!«

Die finanzielle Situation änderte sich durch den Tod des Vaters mit einem Schlag, denn Berta Neumayer hatte nur eine kleine Witwenpension. »Das Geld reichte damals kaum für einen, und ich musste meine Unterstützung für den Peter ziemlich einschränken. Es fehlte uns manchmal am Nötigsten, denn meine Eltern hatten nach dem Krieg alles verloren und konnten uns nicht mehr unterstützen«, erinnerte sie sich an diese karge und trostlose Zeit, und Peter Alexander erzählt: »Damals wurde mir so richtig bewusst, was für eine starke und bewundernswerte Frau meine Mutter doch war. Ich liebte sie immer, denn sie war das ausgleichende Element zwischen Vater und mir. Sie hat von Anbeginn meine Bühnenpläne unterstützt, aber jetzt, in dieser schwierigen Situation, wuchs sie förmlich über sich hinaus. Ich muss ihr bis an mein Lebensende dankbar sein.«

Berta Neumayer hätte wohl allen Grund gehabt, ihre Situation und ihr Schicksal zu beklagen. Schließlich war sie eine attraktive Frau in den besten Jahren, die plötzlich ohne Lebensgefährten mit einem 21jährigen Schauspielschüler als Sohn und ohne jede weitere finanzielle Absicherung dastand.

Doch sie investierte jeden gesparten Groschen auch weiterhin in die Ausbildung ihres Peter. Sie arbeitete zunächst in Wien als Kindermädchen und ging schließlich mit einer Freundin für einige Zeit nach England, wo sie sich als Nurse verpflichtete und gutes Geld an den zurückgebliebenen Studenten schicken konnte. »Seit diesem Tag weiß ich nur zu gut, was liebende Frauen vermögen. Egal, ob Mütter oder Gefährtinnen an der Seite eines Mannes. Sie vollbringen die unglaublichsten Opfer, zu denen wir Männer wohl nie imstande wären. Mir wurde dieses Erlebnis gleich zweimal vergönnt, durch meine Mutter und durch meine Frau Hilde. Ein Geschenk, das man nie vergisst!« So verneigt sich Alexander ehrfurchtsvoll vor den beiden wichtigsten Frauen in seinem Leben.

Aufgrund der prekären finanziellen Situation musste Peter aber auch selbst, neben dem Studium und weit abseits der

# Schönbrunner Schloßtheater

SCHAUSPIEL- UND REGIESEMINAR SCHÖNBRUNN

## MAX-REINHARDT-SEMINAR

DER AKADEMIE FÜR MUSIK UND DARSTELLENDE KUNST IN WIEN

**Donnerstag, den 3. Juni 1948**

Zum ersten Male:

# Der tolle Tag

oder

## Figaros Hochzeit

Eine Komödie in 5 Akten von Beaumarchais, übersetzt von Josef Kainz

Bearbeitet von Otto Tausig

Regie: Otto Tausig unter der künstlerischen Oberleitung von Prof. Dr. Heinz Schulbaur

Musikalische Leitung: Josef Garai

| | |
|---|---|
| Der Graf Almaviva | Hubert Berger |
| Die Gräfin, seine Gemahlin | Ljuba Sliskovic |
| Figaro, Kammerdiener des Grafen und Hausverwalter im Schlosse | Herbert Wochinz |
| Susanne, Kammerjungfer der Gräfin, Figaros Braut | Inge Krempl |
| Marcelline, Wirtschafterin | Hilde Rom |
| Antonio, Schloßgärtner, Susannes Oheim | Ernst Seelig |
| Fanchette, Antonios Tochter | Brigitte Ratz |
| Cherubin, erster Page des Grafen | Alfons Lipp |
| Bartholo, Arzt aus Sevilla | Hanns Otto Ball |
| Basilio, Klavierlehrer der Gräfin | Peter Neumayer |
| Don Gusman Gimpelwitz, Ortsrichter | Walter Kohutek |
| Doppelklau, Gerichtsschreiber | Ferdinand Feisthauer |
| Ein Gerichtsdiener | Peter Brand |
| Sonnenstich, ein junger Hirte | Franz Messner |
| Pedrillo, Reitknecht des Grafen | Wolfgang Litschauer |
| Bauernmädchen | Edith Brazda<br>Edith Heyduk<br>Inga Orsell<br>Franziska Schuh<br>Margarete Skorpik |
| Ein Trommler | Harry Glück |
| Der Fremde | Hardo Friemel |
| Erster Bauer | Kurt Jagersberger |
| Zweiter Bauer | Hubert Berger |
| Dritter Bauer | Walter Langer |

Auf dem Schlosse Agnas-Frescas, drei Meilen von Sevilla

Musik: Josef Garai

Choreographie: Hanna Berger

Bühnenbild: Heinrich Mikosch (Klasse Otto Niedermoser)

Entwurf des Bühnenbildes und der Kostüme: Harry Glück

Szenische Gestaltung: Walter Hößlin

Pause nach dem 3. Akt

Beginn 19 Uhr

Ende 21.30 Uhr

Elbemühl, Wien IX.

*3/4 Seit 1946 als Schüler am Wiener Max-Reinhardt-Seminar: Besetzungszettel vom 3. Juni 1948 und Szenenfoto aus »Der tolle Tag« von Pierre Augustin Caron de Beaumarchais mit Peter Neumayer als Basilio, Inge Krempl als Susanne und Hubert Berger als Graf Almaviva. Bei der Abschlussprüfung im August 1948 erschien erstmals der Künstlername »Peter Alexander«.*

großen Theaterillusionen, für regelmäßiges Zubrot sorgen. Gemeinsam mit Erwin Strahl und Peters späterem Lieblingsfilmpartner Gunther Philipp fand dies oft an ungewohnten Schauplätzen statt, wie sich Strahl heute noch erinnert: »Wir haben uns das Studium mit dubiosen Auftritten bei Modeschauen im Kaufhaus Gerngross finanziert. Ich bin als Sänger aufgetreten und habe saublöde Schlager singen müssen. Der Gunther war der Moderator, und Peter hat uns am Klavier begleitet und mit mir in den Seminarpausen immer die Lieder einstudiert.«

Noch etwas ist Strahl schon damals bewundernd aufgefallen: »Nicht nur bei unseren Proben zu diesen fürchterlichen Schlagern, sondern in jeder Pause im Seminar ist der Peter am Klavier gesessen und hat geübt. Er hatte eine unglaubliche Musikalität und konnte so jeden darüber hinwegtäuschen,

*5/6 Szenenfoto und Besetzungszettel einer Schüleraufführung des Max-Reinhardt-Seminars vom 12. Juni 1948: Ferdinand Raimunds »Der Bauer als Millionär« mit Peter Neumayer als Magier Ajaxerle (rechts hinter Hilde Rom als Fee Lacrimosa)*

dass er keine Noten lesen konnte. Er machte das grandios und das war wohl auch eines seiner größten Geheimnisse am Weg zum Erfolg. Er war eben ein richtiger Sonnyboy!«

Überzeugen konnte der Sonnyboy mit seiner professionell-lockeren Art im August 1948 auch die Prüfer beim Abschlussexamen am Reinhardt-Seminar.

Es waren die Rolle des Ajaxerle aus Raimunds *Bauer als Millionär* und die Studie eines homosexuellen Herrenschneiders aus dem Reißer *Prozess Mary Dugan* von Bayard Veiller, mit der Peter die Prüfungskommission zur Gänze für sich gewinnen konnte. Übrigens erstmals unter dem Pseudonym Peter Alexander. Während des Studiums war es Walther

# Schönbrunner Schloßtheater

SCHAUSPIEL- UND REGIESEMINAR SCHÖNBRUNN

**MAX-REINHARDT-SEMINAR**

DER AKADEMIE FÜR MUSIK UND DARSTELLENDE KUNST IN WIEN

**Samstag, den 12. Juni 1948**

Sondervorstellung für die Zentralkartenstelle der S. B. Z.

# Der Bauer als Millionär

oder

## Das Mädchen aus der Feenwelt

Romantisches Original-Zaubermärchen mit Gesang in 3 Akten von Ferdinand Raimund

Musik von Josef Drexler

Regie: Harry Glück unter der künstlerischen Oberleitung von Zdenko Kestranek

| | |
|---|---|
| Lacrimosa, eine mächtige Fee, verbannt auf ihr Wolkenschloß | Hilde Rom |
| Antimonia, die Fee der Widerwärtigkeit | Ellen Nowak |
| Borax, ihr Sohn | Brigitte Ratz |
| Bustorius, Zauberer aus Warasdin | Ernst Seelig |
| Ajaxerle, Lacrimosas Vetter und Magier aus Donaueschingen | Peter Neumayer |
| Zenobius, Haushofmeister und Vertrauter der Fee Lacrimosa | Walter Kohutek |
| Setifax, ein Zauberer | Erich Taft |
| Amor | Kl. Peter Markowitsch |
| Die Zufriedenheit | Charlotte Bauer |
| Die Jugend | Eva Patzak |
| Das hohe Alter | Ernst Seelig |
| Der Neid } Milchbrüder | Herbert Wochinz |
| Der Haß } Milchbrüder | Hanns Otto Ball |
| Tophan, Kammerdiener des Hasses | Herbert Kragora |
| Nigowitz, ein dienstbarer Geist des Hasses | Heinrich Schweiger |
| Die Nacht | Ljuba Sliskovic |
| Ein Genius als Laternbube | Kl. Heini Markowitsch |
| Ein Diener der Fee Lacrimosa | Erich Gsching |
| Fortunatus Wurzel, ehemals Waldbauer, jetzt Millionär | Franz Messner |
| Lottchen, seine Ziehtochter | Doris Kirchner |
| Lorenz, ehemals Huhhirte bei Wurzel, jetzt sein erster Kammerdiener | Harry Glück |
| Habakuk, Bedienter | Wolfgang Litschauer |
| Karl Schilf, ein armer Fischer | Heinz Winter |
| Musensohn } Wurzels Zechbrüder | Otto Schustek |
| Schmeichelfeld } Wurzels Zechbrüder | Peter Brand |
| Afterling } Wurzels Zechbrüder | Walter Pfeil |

Bühnengestaltung: Edith Almoslino (Klasse Otto Niedermoser)

Musikalische Bearbeitung und Leitung Robert Neunteufl unter der Oberleitung von Kapellmeister Karl Hudez

Choreographie: Erna Komora-Cieplik

(Es tanzen: Charlotte Bauer, Annemarie Düringer, Edith Heyduk, Eva Kerbler, Evelyn Müllner und Lucia Scharf)

Kostüme: Edith Almoslino (Klasse Otto Niedermoser)

Szenische Einrichtung: Walter v. Hößlin

Pause nach dem zweiten Fallen des eisernen Vorhanges

Beginn 19 Uhr — Ende 21.30 Uhr

Elbemühl, Wien IX.

Reyer, der diese geniale Idee hatte und seinen Kollegen ermutigte, den Familiennamen Neumayer wegzulassen und die beiden einprägsamen Vornamen als Künstlernamen zu verwenden. Von nun an sollte er als Peter Alexander in die Annalen eingehen. Der Weg hierfür war mit dem Prädikat »Ausgezeichnet« im Abschlusszeugnis mehr als geebnet. Allerdings nicht im klassischen Wunschfach, wie Peter Alexander damals schon ein leicht wehmütiges Resümee zog: »Mit den beiden Rollen bin ich wohl oder übel von meinem ursprünglichen Ziel, eines Tages den König Lear zu spielen, recht weit abgekommen.«

Vielleicht gerade wegen seines komischen Talents erweckte Peter bei dieser Schlussveranstaltung das Interesse von Franz Stoß, einem jener Theaterdirektoren, die alljährlich aus den besten Reinhardt-Seminar-Absolventen frisches Blut für ihre Bühnen zu rekrutieren pflegten. »Der legendäre Direktor des Wiener Bürgertheaters und spätere Direktor des Theaters in der Josefstadt hat mich gesehen und anschließend vom Fleck weg engagiert«, erinnert sich Alexander heute noch mit Begeisterung an die spontane Stoß-Aktion.

Damals wusste der Theatereleve aber noch nicht, worauf er sich für 200 Schilling (15 Euro) Monatsgage eingelassen hatte und was auf ihn zukommen sollte. »Ich wollte auf die Bühne und meinem Publikum etwas beweisen!«

Doch dieses Publikum bekam den euphorischen Jungschauspieler kaum zu sehen. Denn das Bürgertheater hatte als bekannte Operettenproduktionsstätte kein fixes Ensemble, sondern lebte von den bekannten Namen der Gaststars. Große Rollen kamen demnach nur für große Namen wie Marika Rökk, Johannes Heesters, Elfie Mayerhofer, Franz Marischka oder Walter Müller in Frage. Peter Alexander drückte tagaus, tagein die Reservebank als ewige zweite Besetzung. Stets in der Hoffnung, einer der Protagonisten könnte erkranken: »Ich habe bestimmt niemandem etwas Böses gewünscht, aber eine ausgedehnte Grippe habe ich jedem vergönnt!« Denn zu viel mehr als zum besseren Schani des Bürgertheaters, der Kaffee und Würstel für den Direktor und die Protagonisten holte, hat es der ehrgeizige Reinhardt-Seminar-Absolvent zunächst nicht gebracht.

Bis eines Tages ein Unfall auf der Bühne den scheinbar unverwüstlichen Franz Marischka für ganze siebzehn Vorstellungen lahm legte und Peter Alexander an der Seite von Waltraut Haas ins Rampenlicht und vor allem in die Gunst des Publikums rückte.

Doch Franz Marischka wusste schon damals, noch vor der schicksalhaften Begebenheit, die ihn ereilen sollte, den jungen Mann in seinem Schatten zu schätzen, wie er lustvoll berichtet: »Peter begann in diesem Metier als das Schlimmste, was es überhaupt gibt: Er war Zweitbesetzung von mir!« Damals war er noch Schauspieler, der »Zwetschi« Marischka, aber »mir war sehr bald bewusst, dass ich so schlecht war, dass es für mich wohl besser und eigentlich unumgänglich war, mit dreißig Jahren zum Drehbuchautor und mit vierzig zum Regisseur umzusatteln«. So sollte es auch geschehen.

Es war im September 1948, als Franz Marischka aus England nach Wien zurückkam und ihm sein Vater Hubert Marischka in seiner von Ludwig Schmidseder vertonten neuesten Operette *Abschiedswalzer* am Bürgertheater die Bufforolle angeboten hatte. Natürlich musste Marischka ja sagen, wenn auch widerwillig. »Ich hatte zu singen und zu tanzen. Beides konnte ich nur leidlich, da ich es nie richtig gelernt hatte.« Trotzdem stieg er Abend für Abend lustlos mit seiner Partnerin Waltraut Haas und dem Rest des Ensembles auf die

Bühne, bis ihn schließlich ein Schicksalsschlag ereilte und erlöste.

210mal en suite hatte die spätere Traumpartnerin von Peter Alexander den Publikumserfolg *Abschiedswalzer* an der Seite von Marischka gespielt und dabei ganz unabsichtlich ersten Kontakt zu ihrem späteren Filmpartner im *Weißen Rössl*, *Saison in Salzburg* und *Hochzeitsnacht im Paradies* aufgenommen: »Uns ist aufgefallen, dass da ein ganz Dürrer, Langer bei fast jeder Aufführung in den Kulissen gestanden ist und uns mit Argusaugen beobachtet hat. Keiner wusste, wer das war, und so kümmerten wir uns auch nicht weiter um ihn. Er sei ein Absolvent des Reinhardt-Seminars, hieß es. Eben ein unbekannter Laufbursche des Theaters, der keinen Job als Schauspieler fand und sich etwas dazuverdienen musste.«

Doch der Unbekannte sollte schon bald eine wichtige Rolle in »Haasi« Haas' Bühnenleben spielen – eine Hauptrolle! »Denn«, so Haas, »in der 211. Vorstellung kam das Unglück über uns, das für den Peter wahrscheinlich der Durchbruch war. Am Beginn unseres Duetts sprangen wir, wie üblich, schwungvoll raus auf die Bühne. Plötzlich bricht der Zwetschi zusammen und wimmert mich an: ›Ich kann nicht mehr, ich muss von der Bühne!‹ Der Meniskus war eingerissen. Die nächsten Vorstellungen waren natürlich gelaufen. Ein wahres Drama!«

Nicht so für den Herrn Theaterdirektor. Franz Stoß hatte eine Idee, die allerdings nur er selbst großartig fand: »Das ist überhaupt kein Problem. Ich habe bereits Ersatz. Der Lange da, der steht seit zwei Monaten hier herum, der hat ein freches Mundwerk und kann jede Rolle ohne Probe spielen – hat er mir zumindest versichert. Den will ich ausprobieren.«

Peters Wunsch war in Erfüllung gegangen. Und wie! Aus der ersehnten Grippe wurde gar ein mehrwöchiger Krankenhausaufenthalt des Buffos Marischka. Peter strahlte, das Ensemble tobte.

Sowohl Waltraut Haas, Walter Müller und auch Vater Marischka waren mit dieser Wahl überhaupt nicht einverstanden und bedrängten den maroden Zwetschi telefonisch im Krankenhaus: »Wann kommst du wieder zurück, wir haben als deine zweite Besetzung einen Unmöglichen, so einen langen Dünnen, der ist schrecklich! Peter Alexander heißt er.« Und, so erinnert sich Marischka: »Mein Papa zitierte Alexander Girardi: ›Komiker gibt's lange, dünne, klane, dicke und wirkliche!‹«

Nur einer erkannte die spezielle Begabung der ungeliebten Zweitbesetzung: Georg Marischka, der Bruder des bettlägerigen Franz: »Er kam zu mir ins Krankenhaus und hat mich getröstet: ›Lass dir nichts erzählen. Hör nicht auf die, denn der ist wirklich gut. Du warst entsetzlich! Du bist der einzige Mensch, den ich kenne, bei dem der Knopf nicht auf-, sondern zugegangen ist!‹« Also eine direkte und kompetente Bestätigung für Zwetschi, dass es sich um einen der gar nicht so seltenen Fälle handelte, in dem die unbekannte zweite Besetzung besser war als die erste.

Selbst Waltraut Haas muss das heute neidlos anerkennen: »Der Peter hat gleich am nächsten Tag in der Nachmittagsvorstellung gespielt. Und das völlig fehlerfrei!« Trotzdem dauerte es drei Tage und sechs Vorstellungen, bis der Neue auch von den Schauspielerkollegen akzeptiert wurde. Warum? »Er hat einfach nicht so gespielt, wie wir es gewohnt waren. Und daher waren wir sauer auf den Langen. Wir, die wir sechs Wochen das Stück Tag für Tag geprobt hatten, mussten uns plötzlich nach einem Neuen richten, der die Spielart vorgeben wollte. Das war doch unerhört!«

Der Trick von Peter Alexander bestand darin, dass er voll und ganz auf die Zuschauer einging und deren Reaktionen genau austestete. Innerhalb nur einer Spielwoche wurde er zum absoluten Publikumsliebling des Bürgertheaters. »Er wollte zeigen, dass seine kühne Aussage – ohne eine einzige Probe die Rolle zu spielen – stimmte. Und er hat recht behalten, was uns natürlich noch mehr ärgerte«, schnaubt Haasi Haas selbst beinahe sechs Jahrzehnte nach Alexanders Bühnendebüt. Vergeben und vergessen, später habe sie sich sogar für das Verhalten des Ensembles bei Peter entschuldigt, erinnert sie sich. »Er war gut und er war einfach wirklich um vieles besser als der Zwetschi!« Obwohl Alexander auch wegen eines anderen Umstandes beim Publikum punkten konnte – zumindest laut Waltraut Haas: »Mich machte es wahnsinnig, dass man für den Peter kein eigenes Kostüm hatte. Also musste er die Sachen vom Zwetschi auftragen. Der aber war klein und gestaucht. Das hatte nicht nur zur Folge, dass dem Peter die Hosen bis zu den Knöcheln gingen und die Ärmel bis zu den Ellbogen, sondern auch ein unglaubliches Gelächter im Publikum. Er sah wirklich komisch und erbärmlich aus. Und hatte somit das Publikum schon wieder auf seiner Seite.«

Retrospektiv sieht Alexander die glückliche Situation heute so: »Na, da war vielleicht was los in diesem Theatersaal. Vor lauter Begeisterung habe ich mir geradewegs die Seele aus dem Leib gespielt. Publikum und Kritik haben es mir gedankt.« Er hatte seinen ersten Sieg auf einer öffentlichen Bühne errungen und war zumindest in Wiener Theaterkreisen kein Namenloser mehr.

In einer dieser Vorstellungen wurde auch Gerhard Bronner, damals Chef des heute noch beliebten Kabaretts »Simpl« auf der Wollzeile, auf den Jungschauspieler Peter Alexander aufmerksam. »Er spielte wieder einmal zufällig für den er-

*7 Mit Erni Bieler bei Rundfunk-Aufnahmen für die Sendung »Musikalische Reminiszenzen« im Wiener Studio der Sendegruppe »Rot-Weiß-Rot«, 1952*

krankten Franz Marischka und war natürlich viel, viel besser als der Marischka selbst, aber der war eben der Sohn des beliebten Wiener Theaterdirektors und Alexander nur ein sogenannter Edelstatist. Damals schon ist mir seine Musikalität und Leichtigkeit besonders ins Auge gefallen!«

Bronner hat den musisch begabten Newcomer nach der Vorstellung kurzerhand angesprochen. Bald schon war beiden klar, dass sie sich auf der gleichen künstlerischen Wellenlänge bewegten. Es entwickelte sich schnell eine Freundschaft zwischen Bronner und Alexander, die schon bald über die gemeinsame Liebe zum schweren Rotwein hinausging und schließlich in einer losen, aber doch permanenten Zusammenarbeit gipfelte. »Wenn du wüsstest, was ich denke in der Straßenbahn am Weg zu dir« lautete der Titel der ersten

Nummer, die Bronner für seinen neuen Freund und zukünftigen Wegbegleiter geschrieben hat. »Ich habe ihn auch in meine Radiosendung beim Sender Rot-Weiß-Rot eingeladen, um diesen Song darzubieten«, erinnert sich Bronner. Im Studio stand zu diesem Zeitpunkt eine uralte Hammondorgel, die Peter – obwohl er nie zuvor ein ähnliches Gerät bedient hatte – mit einer derart virtuosen Hand spielte, dass ihn Bronner auf der Stelle bat, in seiner neu eröffneten »Marietta-Bar« in der Wiener Spiegelgasse zu gastieren. Von Dezember 1950 an kamen so Intellektuelle, Schauspieler und Brancheninsider beinahe täglich, nach den Vorstellungen im Bürgertheater, in den Genuss von Peter Alexanders Auftritten. »A Star was born – und zwar ein Entertainer!« war Gerhard Bronner damals schon überzeugt. »Kein Regisseur hat ihm vorgeschrieben, was er machen sollte, und so konnte Peter frei vor sich hinblödeln.«

Nicht nur Jazz-Improvisationen in höchster Vollendung legte Alexander aufs glatte Bar-Parkett, vor allem durch seine Parodien konnte er das Publikum zu Lachorgien hinreißen. Nur waren es nicht mehr die Lehrer, Mitschüler oder Obermaate, die er seinerzeit imitierte, sondern klingende und bekannte Namen: Von Frank Sinatra bis Hans Moser und Paul Hörbiger, jeder bekam sein Fett ab. »Immer auf höchstem Niveau. Peter hat sich nie über die parodierte Person lustig gemacht und den Leuten damit nie wirklich weh getan.«

Für Bronner war Peter Alexander damals der österreichische Charlie Chaplin, den dieser über die Maßen bewunderte und aus Ehrfurcht und Respekt nie parodiert hat. »Alexander hat Unterhaltung auf höchstem Niveau geboten. Der Herr Universitätsprofessor konnte genauso lachen wie dessen Hausmeister. Das hat sich bei ihm auch nie verändert und ihm seinen Status als genialer Entertainer bis heute erhalten.«

## *Beginn der Karriere, Gerhard Bronner, Marika Rökk und zwei Chancen für die große Liebe*

Gerhard Bronner war längst aufgefallen, dass Peter Alexander besondere Fähigkeiten hatte, vielseitig begabt war und vor allem: »Er hatte in der Kriegsgefangenschaft Englisch gelernt, was ihn von vielen anderen Kollegen natürlich abhob. Er sprach ein einwandfreies Englisch und sang wie ein Amerikaner.« Schon damals zählte der US-Star Al Jolson, der bis zu seinem Tod im Oktober 1950 als »The World's Greatest Entertainer« galt, zu seinen Vorbildern. In *The Jazz Singer* war dieser im Jahr 1927 nicht nur Protagonist im ersten Tonfilm überhaupt, Jolson wurde damit zur Legende. Was ihn noch mit Peter Alexander verband, waren die Liebe zum Jazz, seine Popularität als TV- und Radiomoderator und mehrere Musikfilme. Laut Bronner waren Stimmlage und Jazzfeeling der beiden Künstler beinahe deckungsgleich: »Wenn man die Augen geschlossen hatte, und Peter stimmte Jolsons legendäres ›Sonny Boy‹ aus seinem Film *The Singing Fool* von 1928 an, konnte man glauben, dass Al auf der Bühne stand.« Ein Kompliment, das auch Alexander heute noch gerne hört, obwohl: »Jolson war mein Idol, was das Berufliche anlangt. Privat war er nicht so recht mein Fall«, war Jolson doch als Weiberheld bekannt und viermal verheiratet. Ganz im Gegensatz zu seinem Fan.

Peter Alexander hatte damals noch nicht die Bekanntschaft mit seiner späteren Lebensliebe Hilde Hagen gemacht und galt als zurückhaltend und eher schüchtern, obwohl er –

auch laut Bronner – »ein fescher Kerl war mit guten Manieren, blendendem Aussehen und bestem Auftreten«. Also wollte ihn Bronner nicht nur als Entertainer in seiner Marietta-Bar, sondern auch am legendären Kabarett Simpl verpflichten. Eine Rechnung, die der Simpl-Miteigner Bronner damals ohne seinen Co., den bekannten Wiener Kabarettisten und Schauspieler Karl Farkas, gemacht hatte. Zwar kam es zum Engagement Peter Alexanders, aber er musste wieder einmal in der zweiten Reihe antreten. Der Grund: Farkas erkannte wohl den Wert des »unbekannten Künstlers«, bangte aber gleichzeitig um seine eigene Popularität. Im Wortlaut Farkas': »Der sieht verdammt gut aus, und das brauchen wir eigentlich hier im Simpl nicht! Ich will Künstler haben, die bereits einen Namen aufweisen können. Keine unbekannten Schönlinge!«

Also durfte Peter Alexander zwar später in seinen Lebenslauf »Mitglied des Kabarett Simpl« einfügen, doch wurde er 1950/51 nur für eine kurze Spielsaison von sieben Monaten mit den winzigsten Rollen abgespeist. Er debütierte am 5. Jänner in der Karl-Farkas- und Hugo-Wiener-Revue *Kolumbus entdeckt Österreich*. An gewissen Abenden durfte er in einem einzigen Sketch nur einen einzigen Satz sagen, der da lautete: »Ich bin's, der Mars« – und das war's.

»Man hat diesen hochbegabten Komiker in seiner kurzen Simpl-Zeit regelrecht missbraucht«, grübelt Gerhard Bronner heute noch über den »großen Fehler« von Karl Farkas und ergänzt: »Unter der richtigen Führung hätte Peter der deutsche Danny Kaye werden können. Ich hatte damals auch nicht genügend Zeit, mich mehr um ihn zu kümmern, was mir heute noch leid tut. Hätte er allerdings damals ein oder zwei Stockwerke höher gespielt und gesungen, hätte er sicher nicht diesen Erfolg gehabt.« Diese selbst auferlegte Beschei-

*8 Debüt im »Simpl« in der Kabarett-Revue »Kolumbus entdeckt Österreich« neben (v.l.n.r.) Heinz Conrads, Franz Marischka, Fritz Heller und Fritz Muliar, 1951*

denheit sollte auch das spätere Erfolgsgeheimnis des Peter Alexander sein.

Just in diesen Tagen machte der aufstrebende, aber verarmte Künstler die Bekanntschaft einer damaligen Theater- und Showgröße respektive wurde sie auf ihn aufmerksam: Marika Rökk. Die ungarische Vollblutmimin spielte im Bürgertheater. Nach einer Vorstellung fasste Peter Alexander all seinen Mut zusammen und gratulierte der Rökk zur gelungenen Vorstellung. »Er war sehr schüchtern und zurückhaltend, aber höflich«, schrieb die Rökk in ihren Memoiren. »Ich singe auch. Darf ich Ihnen einmal vorsingen?« An diese Worte entsann sich Rökk beim ersten Zusammentreffen mit dem ihr unbekannten »langen Lulatsch«, doch sie vergaß diese Begegnung bald wieder.

Wie es das Schicksal wollte, sollte sie aber schon bald mit dem »Langen« auf der Bühne stehen. »Es war im dritten Akt eines Lustspiels. Der Heinz Conrads hatte eine kleine Bonbon-Rolle: Man kommt, serviert und kassiert den Beifall – wenn man's kann!« Heinz Conrads konnte, kassierte, wurde aber krank. Wieder kam Peter Alexander zum Ersatz-Einsatz. »Ich erinnerte mich gar nicht mehr an diesen jungen Mann. Aber er machte es gut und konnte mich mit seiner Leistung überzeugen. Der Junge konnte es, er kopierte nicht, er machte selber.«

Nach der Vorstellung, so erinnert sich auch viele Jahre später Peter Alexander mit Stolz in den Augen, kam die Rökk hinter der Bühne zu ihm. »Langer, du wirst machen eine steile Karriere. Glaube mir, Marika täuscht sich selten«, prophezeite Rökk in ihrem unverkennbaren ungarischen Deutsch.

Alexander fühlte sich wie im siebenten Himmel, nach der langen Durststrecke durch die Voraussage der Rökk geschmeichelt und gefestigt in seinem Vorsatz, ein Bühnenstar zu werden. »Das war wohl das höchste Lob, das Marika überhaupt zu vergeben hatte. Noch dazu hat sie mich gefragt, warum ich nicht tanze. Sie wäre der Meinung, das würde mir gut stehen und ich würde es auch beherrschen. Sie war wirklich der erste Mensch in diesem harten Showbusiness, der mir so richtig Mut machte.«

Sie sollte recht behalten, denn wenige Jahre später trafen die Unverwüstliche und der aufstrebende Lange wieder aufeinander – diesmal in erfolgreichen Kinofilmen.

Auch wenn sich die Rökk nicht ad hoc an den jungen Kollegen vom Bürgertheater erinnern konnte: »Einmal tauchte er in einem Valente-Film auf. Ich fragte: ›Wer ist denn das?‹ Es war der Peter. Peter Alexander. Peter der Große«, erinnerte sich Rökk an die zweite Begegnung. »Leider waren wir nur indirekt zweimal Filmpartner, denn als direkter Partner war der Peter ja etwas zu jung für mich. Was mir immer an ihm besonders aufgefallen ist, war nicht nur sein musisches Talent, sondern vor allem seine wunderbaren Augen. Der hatte Augen, der Peter, unglaublich!«

Diese unglaublichen Augen durfte Puzikám, wie Marika ihren Langen am Set zu nennen pflegte, unter der Regie von Géza von Cziffra in dem *Fledermaus*-Film von 1962 auf die Rökk richten. Und abermals im Jahr 1962 betörte er die Diva in der Operettenverfilmung *Hochzeitsnacht im Paradies*.

Beide Protagonisten denken amüsiert an die Dreharbeiten zurück: »Trotz seines tänzerischen Talents wollte Peter bei den Tanzeinlagen erst gar nicht richtig ran. Er träumte damals lieber von seiner Leidenschaft und erzählte endlose Angelgeschichten«, plauderte die Rökk aus dem Set-Nähkästchen und wunderte sich viele Jahre später noch über seinen Enthusiasmus: »Frühmorgens im Atelier, noch im Halbschlaf, pflegte er von seinen Würmern zu reden und die neuesten Anglerstories zu berichten. Beim Schminken sprach er über Blinker, und sonnabends befragte er bange den Himmel: ›Fischwetter? Werden sie morgen beißen?‹ Na, sie haben gebissen, hat er am Montag voller Stolz berichtet.«

Auch Peter Alexander hat, wenn er sich an die Dreharbeiten zur *Hochzeitsnacht im Paradies* erinnert, eine Begebenheit mit Marika Rökk im Hinterkopf. In der letzten Szene des Films musste er die Rökk übers Knie legen und verhauen. Eigentlich wollte der wohlerzogene Mime nur so tun als ob, doch da übernahm Marika gleich nach der ersten Probe selbst die Regie: »Bitte, Puzikám, nimm keine Rücksicht auf mich. Schlag ganz fest hin, sonst kann ich das nicht so naturalistisch spielen!«

*9/10 »Zweimal waren wir indirekt Filmpartner, denn als direkter Partner war er ja etwas zu jung für mich«: Mit Marika Rökk sowie Waltraut Haas, Gunther Philipp und (rechts) mit Marika Rökk in einer Tanzszene von »Hochzeitsnacht im Paradies«, 1962*

Gesagt, getan. Auf das Zeichen von Regisseur Paul Martin begann Alexander wie wild auf das Hinterteil der Rökk einzuklopfen. »Mir zitterten anschließend die Hände, so habe ich hingedroschen. Marika brüllte wie am Spieß. Es wirkte alles sehr naturalistisch, also genau so, wie es die Hauptdarstellerin wollte.«

Vielleicht etwas zu realistisch, denn kaum war die Einstellung im Kasten und Marika umgezogen, kam sie zu Alexander und meinte: »Langer, hast du eine feste Handschrift. Wenn ich nachhause komme, wird mich mein lieber Raul bestimmt fragen, woher ich diese blauen Flecken habe. Hoffentlich wird er mich das fragen!« Gelächter im ganzen Stu-

dio und ein Moment, an den alle Beteiligten gerne zurückdenken.

Jahre später fühlte sich die Rökk in einem Interview immer noch in ihrem Urteil über Peter Alexander bestätigt: »Ich hab' doch gesagt, der Lange wird Karriere machen. Die Art, wie er stets sein Fach meisterte, war wirklich absolute Spitze. Und auch das Tanzen hat er gelernt. Er ist nicht von ungefähr Peter der Große!«

Bis Alexander allerdings diesen Titel tragen durfte, sollte noch eine lange Durststrecke folgen.

Das Jahr 1951 näherte sich seinem Ende. Peter Neumayer war nun als Peter Alexander kein Unbekannter mehr in der Wiener Theaterszene und bekam auch am Bürgertheater größere Rollen, die ihn schnell zum Publikumsliebling werden ließen. Seine Gage war gestiegen und er hätte zufrieden sein können mit seinem Leben. Wären da nicht genau zu diesem Zeitpunkt dunkle Wolken am Himmel dieses Theaters aufgezogen. Durch Misswirtschaft der Direktion bewegte sich das beliebte Haus in Richtung Konkurs, und Peter Alexander stand von einem auf den anderen Tag auf der Straße. »Man hat mir sogar die letzten drei Monatsgehälter geschuldet. Nicht nur das Theater, auch ich war pleite!«

Den einzigen Trost und minimalen Halt in dieser prekären finanziellen Situation bot die Marietta-Bar, aber vorwiegend nur in psychischer Hinsicht, denn, so erinnert sich Barbetreiber Gerhard Bronner: »Der Peter hat ja vom Finanziellen nichts verstanden. Der hat ja nie Geld verlangt. Er wollte seinen Spaß und seine Freude haben. Ab und an habe ich ihm 50 Schilling gegeben und ein warmes Essen. Er war Künstler und nie profitorientiert, auch später nicht. Da hat, Gott sei Dank, die Hilde alles übernommen.«

Trotzdem sollte sich dieses Beinahe-Gratis-Engagement in der Spiegelgasse bald als Glücksfall und zukunftsweisend herauskristallisieren. Nicht nur, weil man Alexanders dortige Auftritte als die Wiege für seine Parodien bezeichnen kann, sondern weil eines Nachts ein gewisser Gerhard Mendelson auf Einladung von Bronner die Bar frequentierte. Nicht als Gast, sondern als Chef der Schallplattenfirma »Austrophon«. »Peter sang damals im Duett mit Liane Augustin und konnte Mendelson sofort überzeugen«, weiß Bronner. »Er hat ihn gesehen, gehört und sofort engagiert.«

Die erste Platte von Peter Alexander, »Das machen nur die Beine von Dolores«, wurde wenige Wochen später in den Austrophon-Studios aufgenommen und zum Hit. Leider wieder nur für den Plattenboss, denn auch hier bewies Alexander alles andere als kaufmännisches Talent: »Hätte ich meine Verträge immer selbst abschließen müssen, würde ich wohl heute noch vom Zuzahlen leben. So etwas von einem Traumtänzer wie mich gibt es selten. Leider hatte ich zum Abschluss meines ersten Plattenvertrages noch nicht die Bekanntschaft meiner Frau Hilde gemacht. Sie hätte diesen lächerlichen Vertrag nie zugelassen.«

Nun war Peter Alexander zwar via Theater, Platte und Rundfunk bekannt, aber unterm Strich arbeitslos. Denn selbst seine Rundfunksendungen, die ihm Freund Bronner beim Sender Rot-Weiß-Rot beschafft hatte, waren nur Gelegenheitsjobs, von denen man nicht leben konnte. Diese Trainingsphase sollte später für den Entertainer allerdings unbezahlbar werden.

»Eine furchtbare Zeit, aber eine wichtige und auch erfreuliche, wenn ich an eine ganz bestimmte Begegnung zurückdenke«, resümiert Alexander das Jahr 1951 und hebt die Silvesternacht hervor. Besser konnte ein neues Jahr für ihn gar nicht beginnen.

In einem gebrauchten Anzug, den er kurz zuvor mit einem Care-Paket erhalten hatte, aber beruflich frustriert und finanziell am Ende, machte sich Peter am 31. Dezember 1951 auf den Weg zu einer privaten Silvesterfeier. Er wollte zumindest für einige Stunden den tristen Alltag vergessen und mit Gleichgesinnten ins neue Jahr rutschen.

Er ging zu diesem Zeitpunkt als Single durchs Leben. Frauen interessierten ihn zwar, doch war die Zeit zwischen Proben, Rundfunk und Marietta-Bar zu knapp für eine feste Beziehung – ebenso das Geld, denn er hätte seiner Liebsten kaum etwas bieten können. Just in dieser Situation sollten ihn Amors Pfeile treffen und seine private Zukunft festlegen.

Eine gewisse Hilde Hagen war ebenfalls auf der Silvesterparty, in Begleitung ihrer Eltern. »Obwohl da eine Unmenge Menschen herumwimmelten, sah ich nur sie. Mein Gott, war sie schön! Schick, attraktiv, sexy, sprühend vor Temperament. Kurzum – eine Wucht!« erinnerte sich der ein Leben lang Verliebte zwanzig Jahre später an die erste Begegnung mit Hilde. Trotz aller Euphorie machte er damals sofort einen Rückzieher, weil er sich kaum Chancen ausrechnete: »Wer war ich denn schon? Ein arbeitsloser, unbekannter Schauspieler in einem geflickten, abgetragenen Anzug vom Onkel aus Amerika.«

Hilde Hagen hingegen war damals schon eine recht erfolgreiche Schauspielerin am Theater in der Josefstadt, trug teure Modellkleider und kostbaren Schmuck.

»Ich wagte es nicht einmal, sie zum Tanzen aufzufordern.« In jener Nacht ohnehin ein sinnloses Unterfangen, denn Peter war nicht nur als Freund, sondern vor allem als Pianist und Unterhaltungskünstler zur Party geladen und verbrachte so die entscheidenden Stunden und Minuten am Klavier. »Ich musste spielen und zusehen, wie meine lieben Freunde, einer nach dem anderen, meine Traumfrau zum Tanz aufforderten.«

Da meldete sich in ihm wieder der Spitzbube und er erinnerte sich seiner alten Streiche, mit denen er über die Jahre so oft eine fatale Situation zu seinen Gunsten entschieden hatte. »Wenn ich schon nicht mit ihr tanzen kann, dann soll das auch kein anderer tun.« Er hämmerte die schrägsten Jazz-Akkorde ins Klavier. Untanzbar. Womit er zwar die Tanzversuche seiner buhlenden Freunde im Keime erstickte, aber auch die hübsche Hilde verärgerte, wie er viel später erfahren sollte. Sie sollte vorerst unerreichbar für ihn bleiben: »Wir haben in der ganzen Silvesternacht kein einziges Wort miteinander gewechselt und meine Blicke hat sie nicht einmal registriert.«

Es vergingen mehrere Monate. Peter Alexander musste ständig an seine ferne Schöne denken, bis sich das Schicksal gnädig erwies. Allerdings waren die Umstände wieder nicht die günstigsten.

Alexander probte in der Wohnung seiner Rundfunkproduzentin Liesl Steinkellner für seine wöchentliche Radiosendung *Das alte Lied.* Im Gegensatz zu anderen Kollegen, die sich von der Live-Atmosphäre im Studio inspirieren ließen, wollte Peter im Funkhaus Woche für Woche die perfekte Sendung abliefern und probte und probte und probte. »Ich hatte damals schon die Proberitis, das hat sich wohl bis zum Ende meiner Karriere nicht viel geändert.« Und so gingen an jenem 7. Mai 1952 – »Ein Datum, das ich nie vergessen werde!« – die übereifrigen Probenstunden auf Kosten einer Kollegin, die im Vorzimmer der Wohnung Steinlechner ungeduldig auf ihre Gesangsstunden wartete und wartete und wartete. Es handelte sich um die junge Schauspielerin und Chansonsängerin Hilde Hagen. »Hätte ich damals geahnt, wer da draußen sitzt und verärgert wartet, ich hätte natürlich nicht überzogen. Doch ich wusste nichts von deren Unglück, das mein Glück werden sollte.«

Frau Steinkellner versuchte schließlich die aufgebrachte Schülerin zu vertrösten, was aber nur mit Einschränkungen gelungen sein dürfte, denn Peter erinnerte sich Jahre später noch an einen heftigen Dialog zwischen seiner Lehrerin und Hilde.

»Das ist ja entsetzlich, diese Warterei. Wer ist denn überhaupt da drinnen?« ärgerte sich die Hagen.

»Ein sehr begabter junger Sänger namens Peter Alexander.«

»Noch nie gehört diesen Namen! Der soll sich mal etwas beeilen!«

Mit der Intensität des Wortgefechts war in Peter die Neugierde gewachsen, wer denn wohl diese temperamentvolle junge Dame mit der kräftigen Stimme sei. Er beendete die Proben und fiel aus allen Wolken, als er zur Tür herauskam: »Da hat es mich richtig gerissen. Vor mir saß meine Traumfrau von Silvester. Noch schöner als beim ersten Mal.« Diesmal wollte er den eindeutigen Wink des Schicksals nicht ungenutzt lassen.

Anstatt der Wunderbaren ein Kompliment zu machen oder sich für die überzogene Stunde zu entschuldigen, passierte ihm vor Aufregung der nächste Fauxpas. Er musterte die Angebetete von oben bis unten, starrte ehrfürchtig auf Hildes Goldarmbänder und wollte wissen, womit man in Wien derartige Schmuckstücke verdienen könne. Falsche Frage, denn Hilde antwortete mit ihrer Schlagfertigkeit, die später zur Legende werden sollte: »Mit Ihrem G'sangel bestimmt nicht, mein Herr!«

Aber gerade mit diesen Worten war es endgültig um Peter geschehen: So schön und auch noch so gescheit. Diese Frau musste die seine werden!

Während Hilde Hagen endlich ihre Proben aufnahm, beschloss Peter Alexander nicht mehr locker zu lassen – und zwar auf der Stelle. Er setzte sich in den Vorraum und wartete. Da glaubte er seinen Ohren nicht zu trauen, als plötzlich aus dem Probenzimmer ein süßes Lied zu ihm drang: »Sei ein bisschen lieb zu mir, Peter.«

Wenn diese Textzeile keine direkte Aufforderung war! Mit Herzen in den Augen harrte er eine Stunde aus, bis sich die Tür auftat und Hilde den Wartenden mit kugelrunden Augen anstarrte. Er fasste sich ein Herz und stellte diesmal spontan die richtige Frage. »›Darf ich Sie zur Straßenbahn begleiten?‹ fragte ich und hängte noch das kleine Wörtchen ›Bittschön‹ an. Ich glaube, genau das hat seine Wirkung gezeigt.« Charmant war er ja immer, der Peter Alexander.

Hilde willigte ein, und es begann eine große Liebe, die bis zu ihrem Tod im Jahr 2003 vorbildlich und einzigartig in der deutschsprachigen Showbranche bleiben sollte.

Uraufführung

# Kleiner Schwindel in Paris

**Musikalisches Lustspiel in drei Akten (fünf Bildern)**
**von Rudolf Weys und Robert Gilbert**
**Musik von Robert Stolz**

Inszenierung: Peter Preses

Bühnenbilder: Walter Hoesslin — Kostüme: Reny Lohner

Einstudierung der Tänze: Willy Dirtl

An zwei Klavieren: Gustav Zelibor und Herbert Seiter

| | |
|---|---|
| John Parker, Autoindustrieller, Chicago | Hans Unterkircher |
| Charlie Parker, sein Sohn . . . . . | Peter Alexander |
| Mr. Plum, beider Sekretär . . . . . | C. W. Fernbach |
| Jeanette Frappier, Malerin . . . . . | Chariklia Baxevanos |
| Comtesse Valerie de Brouillon . . . . | Friedl Loor |
| Gustave, Museumsdiener . . . . . . | Wolfgang Hebenstreith |
| Aristide Leonidas Marekatzi . . . . | Helmut Qualtinger |
| Tilly, Reklamezeichnerin . . . . . | Gretl Elb |
| Michelin, Komponist . . . . . . . | Franz Messner |
| Reporter . . . . . . . . . . . | Rolf Truxa |
| Hotelkellner . . . . . . . . . . | Eduard Sekler |
| Garçon im Bistro . . . . . . . . | Heribert Aichinger |
| Engländer . . . . . . . . . . | Hermann Glaser |
| Engländerin . . . . . . . . . . | Lucie Bittrich |

Pause nach dem zweiten Akt (dritten Bild)

Technische Einrichtung: Karl Dworsky — Beleuchtung: Franz Pribil

Die Kostüme der Damen wurden im Atelier Ella Bei, IV, Rechte Wienzeile 21, hergestellt — Die Damen Loor und Bittrich tragen Hüte von Mary Walden-Hlinetzky, I, Goldschmidgasse 6, und „Susie", I, Kärntnerstraße 49 — Die Taschen wurden von Annette, I, Kärntnerstraße 43; die Schuhe vom Modellhaus Sipka, I, Schottenring 14a; der Schmuck von Bocara, I, Jasomirgottstraße 6, zur Verfügung gestellt — Herr Alexander trägt Anzüge aus dem Herrenschneidersalon Koschir, I, Graben 28 — Die Herren Qualtinger und Unterkircher tragen Anzüge von der Firma Teller, III, Landstraßer Hauptstraße 88—90; die Krawatten sind von der Firma Lord, I, Herrengasse 23; die Hüte vom Hut-Schick, IX, Alserbachstraße 12.

*11 In der Spielzeit 1956/57 spielte Peter Alexander die Hauptrolle in dem musikalischen Lustspiel »Kleiner Schwindel in Paris« am Wiener Theater in der Josefstadt (Besetzungsseite des Programmheftes)*

## *Vorbild Frank Sinatra, Hochzeit mit Traumfrau Hilde und Einstieg ins Filmgeschäft*

Trotz seiner vielen Schmetterlinge im Bauch und des dadurch gemäßigten Interesses am beruflichen Weiterkommen musste sich auch beim frischverliebten Peter Alexander der Alltag wieder einstellen – und der war trist. Rundfunk und Marietta-Bar sorgten mehr schlecht als recht für das tägliche Brot. Aber die Liebe weckte seinen Ehrgeiz. Dazu kam, dass sich ihm ein Erlebnis tief eingeprägt hatte und ihm gerade in dieser Situation wieder lebhaft vor Augen stand: Er hatte im Sommer zuvor im Londoner Palladium eine Frank-Sinatra-Show besuchen können. »Ich kannte natürlich seine Platten und seine Filme, aber ihn live zu erleben war ein ganz besonderes Ereignis.«

Möglich gemacht hatte es, wie schon so oft, Mutter Berta, die ja zu diesem Zeitpunkt bei einer wohlhabenden Familie in London arbeitete. Sie gab den Anstoß, dass der heißgeliebte Sohn einen Kurzurlaub an der Themse machte. »Meine Mutter hat mir damals sehr viel zugeschossen. Drei Jahre war sie Nurse in einer sehr guten Familie in London, und da habe ich sie dann auch besucht.«

Für Peter Alexander wurde der London-Trip zum unvergesslichen Aufenthalt, der allerdings mit einer äußerst mühsamen Reise begann: »Ich war fast drei Tage mit dem Zug unterwegs. Auf ganz ungemütlichen Holzbänken, natürlich dritter Klasse, was anderes war damals nicht drin.« Von London und der britischen Lebensart begeistert, verbrachte Alexander mehrere Tage in der Themsemetropole und kam wie durch ein Wunder an eine Konzertkarte für Frank Sinatra. »Ich saß zwar ganz oben am Juchhe, starrte aber völlig fasziniert auf die Bühne und erkannte die Genialität dieses Mannes da unten. Dann hat's plötzlich klick gemacht. Ich wusste in der Sekunde, was ich werden wollte. So etwas wie der Frank Sinatra. Singen und eine Show machen mit einer Big Band!« Ein Entertainer also, der sowohl die Hallen füllte, wie auch die Massen mit seinen Filmen in die Kinos lockte. »Sinatra hat von da an meinen Lebensweg vorgegeben.«

Alexander begann im Stile von Sinatra zu proben und hatte schnell ein Repertoire zusammengestellt. Und so bekam das geneigte Publikum der Marietta-Bar nach seiner Rückkehr aus London auch eine kräftige Portion Frank Sinatra ins Haus geliefert. »Perfekt«, wie Gerhard Bronner heute noch schwärmt.

Bei der großen Alexander-TV-Show im Jahr 1981 ehrte der Bewunderer seinen All-Time-Hero mit einer Hommage in Form eines minutenlangen Sinatra-Medleys. Alexanders größter Wunsch, eine Verpflichtung Frank Sinatras als Stargast, sollte jedoch unerfüllt bleiben: »Wir haben es so oft versucht, und er hat mir auch immer nette Briefe zurückgeschrieben.« Der Inhalt war zwar freundlich, höflich, aber eindeutig: »Er fühlte sich zu alt und die Reise nach Europa wäre ihm nur für eine Show einfach zu beschwerlich. Schade.«

Zurück ins Jahr 1952. Peter Alexander, bis zu diesem Zeitpunkt überzeugter Junggeselle, hatte bis dahin seine Freiheit mit allem, was ihm zur Verfügung stand, verteidigt. In diesen Tagen machte er sich aber erstmals ernsthafte Gedanken, wie denn eine feste Beziehung so ablaufen könnte: »Der Gedanke an Hilde verwandelte mich vom ehefeindlichen Saulus in einen lichterloh entbrannten Paulus. Es hatte mich wahrlich erwischt.« Obwohl er, nach eigenen Angaben, die Jahre zuvor »kein Kind von Traurigkeit« gewesen war. Plötzlich war alles anders.

So folgte, was folgen musste: An einem lauen Frühsommertag 1952 führte Peter seine Hilde zum Essen in ein Restaurant auf dem Kahlenberg aus, einem beliebten und romantischen Wiener Ausflugsziel. Er ließ sich nicht lumpen, und man genoss das hart ersparte Mahl. Beim abschließenden Glaserl Wein tastete er sich mit Worten langsam vor – zögernd, denn Hilde konnte sich immer noch nicht dazu entschließen, ihren sympathisch-frechen Verehrer zu duzen. Aber was dann folgen sollte, ging selbst der schlagfertigen jungen Schauspielerin etwas zu schnell und riss sie beinahe vom gepolsterten Sitz: »Hilde, darf ich dich etwas fragen?« Freundlich, zurückhaltend erwiderte sie: »Ja, natürlich. Was gibt es denn?« – »Willst du meine Frau werden?« Er fühlte sich von einer tonnenschweren Last befreit, während sie nur herausbrachte: »Aber hören Sie mal. Was meinen Sie denn?«

In einem späteren Interview erinnerte sich Hilde Alexander an die denkwürdige Frage mit einem seligen Schmunzeln: »Ich habe blitzschnell überlegt, was ich nun sagen sollte. Ich hatte den jungen Mann doch gar nicht richtig gekannt. So kurz erst. Wie sollte ich da schon wissen, ob ich den heiraten will. Andererseits wollte ich ihn mit einem direkten ›Nein‹ nicht beleidigen, denn er war ja wirklich sehr nett, und ich mochte ihn.« So folgte ein zart gehauchtes »O ja« aus ihrem Munde.

»Einen glücklicheren Menschen als mich in dieser Stunde hat es nie gegeben und wird es wohl auch nie mehr geben«, erinnert sich Alexander an den gewagten Heiratsantrag und das gleichzeitig ausgesprochene Verlöbnis. Und auch sie dachte in einem der zahlreichen Interviews, die ich mit dem Ehepaar führen durfte, mit Freude und immer noch mit dem gewissen Funkeln in den Augen an diese Situation: »Der Peter, der war so entwaffnend jung. Er hatte eine unglaubliche Portion Charme und so viel Mutterwitz. Ich konnte gar nicht anders, ich musste mich in ihn verlieben.«

Trotz der immer noch alles andere als rosigen Finanzlage schienen dem Schwerverliebten die Hörfunkaufnahmen und die »Gratis-Auftritte« in der Marietta-Bar wirtschaftliche Sicherheit genug, um seiner Hilde nicht nur seine Liebe und ein Versprechen anzubieten, sondern auch konkrete Hochzeitspläne zu schmieden. Und eine Frage war für Peter Alexander sonnenklar zu beantworten: »In einer Künstlerehe kann immer nur einer Karriere machen.« Dieser eine sollte natürlich er sein.

»Das wollte ich anfangs überhaupt nicht«, erinnerte sich Hilde, die aus gutem und wohlhabendem Hause stammte, »aber Peter sagte: ›Ich bin doch kein Prinzgemahl! Das will ich auch niemals werden!‹ Also habe ich schließlich doch nachgegeben.«

Dies wiederum betrachtete Peter Alexander als Freibrief für den Weg zum Standesamt, und so verfügte man sich nur wenige Monate nach dem »besseren Kennenlernen« dorthin: Am 22. September 1952 sollte um 13 Uhr die Trauung stattfinden. Sollte, denn an diesem Tag kam es zu äußeren Umständen, die Braut und Bräutigam nie vergessen sollten.

Just an diesem Freudentag musste Peter schon in den frühen Morgenstunden ins Tonstudio. Seine neue Schallplatte »Braucht dein Herz einen Freund zum Träumen?« sollte eingespielt werden. »Den Luxus, diesen wichtigen Termin abzusagen, konnte ich mir damals noch nicht leisten. Aber ich sah kein Problem.« Das Studio war bereit, die Verabredung danach mit Hilde am Standesamt fixiert. Sie war auch pünktlich zur Stelle, nur der Bräutigam fehlte. »Leider zogen sich die Plattenaufnahmen ausgerechnet an diesem Tag in die Länge. Vermutlich war meine verständliche Nervosität nicht ganz schuldlos daran. Je länger es dauerte, umso nervöser wurde ich, und je nervöser ich wurde, desto länger dauerte es.« Von der gewohnten Perfektion war an diesem Vormittag nicht viel zu bemerken, und Peter Alexander stand mit kaltem Angstschweiß auf der Stirne im Studio, abwechselnd auf die Noten und auf die Uhr blickend.

Unterdessen bekam Hilde am Standesamt die ersten Einblicke, wie es glücklichen Paaren so vor und nach der Trauung erging, als ein enervierter Standesbeamte die Tür zum Trauungssaal öffnete und lauthals in die wartende Menge posaunte: »Fräulein Hilde Hagen und Herr Peter Neumayer, bitte. Sie sind dran!«

Hilde setzte geistesgegenwärtig ihr bezauberndstes Lächeln auf und flötete: »Bitteschön, wären Sie so freundlich, erst ein anderes Paar zu trauen. Mein Bräutigam ist noch nicht da!«

Noch zweimal sollte sich die Tür öffnen, und jedesmal wurde der Blick des Standesbeamten mitleidiger. Da saß sie nun, die arme, verschmähte Braut. In ihr müssen sich ähnliche Gedankengänge abgespielt haben wie Jahrzehnte später bei Richard Gere in der Filmkomödie *Die Braut, die sich nicht traut*, als er auf Julia Roberts wartet. Der Standesbeamte versuchte die Ratlose zu beruhigen: »Er kommt ganz bestimmt. Gnädiges Fräulein, machen Sie sich nix draus. Er kommt ganz bestimmt!«

Das war wohl das Stichwort für den Bräutigam, der genau in diesem Augenblick hereinstürmte. Abgehetzt, verschwitzt und mit einem um Entschuldigung ringenden Ausdruck in den Augen, den Hilde später oftmals noch als »Peters typischen Reserl-Blick« charakterisieren sollte. Es war geschafft. Die Ringe wurden getauscht, und die beiden erinnerten sich an eine wunderbare Hochzeit, nur: »Leider existiert davon kein einziges Foto. Diese Sonderausgaben konnten wir uns nicht leisten.«

Peter Alexander würde wohl gerade heute noch gerne jene Szenen auch auf Fotos Revue passieren lassen, als er sich mit hängender Zunge und weichen Knien, physisch beinahe am Ende, vor den Standesbeamten schleppte und das Wörtchen »Ja« erschöpft, aber mit verklärtem Blick aus seinem Munde kam. »Wir waren überglücklich, doch alles andere als auf Rosen gebettet. Schon eher auf Dornen!«

Auch für die verwöhnte Salondame Hilde Hagen vom Theater in der Josefstadt war es eine völlig neue Erfahrung, die sie als Frau Neumayer nun machen musste. Peter hat sich später immer wieder gefragt, woher er damals den Mut und die Zuversicht genommen hat, eine Frau an sich zu binden und an eine eigene Familie zu denken: »Man könnte an einen Boxring denken. Die Liebe hatte offenbar im Ring die Vernunft nicht nur in Punkten besiegt. Das war ein eindeutiges K.o.«

Das junge Ehepaar war in eine kleine Mietwohnung gezogen, die ausschließlich unter finanzieller Mithilfe der Verwandtschaft mit Möbeln eingerichtet werden konnte. Es wurde jedem Engagement hinterhergejagt, und Hilde übernahm die niederen Arbeiten im Haushalt, putzte, flickte und kochte. »Damals bemerkte ich erstmals abseits der unendlichen Verliebtheit, was für ein Prachtweib meine Frau war. Da habe ich mich gleich noch mehr in sie verliebt.«

Auch Hilde Alexander dachte nicht ungern an diese Zeit zurück, obwohl sie hart war: »Wir haben gespart und gespart, trotzdem reichte das Geld nicht.« Dass sie ausgebildete und bisher erfolgreiche Schauspielerin war, sollte dem frisch vermählten Paar in dieser Situation auch nicht helfen, denn jeder Vorschlag ihrerseits, ein Zubrot in ihrem Beruf zu verdienen, wurde von Peter im Keim erstickt: »Immer wieder habe ich meinen Mann gebeten, ein bisschen mitverdienen zu dürfen. Aber da war Peter eisern und stur.« In so mancher Nacht bettelte sie: »Lass mich bitte wieder spielen!« Aber: »Es war einfach nichts zu machen.«

Es war der Stolz und Ehrgeiz des Peter Alexander, der das verhinderte: »Für Hilde wäre es ein Leichtes gewesen, unserem schwindsüchtigen Budget auf die Beine zu helfen, denn ihr Typ war zu dieser Zeit entschieden gefragter als meiner. Ich war kompromisslos, denn ich wollte keine Ehe auf Gastspielbasis führen. Meine Frau sollte bei mir sein, immer und überall.«

So führte man das karge Künstlerleben weiter. Jahre später bekannte Hilde: »Heute weiß ich, Peter hatte damals recht. Mein Ehrgeiz war ja auch nicht von schlechten Eltern und hätte ich neben all den Schwierigkeiten noch meine eigene Karriere im Sinn gehabt, wären wir heute sicher nicht mehr zusammen. Ich bin ihm ewig dankbar für diese Entscheidung.«

Peter Alexander weiß sehr wohl, was er seiner Hilde zu verdanken hat: »Auf diese Weise habe ich damals ganz unbewusst den Grundstein für mein späteres Karrieregebäude gelegt. Wäre meine Frau ihre eigenen Berufswege gegangen, hätte sie nie die Zeit gefunden, meine Managerin zu werden.«

Peter Alexander wäre Jahre später wohl kaum der legendäre Topstar mit den Superverträgen und Topgagen geworden, der er bis zum Bühnenabgang im Jahr 1996 geblieben ist. Hilde allein hatte ihn dazu gemacht. Zumal, wie er sagte, dieser Weg von den Sternen vorbestimmt war: »Es ist eine unumstößliche Tatsache, dass ich als Krebsgeborener nicht zu den typischen Erfolgsmenschen zähle. Dieses Sternzeichen macht in der Regel zwei Schritte vor und einen zurück. Deshalb war ich immer ein ›Krebs mit Hilfsmotor‹. Dieser Hilfsmotor war meine Hilde.«

Selbst die ausgekochtesten Vertreter der Branche sollten das noch erkennen, denn bei den Eheleuten Alexander hatte seit 1952 Hilde, zumindest was die beruflichen Belange betraf, die Hosen an und stets den richtigen Riecher für das exakte Stellen der Karriereweichen ihres Mannes. Begonnen hat sie damit bereits ein halbes Jahr nach der Hochzeit.

Peter hatte von seiner Plattenfirma den dienstlichen Befehl erhalten, nach München zu einem der damals sehr beliebten Wettbewerbe für Schlagersänger zu fahren. »Ich war damals noch völlig unbekannt als Sänger. Ein leeres, unbeschriebenes Blatt«, denkt er mit Schaudern an die Szenen im Deutschen Theater zurück.

Spitzenstars wie Vico Torriani, die kleine Cornelia Froboess oder Evelyn Künneke hatten sich eingefunden, und Peter Alexander fühlte sich als krasser Außenseiter. »Meine Plattenfirma wollte mich mit dem sehr melancholischen Lied ›Der alte Stiefel‹ ins Rennen schicken.« Das war aber ganz und gar nicht im Sinne der Ehefrau, denn kaum hörte Hilde den »Stiefel«, brach sie in Entsetzen aus: »Damit hast du keine Chance. Da schlafen dir die Leute weg. Ich habe es immer gern, wenn jemand auftritt und Leben auf die Bühne bringt. Das kannst du mit diesem faden Liedchen nicht. Du hast doch Stimme, also zeig sie!« Eine Alternative hatte die

12 *Mit Ehefrau Hilde und Partnerin Caterina Valente während der Dreharbeiten zu »Liebe, Tanz und 1000 Schlager«, 1955*

emsige Neu-Managerin natürlich auch schon im Ärmel: »La bella, bella musica«, einen damals beliebten Schlager.

Peter zögerte vorerst und erinnert sich noch ganz genau: »Ich habe abgelehnt, und Hilde war furchtbar böse auf mich. Ich habe schon die erste Ehekrise über uns hereinbrechen sehen, denn sie hat mich da in München mitten am Stachus allein stehen lassen. Ich war verzweifelt.«

Nach langem Ringen kam Peter doch zur Überzeugung, den »Alten Stiefel« Stiefel sein zu lassen und entschied sich für die »Bella musica«.

Hilde hatte es an diesem Abend bevorzugt, nicht, wie sonst, hinter der Bühne zu warten, sondern nahm mitten im Publikum Platz. Peter bekennt: »Ich hatte Lampenfieber, das kann man sich nicht vorstellen. Aber an dieser Krankheit habe ich zeit meines Bühnenlebens gelitten. Erst als ich da oben stand und Hilde irgendwo in der 17. Reihe erspäht hatte, ging's mir wieder besser.«

Auch sie erinnerte sich an den legendären Auftritt: »Ich kann es nicht leugnen, auch ich hatte Lampenfieber für meinen Mann.« Verbergen konnte sie das aber sehr gut, denn als Peter nach dem Auftritt von der Bühne abging, schauspielerte sie ebenso geschickt wie gekonnt mitten unter den Zuschauern und zwar mit kräftig geschulter Bühnenstimme: »Das ist aber eine tolle Entdeckung! Wie heißt denn dieser begabte Sänger?« – »Peter Alexander!« tönte es aus den umliegenden Reihen, schon hatte man den Namen im Ohr und die Zuschauer, die auch für das Voting zum Einsatz kamen, waren unbewusst manipuliert.

Peter Alexander ging schließlich als Erster aus diesem Wettbewerb hervor und: »Mit diesem Sieg wurde ich über Nacht in Deutschland bekannt. Alle Medien berichteten über mich. Das war mein eigentlicher Durchbruch im Showgeschäft.«

Er wechselte kurz darauf die Plattenfirma, natürlich auf Hildes Geheiß. Seine Frau traf schon wieder die einzig richtige Entscheidung und, so erinnert er sich heute noch: »Schön langsam ging es Schritt für Schritt bergauf.«

Aber trotz des verheißungsvollen Debüts der Alexanders hieß die oberste Devise weiterhin: Sparen! Funk- und Plattenaufnahmen häuften sich, doch Peter musste weiterhin bescheiden bleiben und blieb es auch, dank Hilde, die geradezu zum Sparmeister avancierte. Sie erinnerte sich: »Wenn wir für irgendwelche Studioaufnahmen, zum Beispiel von Wien nach Köln, fahren mussten, bekamen wir zwar das Ticket erster Klasse bezahlt, sind aber in der dritten auf harten Holzbänken hingegondelt. Die erste Klasse wurde verrechnet, und da hatten wir uns schon wieder etwas gespart.«

Dass sie im Begriff war, eine der erfolgreichsten Manager-Karrieren in der deutschsprachigen Showbranche, wenn nicht weltweit, zu starten, war Hilde allerdings noch nicht bewusst: »Es war am Anfang richtig unangenehm. Auch wenn ich nicht ganz so schüchtern war wie mein Mann, so richtig ranzugehen lag mir damals noch gar nicht. Aber mit der Zeit lernt man das ganz gut.« Und sie hat es gelernt, die Hilde Alexander. Bald galt sie in der Branche als knallharte Managerin ihres Mannes.

Damals als Neuling hatte Peter keinen eigenen Agenten, der ihm die Aufträge auf dem Tablett servierte. Einzig Harry Heidemann, ein sehr begabter Veranstalter und Künstlervermittler, versuchte gegen geringes Entgelt den aufstrebenden Sänger und Schauspieler in den verschiedensten Produktionen unterzubringen.

So konnte er Peter Alexander im Jahr 1952 zwei winzige Rollen als Sänger bei den Filmproduktionen *Verlorene Melo-*

*die* mit Elfie Mayerhofer und unter der Regie von Eduard Borsody sowie in *Königin der Arena* unter Rolf Meyer mit den damaligen Stars Maria Litto, Camilla Horn, Hans Söhnker und Grethe Weiser vermitteln. Zwar wieder in der zweiten respektive dritten Reihe und nur singend, aber der Einstieg ins Filmgeschäft war vollzogen.

*13 Franz Antel ließ für »Verliebte Leute« nach seinem in Italien verschollenen Hauptdarsteller Peter Alexander suchen: Karikatur »Polizeieinsatz in Grado« von Horn*

## *Entdecker Franz Antel, Hans Moser, Oskar Sima und das lockende neue Medium Fernsehen*

Peter Alexander war zu dieser Zeit immer noch ab und an in der Marietta-Bar als Entertainer tätig und dort meinte es das Schicksal wieder einmal gut mit ihm.

Der Filmregisseur Franz Antel war auf den jungen, schlanken Mann mit der beeindruckenden Stimme aufmerksam gemacht worden. Er erzählt: »Ich habe gerade meinen neuen Film *Die süßesten Früchte* bearbeitet und traf den Ariola-Boss Mendelson, der mich sofort fragte, ob ich denn schon einen Titelsong für den Film hätte. Hatte ich nicht.« Mendelsons Vorschlag klang vernünftig in Antels Ohren: »Er hat mir Peter Alexander samt Leila Negra im Duett angeboten. Alles zusammen für 5000 Schilling. Inkludiert waren das Lied, alle Rechte und ein Drehtag der beiden in München. Das war ein fairer Preis.«

Antel hörte sich das Duo in der Marietta-Bar an und war begeistert. Es folgten wenige Tage später die Filmaufnahmen in München. Die Platte wurde im Studio produziert, und Antel hatte Alexander und Negra auch in eine Barszene des Films eingebaut. Eine winzige Szene im Hintergrund. »Es war sehr professionell und gut gemacht«, schwärmt der Regisseur heute noch. Allerdings wurde bei diesem Film der Name Peter Alexander weder am Filmplakat, im Programm noch im Abspann genannt. Bleibenden Eindruck hatte der junge Schauspieler bei dem renommierten Regisseur dennoch hinterlassen: »Da wuchs ein Profi heran, der einmal von sich reden machen würde. Ich hatte so ein untrügerisches Gefühl, das sich ja auch später bewahrheiten sollte.«

Exakt ein halbes Jahr später. Antel war mit den Vorbereitungen zu der Filmkomödie *Verliebte Leute* beschäftigt und auf der Suche nach dem jugendlichen Liebhaber, einer Hauptrolle: »Alexander war der Mann für mich!« Leider hatte der zu diesem Zeitpunkt immer noch keinen klingenden Namen, und vom damaligen Constantin-Filmboss Waldfried Barthel kam ein Veto aus Deutschland. »Ich war verzweifelt, denn ich wusste, dass keiner so gut in die Rolle passte wie der Peter.« – »Peter Alexander, wer soll das denn sein? Für diesen Unbekannten geht doch kein Mensch ins Kino«, lautete die Absage aus der Zentrale.

Da bediente sich Antel einer List, um Barthel doch noch umzustimmen und seine Wunschbesetzung durchzusetzen: »Ich habe einfach den Hans Moser und den Oskar Sima als Verstärkung engagiert. Ein Aufgebot, das selbst den kritischen Filmmogul überzeugen konnte: ›Also gut, nehmen S' halt auch diesen Alexander!‹« So bekam Peter Alexander seine erste große Filmrolle.

Doch während Franz Antel in Deutschland die Verträge mit dem Produzenten dingfest machte, setzten sich in Wien die Alexanders zu einer kleinen Reise Richtung Süden in Bewegung. Man hatte gespart und sich von den verdienten Gagen einen Wagen geleistet. Nicht irgendeinen, sondern einen Opel Kapitän. »Es war ein wunderschönes Auto, und ich habe es sehr geliebt. So etwas ist eben doch das Lieblingsspielzeug eines jungen Mannes«, erinnert sich Alexander an seinen ersten fahrbaren Untersatz, mit dem er nicht nur in Wien Aufsehen erregen konnte.

So machten sich Peter und Hilde auf den Weg in die nachgeholten Flitterwochen. Grado sollte das Ziel sein. »Es war in Triest, als sich etwas ganz Furchtbares ereignete«, treibt es Alexander, der sein Lieblingsspielzeug auf den klingenden Namen »Majestät« getauft hatte, auch heute noch beinahe die Tränen in die Augen. »Und was uns mit dem Auto, das ich immer so liebevoll poliert und gepflegt habe, noch alles passieren sollte!«

Am Markttag kam es bei einem Ausflug nach Triest zu folgender Szene: Mitten im innerstädtischen Verkehrsgetümmel näherte sich dem stehenden Kleinjuwel der Alexanders ein Straßenhändler. Der Wagen blitzte und funkelte, und so musste der Mann wohl annehmen, dass es hier etwas zu holen gäbe und er seine illegale Ware im Nu loswerden könnte. »Er öffnete, wie das damals so üblich war, sein Sakko und zeigte uns Uhren, Schmuck, Brillanten und alles Mögliche, doch ich lehnte dankend ab mit der Begründung: ›Lieber Mann, wir haben kein Geld. Es tut mir leid!‹«

Das aber wollte der eifrige kleine Italiener partout nicht akzeptieren. »Er war völlig aufgebracht, schrie herum: ›Musst du kaufen!‹, ich wurde auch immer aggressiver und warf ihm an den Kopf, dass er sich doch endlich schleichen solle.« Das war falsch, denn die Reaktion des impulsiven Südländers folgte sogleich: Er ritzte mit einem riesigen Solitär, den er am Finger trug, über die linke Seite der Windschutzscheibe und brüllte: »Ist aber alles echt!« Peter und Hilde trauten ihren Augen nicht: »Der hatte uns einen langen Kratzer gemacht. Mit dem mussten wir die ganze Fahrt leben und ihn auch noch jeden Tag sehen. Eine Katastrophe.«

Es sollte aber nicht die einzige in Verbindung mit seiner geliebten »Majestät« bleiben.

Am Rückweg kam es in Tirol zu einem weiteren Zwischenfall: »Wir fuhren auf einer Gebirgsstraße, und es war gerade Almabtrieb. Hunderte Kühe und Ochsen waren plötzlich vor uns und kamen beängstigend auf uns zu. Wie durch ein Wunder teilten sich die Tiere und marschierten links und rechts vom Auto an uns vorbei.« Die Alexanders atmeten auf. »Glück gehabt, ich hatte ja Angst um unser schönes neues Auto.« Zu früh gefreut, denn: »Eine Nachzüglerkuh kam noch von hinten angewackelt und gleich dahinter der Knecht mit der Peitsche. Plötzlich, direkt neben dem Auto, macht dieses Rindvieh einen Schlenkerer und es war auch schon passiert. Wir hatten eine riesige Beule in der hinteren Tür.«

Peter sprang erbost aus dem Wagen: »Was soll ma jetzt machen? Wer bezahlt mir denn diesen Schaden?«

Worauf der Knecht im tiefsten Tirolerisch erwiderte: »Was willscht machen gegen a Kuh. Des is höhere Gewalt!«

So hat man die Heimreise mit einer zerkratzten Scheibe und einer verbeulten Türe fortgesetzt und den Schaden selbst bezahlt.

In Wien waren derweil die Wogen hochgegangen. Franz Antel versuchte seinen neuen Protagonisten zwecks Vertragsunterzeichnung zu kontaktieren. »Ich wollte dem Peter mitteilen, dass am Montag Drehbeginn sei und er doch den Vertrag unterschreiben solle.« Es war der Mittwoch davor – vielleicht der Tag, an dem die neue Autoscheibe in Triest brutal entweiht wurde. Antel wollte die letzten Unklarheiten beseitigen und machte sich auf die Suche nach Peter Alexander. Nur konnte er ihn in Wien nirgendwo finden. »Ich habe dann bei seiner Mutter angerufen und die teilte mir mit, dass er sich in Italien auf Urlaubsreise befinde. Wo, konnte sie mir nicht sagen«, erinnert sich der Regisseur. In fünf Tagen war erster Drehtag und der Hauptdarsteller im Ausland verschollen.

Da kam dem umtriebigen Antel eine Idee: »Ich kannte von früheren Filmen einige Leute bei Interpol. Also ging ich hin und bat sie, mir den Peter Alexander in Italien ausfindig zu machen.« Da es sich bei dem Film aber um keinen Krimi handelte, konnten auch die Freunde und Helfer vom Revier nichts Kreatives beitragen.

Zum Glück stieß Antel am nächsten Tag auf einen Freund der Alexanders, der ihm weiterhelfen konnte. Man telefonierte und Antel wollte den Drehbeginn am nahenden Montag fixieren. »Kommt gar nicht in Frage, wir lassen uns doch nicht den Urlaub kaputt machen«, war Peters erste Reaktion, denn er wollte nicht recht an die Hauptrolle glauben.

Doch Hilde hatte wieder den besseren Riecher und befahl: »Koffer packen! Italien läuft uns nicht davon, aber vielleicht eine große Chance.«

Das Ehepaar Alexander war am besagten Montag pünktlich zur Stelle. »Wir drehten Außenaufnahmen in Salzburg, und Antel begann mich bei meinem Erscheinen sofort von oben bis unten zu mustern.« Er hatte seinen Hauptdarsteller kleiner in Erinnerung und meinte: »Wir drehen hier in Breitwand-Cinemascope. Ich habe Sie viel, viel kleiner in Erinnerung. Sie sind ja viel zu groß für den Film. So groß werden Sie nie eine Karriere machen. Also merken Sie sich das, wenn Sie ins Bild kommen, dann gehen Sie immer etwas gebückt, damit man die Länge nicht so sieht.«

Nicht nur die Körpergröße erregte beim Regisseur Anstoß, auch eine nervige Situation mit Ehefrau Hilde fällt Antel ungefragt ein: »Schon am ersten Tag wollte sich die Hilde einmischen. Sie ist direkt hinter mir herumgestanden und wollte doch wirklich meine Regieanweisungen geben. Na, das habe ich sofort erfolgreich unterbunden.«

Jeder am Set bemerkte aber damals schon, dass Hilde und Peter nicht nur privat ein glückliches Paar waren, sondern auch beruflich eine verschworene Arbeitsgemeinschaft bil-

*14 Mit Rudolf Platte und Peter Pasetti in Karl Antels Filmlustspiel »Verliebte Leute«, 1954*

deten. Antel: »Natürlich hatte sie die Hosen an, aber er war sehr glücklich, und ich glaube, das hat der Peter unbedingt gebraucht.«

Hauptsächlich wohl deswegen sollte die Auswahl der Film-Partnerinnen von dieser ersten Stunde an allein in Hildes Hand liegen, weiß der Regisseur: »Harmlose, liebe Mädel, wie etwa in *Verliebte Leute*, da hat ja bekanntlich meine damalige Ehefrau Hannelore Bollmann die weibliche Hauptrolle gespielt, oder später eine Waltraut Haas waren für die Hilde überhaupt kein Problem. Da war der Peter sicher und völlig ungefährdet. Sexbomben wären damals nie in Frage gekommen, da hätte sie sofort ein Veto eingelegt.«

Regisseur Antel und viele aus dem *Verliebte Leute*-Team erkannten bei Alexanders Erstlingswerk, dass »er mit unglaublichem Einsatz, mit viel Talent, aber vor allem mit Herz« bei der Sache war. Was ihn, laut Antel, »zum späteren Botschafter für Österreich« machen sollte.

Eines vermochte der heutige Altmeister der Regie allerdings nicht: »Der Peter war ein strikter Anti-Fußballer, und ich konnte ihn partout nicht überreden, bei meiner Mannschaft mitzumachen. Zumindest nicht für ein ganzes Spiel.«

Und Peter Alexander stellt sich heute noch die Frage: »Warum ist der Antel für diesen Film ausgerechnet auf mich gekommen? Wahrscheinlich hat er einen neuen Mann für seine private Fußballmannschaft benötigt und mir dafür die Hauptrolle gegeben.« Fußballnarr Antel war damals bekannt für seinen »FC Antel«, in den jeder Schauspieler mit Unterzeichnung seines Vertrages verpflichtend aufgenommen wurde. »In all den Jahren haben bei mir Größen von Wussow bis Pavarotti gespielt, nur der Alexander wollte sich strikt weigern mitzumachen.«

Doch der Fan des runden Leders blieb hart. Letztendlich konnte er seinen Protagonisten doch noch zu einer Fußballrunde überreden. »Es war in Salzburg während des Drehs. Peter hatte wirklich Schiss vor diesem Auftritt, aber ich hatte ihm versprochen, dass er nach zehn Minuten verletzt vom Platz dürfe.«

Zehn Minuten nach dem Anpfiff geschah also, was laut Regie vereinbart war, und Peter Alexander brillierte als Schauspieler: »Ich war so überzeugend mit der gespielten Verletzung, dass man mich sofort unter allgemeinem Bedauern vom Platz getragen hat.« Auch diese Bewährungsprobe war bestanden.

»Es war ein schöner Filmdreh und der Antel als Regisseur große Klasse«, erinnert sich Peter Alexander gern an die Dreharbeiten zu *Verliebte Leute*. Seine Filmpartner Hans

Moser und Oskar Sima waren ihm damals schon sehr ans Herz gewachsen, denn er verehrte sie beide schon seit Jahren als Vorbilder und hatte beide oft imitiert. Der nuschelnde Volksschauspieler Moser hatte bereits auf der Bühne der Marietta-Bar für manchen Gag herhalten müssen. »Unerreichbar, diese Moser-Parodie von Peter Alexander«, rühmen Kritiker und Freunde noch heute diese Auftritte.

Diesem fällt zum Thema Hans Moser natürlich ad hoc eine Geschichte ein, die sich bei *Verliebte Leute* ereignet hatte: »Gleich im ersten Film durfte ich mit ihm spielen. Eine große Ehre, obwohl wir kaum ein Wort gewechselt haben. Ich hatte zuviel Ehrfurcht vor diesem großen, geschätzten Schauspieler.« Nie wäre es ihm in den Sinn gekommen, während des Drehs eine Moser-Parodie zum Gaudium aller vom Stapel zu lassen. Vielmehr beobachtete er seinen bewunderten Kollegen: »Von dem Moser habe ich wahnsinnig viel gelernt. Obwohl er meistens grantig war, hat er meine weitere Karriere maßgeblich beeinflusst.«

Er erinnert sich, wie akribisch genau Moser die Drehbücher bearbeitet hat: »Die Bücher waren nur einseitig beschriftet, damit der Schauspieler neben seinem Text noch Bemerkungen zur Rollengestaltung hinzufügen konnte. Moser ist immer mit einem scharf gespitzten Tintenblei gesessen und hat geschrieben und geschrieben. Beeindruckend, wie genau und professionell er das immer gemacht hat. Ein wahres Vorbild.«

Und so kam es auch, dass Alexander mit seiner Hilde eines Tages nach Drehschluss ins Kino ging und sich, nicht ganz zufällig, einen Film mit Moser anschaute. Anschließend ging das Paar in ein kleines Gasthaus zum Abendessen. Und da saß doch wirklich am Nebentisch Hans Moser bei einem kleinen Gulasch und einem Bier. Alexander wechselte zum Nebentisch, um Moser seine Aufwartung zu machen. Er verneigte sich tief und stimmte eine Lobeshymne auf ihn an: »Wir kommen gerade aus dem Kino und haben einen Film mit Ihnen gesehen. Wir sind noch ganz beeindruckt. Sie waren, wie immer, fabelhaft. Aber entschuldigen Sie, vielleicht haben Sie es gar nicht so gerne, wenn man Ihnen das sagt und Sie lobt.«

Da blickte der sonst so grantige Hans Moser kurz auf, lächelte gar und meinte: »Nein, mein lieber junger Freund. Loben Sie mich nur weiter. Ich habe das durchaus sehr gern.«

Diese Reaktion des großen Filmkollegen sollte sich Peter Alexander von nun an zu eigen machen. »Ich habe von da an auch nach dem Motto gelebt: Von Lob kann ich nie genug kriegen. Macht nur weiter!«

Es war ihm vergönnt, Jahre später in einem weiteren Film mit Hans Moser vor der Kamera zu stehen. Es war Ende 1961 in der Operettenverfilmung *Die Fledermaus* unter der Regie von Géza von Cziffra. Peter Alexander, zu diesem Zeitpunkt und nach zwanzig abgedrehten Filmen selbst schon ein Kinostar, musste zu Tonaufnahmen in ein Kölner Studio. Ein Terzett sollte eingesungen werden, gemeinsam mit Willy Millowitsch und Hans Moser. Alexander, damals schon bekannt für seine Genauigkeit, war einen Tag früher nach Köln gereist, um sich den Text für diese Musiknummer genauestens anzusehen. »Beim Studieren fiel mir auf, dass der Wortanteil meines verehrten Kollegen Hans Moser wesentlich kleiner war als der von Millowitsch und mir. Ich stellte fest: Acht Zeilen Alexander, vier Zeilen Moser, sechs Zeilen Millowitsch. Und so ging das Strophe für Strophe weiter. Da dachte ich mir: So geht das nicht!«

So eilte Alexander noch am Abend zum musikalischen Leiter der Produktion und erklärte: »Das können Sie doch nicht zulassen. Der Moser ist ein Denkmal, ein begnadeter Komiker und Schauspieler. Er soll aber immer nur vier Zeilen singen und der Willy sechs und ich acht? Bitte ändern Sie das, damit es zumindest ausgeglichen wird. Ich gebe etwas von meinem Text her, geben Sie das dem Moser, der ist doch die Hauptperson.«

Und tatsächlich, ohne Millowitsch zu kontaktieren schrieb der Musiker den Text zum Terzett in gleichlange Passagen um, und Alexander konnte beruhigt schlafen gehen.

Am nächsten Morgen kam es dann zu einer kuriosen Situation: »Ich kam ins Studio und habe Moser und Willy hinter der Glaswand heftigst diskutieren sehen.« Unbemerkt von beiden öffnete Alexander die Tür und hielt inne, als plötzlich sein Name fiel.

Moser stand da mit dem Manuskript in der Hand und nörgelte herum: »Was ist das für ein Text? Der Alexander, der singt ja nur. Wir beide sind ja gar nicht da. So, das nehmen wir ihm jetzt weg und das und das. Diese Zeile da ist ohnehin nichts für einen jungen Menschen, die nehme ich auch. Und da kommt schon wieder der Millowitsch! Das nehm ich auch. So, jetzt passt das!«

Alexander verharrte in der Tür, lauschte weiter und dachte sich insgeheim: Du alter Fuchs, du. Gestern habe ich mir den Mund fusselig geredet, damit du mehr Text bekommst, und jetzt das!

Er gab sich mit einem lauten »Grüß Gott, meine Herren!« zu erkennen, und Moser wechselte in der Sekunde die Rolle: »Jö schau, da is er ja!«

Alexander lächelte etwas gequält und erwiderte: »Meine Herren, ich habe in der Tür gestanden und alles mitgehört.«

Moser, selbstsicher in seiner Rolle, lachte und meinte: »Lieb, er will mitsingen. Also lassen wir ihn doch mitsingen!«

Und so wurde das Terzett doch noch in der von Alexander angeregten Version aufgezeichnet.

Den Komiker Oskar Sima hatte Antel ja gemeinsam mit Moser für *Verliebte Leute* nachengagiert, um seinen Wunschkandidaten Peter Alexander durchsetzen zu können. Auch Sima war als Grantler, obendrein als Zyniker, bekannt, und so hatte der Neuling auch vor Sima »ungeheuren Bammel«. Unbegründet, wie sich gleich beim ersten gemeinsamen Dreh herausstellen sollte. »Alle hatten erzählt, dass Sima ein Geizhals sei und so unzugänglich. Viele meiner Kollegen mochten den Oskar nicht leiden. Hilde und ich hatten nie Probleme mit ihm.«

*15 Mit Freund Oskar Sima in »Das süße Leben des Grafen Bobby«, 1962*

Da fallen ihm auch gleich einige typische Sima-Sprüche ein, die für Amüsement sorgten und gleichzeitig Einblick in die Seele dieses Künstlers bieten. So zum Beispiel eine Szene in der Studiokantine. Sima zum Kellner: »Entschuldigen, Herr Ober, Sie sind ein netter Mensch, aber leider ein Trottel. Da kann man halt nichts machen.«

Oder Sima auf die Nachricht, dass ein Komikerkollege gestorben sei: »Naja, es ist nicht viel, aber ein Anfang ist gemacht!«

Und auf die Frage »Oskar, hast schon gehört, welcher Kollege gestorben ist?« die zynische und typische Sima-Antwort: »Is mir scheißegal, mir ist ein jeder recht.«

Und noch eine Szene aus dem wirklichen Leben wird Alexander nie vergessen. Es war bei einem Filmdreh in den Studios Wien-Sievering. Sima arbeitete stets auf der Basis von Tagesgagen. Einmal, Peter stand direkt neben ihm, wandte er sich an die Produktionssekretärin Frau Maresch, die liebevoll von der ganzen Crew »die Mäusedompteuse« genannt wurde. Es entspann sich folgender Dialog.

Sima: »Frau Maresch, ich brauch Geld!«

Maresch: »Tut mir leid, Herr Sima.«

»Wieso, haben Sie etwa kein Geld?«

Maresch, entschuldigend: »Nein, nein. Aber ich habe kein Papiergeld, nur Hartgeldrollen.«

Sima, bestimmend: »Geben Sie her! Wenn es um's Geldzählen geht, bekomme ich immer Finger wie der Menuhin.«

Ein paar Jahre später, mittlerweile waren Alexander und Sima auch außerhalb der Filmwelt zu guten Freunden geworden und Peter ein Star, wollte dieser ihn unbedingt als Partner an seiner Seite haben. In *Peter schießt den Vogel ab* war ein Gegenspieler gesucht, den er täuschend echt imitieren konnte. Also machte Alexander dem Berliner Produzenten

Artur Brauner den Vorschlag, Oskar Sima zu besetzen. Doch Brauner, als jüdischer Einwanderer gezeichnet vom NS-Regime, lehnte mit der Begründung ab: »Den will ich nicht beschäftigen, der war ein Nazi. Der kommt mir nicht ins Atelier!«

Alexander war enttäuscht und fassungslos. Er erzählte den Vorfall seinem Freund Sima. Der brauste auf: »So ein Blödsinn. Ich habe, ganz im Gegenteil, während des Krieges viele Juden in meiner Wohnung unter Lebensgefahr versteckt. Heute leben die alle in Amerika. Wenn man nur den einen oder anderen finden könnte, um dem Brauner zu beweisen, dass ich alles andere als judenfeindlich eingestellt war.«

Das war das Stichwort für Alexander, Recherchen anzustellen. Einige der Vertriebenen konnten in den USA ausgeforscht werden und bestätigten, dass Oskar Sima ihr Leben gerettet hatte.

Alexander präsentierte die Schreiben dem Produzenten mit den Worten: »Da haben Sie Ihren Nazi. Jetzt werden Sie wohl einsehen, dass man nicht allen bösen Gerüchten Glauben schenken darf.«

»Atze« Brauner entschuldigte sich, und Sima bekam die Rolle.

Ab Mitte der Fünfzigerjahre erhielt Peter Alexander ein Filmangebot nach dem anderen. Zuerst waren es kleinere Rollen, dann größere und schließlich die wichtigen Hauptrollen. Filme, die bereits mit dem Namen Peter Alexander am Plakat das Publikum in die Kinos lockten.

Aber gerade zu dieser Zeit wollte der aufstrebende Star nicht allzuviel von der Filmerei wissen. Die Arbeit in künstlichen Kulissen war ihm zu anstrengend, zu technisch. Hilde erinnerte sich gut an einen Ausspruch ihres Ehegatten: »Das

Filmen ist etwas Schreckliches. Ich glaube, ich mache bald wieder Schluss damit.« Dem musischen Schöngeist war das ganze Drumherum zu kompliziert und das stundenlange Warten am Set, bis endlich die nächste Szene drehreif war, hat ihn genervt: »Was mich auch närrisch machte, war, dass man oft zwei Szenen hintereinander abdrehen musste, die zwar in ein und derselben Dekoration spielten, aber auf ganz verschiedenen Drehbuchseiten standen. Da hatte das eine mit dem anderen ja überhaupt nichts mehr zu tun.« Er sollte nicht der einzige sein, dem dieses System zu schaffen machte. Viele seiner berühmten Kollegen kämpften zeitlebens mit dieser Problematik.

Aber auch der Umstand, dass in einem Filmstudio ausschließlich Menschen zugegen waren, die mit der Produktion zu tun hatten, aber kein Publikum anwesend war, gefiel ihm nicht. Er brauchte eben Reaktionen, Feedback. So etwas fehlte ihm sehr in der sterilen Studioatmosphäre.

Das war einer der Gründe, warum er damals auch immer wieder auf die Bühne drängte. Tourneen und Bunte Abende, mit denen er seinerzeit in der Kriegsgefangenschaft die Leidensgenossen begeistert hatte, waren ihm lieber als das eintönige Filmgeschäft. Er verdiente mit seinen Plattenaufnahmen und Rundfunkeinsätzen mittlerweile gutes Geld und musste nicht jedes Filmangebot annehmen.

Aber ein neues Medium lockte ihn – das Fernsehen. An seinen ersten TV-Auftritt erinnert er sich lebhaft: »Mein Gott, was da alles passiert ist! Ich denke mit Grauen daran zurück«, schaudert's den späteren TV-Profi noch heute.

Es war in Köln, eine bunte Musikshow mit dem damals sehr populären Gesangsstar Willy Schneider als Moderator der Hauptabendsendung. Alexander war mit seinem Hit »La bella, bella musica« engagiert worden. Nur, es war selbst für den versierten Radiosänger etwas ganz Neues, live in einem TV-Studio zu stehen. Auch mit der Atmosphäre im Filmatelier hatte diese Situation nur wenig zu tun, bis auf die Kameras. Doch gerade die sollten dem singenden Schauspieler beinahe zum Verhängnis werden: »Ich wusste anfangs nie, welche Kamera gerade on air war und wo ich hinschauen sollte. Also haben mich die Kameraleute mit diesen langen Beleuchtungsstangen für die Deckenscheinwerfer am Schienbein gestoßen, bis ich endlich am richtigen Platz stand. Am Bildschirm hat man nichts davon bemerkt, aber für mich war es die Hölle. Furchtbar!«

Dass aus ihm einer der beliebtesten Show-Moderatoren und Entertainer des Fernsehens werden sollte, hat sich Peter Alexander zu diesem Zeitpunkt noch nicht gedacht. »Es war mein Einstieg ins Fernsehen. Eine faszinierende Welt, die mich nicht mehr loslassen sollte, aber ein steiniger Weg, der mir bevorstand.«

*16 CCC-Produzent Artur Brauner produzierte 1956 den musikalischen Lustspielfilm »Ein Mann muss nicht immer schön sein« mit Georg Thomalla und Christiane Maybach. In der Hauptrolle setzte er seine Entdeckung Peter Alexander ein.*

## *Aufstieg zum singenden Filmstar: Karl Spiehs, Artur Brauner, Géza von Cziffra und Idealpartnerin Caterina Valente*

Zu dieser Zeit lief im winterlichen Wien Peter Alexander der bis heute sehr erfolgreiche Filmproduzent Karl Spiehs im wahrsten Sinne des Wortes über den Weg, und zwar im Vorweihnachtstrubel auf der Kärntnerstraße. Der spätere Lisa-Film-Boss erinnert sich: »Ich habe Hilde und Peter vor der Mounier-Stube getroffen und sofort auf einen Kaffee eingeladen.« Zwar mit völlig leeren Taschen, denn Spiehs war gerade so gut wie pleite, aber dafür hatte er einen Traum, den er unbedingt realisieren wollte: »Ich fragte die beiden, was sie denn an Weihnachten so täten und ob sie nicht Lust hätten, für mich ein Gastspiel zu machen.«

»Keine Chance, mein Lieber. Dieses Fest ist uns heilig und wird es auch immer bleiben. Da gibt es nur die Familie«, wehrte Hilde die schüchterne Anfrage sofort ab, ergänzte aber mit dem ihr angeborenen Geschäftssinn: »Zu Silvester, da hätten wir schon noch Zeit.«

Spiehs schaltete sofort. Es war ihm zu Ohren gekommen, dass das beliebte Stadttheater in der Laudongasse zu Silvester noch frei war, und witterte bare Münze mit dem Zugpferd Peter Alexander als Stargast einer Silvestershow. Ohne finanzielle Mittel, aber mit Zuversicht schritt er zur Tat: »Wir haben noch im Kaffeehaus, ich glaube, es war auf einer Serviette oder irgendeinem Zettel, in der Schnelle einen Vertrag gezimmert.«

Der Produzent verpflichtete darin Peter Alexander vom 31. Dezember bis 10. Jänner zu einer allabendlichen bunten Veranstaltung mit anderen Stars. Abendgage: 1000 Schilling (72 Euro).

Hilde und Peter Alexander hatten spontan zugesagt, denn sie kannten den umtriebigen Produzenten schon einige Jahre: »Es war einige Jahre zuvor, in den Tagen, als Peter gerade mit Leila Negra die Single-Schallplatte »Die süßesten Früchte« auf den Markt gebracht hatte. Er war natürlich noch völlig unbekannt und ich habe ihn damals engagiert.« Mit einer ganz kleinen Band und einer Abendgage von 200 Schilling (15 Euro) unterhielt Alexander die Dorfgemeinschaft im Speisesaal des Gasthauses von Spiehs' Eltern im niederösterreichischen Ternitz. »Hilde und Peter haben damals bei uns in der Pension übernachtet. Ganz schlicht, ohne jeglichen Komfort«, erinnert sich Spiehs und erwähnt schmunzelnd einen nächtlichen Zwischenfall: »Es war furchtbar kalt in der Nacht. Natürlich hatten wir in diesen Jahren noch nicht in jedem Zimmer eine gute Heizung, und so kam es, dass Peter mitten in der Nacht zu mir ins Zimmer schlich und meine warme Bettdecke gestohlen hat. Das war mein erstes, prägendes Erlebnis mit Peter Alexander.«

Inzwischen rückte jetzt das christliche Fest näher, und Spiehs überlegte immer noch, wo er das Geld für die bereits fix gebuchte Show auftreiben könnte. Er wohnte damals in einem kleinen Stundenhotel in der Wienzeile, ernährte sich hauptsächlich von Würstel mit Senf und Brot und sah eines Tages keinen Ausweg mehr: »Ich war völlig neger und habe nach langem Überlegen die Hilde angerufen und ihr mitgeteilt, dass die Veranstaltung wegen finanzieller Probleme abgesagt werden müsse.«

*17 Bei einer »Romy«-Verleihung mit Filmproduzent Karl Spiehs*

Hilde reagierte geschäftstüchtig wie immer: »Du, wir haben da einen wohlhabenden Freund, der könnte dir sicherlich etwas borgen. Ruf ihn doch an. Wieviel brauchst du denn überhaupt?«

Spiehs zögerte, denn für die Anmietung des Theaters und die Gagen hatte er über 50 000 Schilling (3500 Euro) veranschlagt. Am nächsten Tag kontaktierte er aber den reichen Freund, einen Conférencier und Moderator, der ihm tatsächlich die 50 000 Schilling borgte.

Unter dem Motto *Musik, Tanz und 1000 Schlager* – angelehnt an den gerade in den Kinos laufenden erfolgreichen Musikfilm *Liebe, Tanz und 1000 Schlager*, bei dem Alexander erstmals mit seiner späteren Traumpartnerin Caterina Valente vor der Kamera stand – wurde Wien mit Plakaten für den bunten Silvesterabend zugepflastert. Peter Alexander als Headliner, großes Orchester, Alexanders einstige Partnerin Leila Negra und Gunther Philipp als Moderator und viele andere. »Ich habe alles engagiert, was damals in Wien Rang und Namen hatte. In der Tasche hatte ich noch genau 25 Schilling, um die ich mir am Heiligen Abend ein Stück Käse, Würstel und ein Bier gekauft habe. Jetzt war ich wieder und zwar vollkommen pleite und konnte nur hoffen, dass die Sache aufgeht«, erinnert sich Spiehs an die bangen Stunden vor dem ersten Weihnachtsfeiertag.

Am 25. Dezember war dann ab 10 Uhr die Vorverkaufskasse des Theaters geöffnet. Um 13 Uhr hatte man noch keine einzige Karte verkauft. »Es hat unheimlich stark geschneit. Ich war am Verzweifeln, und plötzlich ist ein Wagen vorgefahren und ein eleganter Herr kaufte sechs der besten Tickets. Dann wieder nichts, kein Mensch! Es schneite ununterbrochen, und ich verzweifelte weiter.«

Am 26. Dezember wurde die Kasse wieder um 10 Uhr geöffnet und: »Zwei Stunden später waren plötzlich alle Karten für sämtliche Vorstellungen verkauft. Ich habe keine Ahnung, warum sich die Leute förmlich um die Karten prügelten, aber es hat funktioniert. Es kann sich nur um ein Weihnachtswunder gehandelt haben.« Spiehs war überglücklich und konnte es kaum glauben, als er am Nachmittag dieses Freuden- und Feiertages auch noch einen Anruf vom Österreichischen Rundfunk bekam: »Der damalige Fernsehdirektor hatte von der Veranstaltung gehört und mir angeboten, den Silvesterabend im Fernsehen zu übertragen. Wir haben natürlich zugesagt.«

So kam es zur ersten Live-Sendung im ORF. Ein riesiger Erfolg für Peter Alexander und Karl Spiehs: »Wäre Hilde nicht so stur geblieben und hätte ich nicht den Freund angerufen, ich hätte das Geld nie aufgetrieben und wir hätten alle nichts verdient. Peter hat immer das gemacht, was die Hilde wollte, und er hat gut daran getan. Sie hat in 99 Prozent der Fälle recht behalten – und sie war immer scharf aufs Geld.« Peter selbst hätte sich nie um Finanzielles und Geschäftliches gekümmert, und Spiehs setzt schmunzelnd noch eins drauf: »Der Peter war viel zu faul dafür.«

So hatte er auch Jahre später nichts mit den Vertragsverhandlungen zu zwei weiteren Spiehs-Projekten zu tun: 1965 drehte Alexander, der zu dieser Zeit ein sehr beliebter Star am deutschsprachigen Kinohimmel war, unter der Regie von Axel von Ambesser eine der Episoden in dem Film *Das Liebeskarussell*. »Ich habe durchgesetzt, dass Peter an der Seite von Sexbombe Anita Ekberg spielen durfte.« Wie er das angestellt hat? Bei einem guten Abendessen mit viel teurem Rotwein hatte »Hilde plötzlich nichts mehr dagegen und vertraute mir an, sie denke, dass genau diese Kombination ein Kassenschlager werden würde«.

Im darauffolgenden Jahr hatte Spiehs wieder große Pläne mit Peter Alexander, doch der wollte nicht, anfangs zumindest: »Die Dreharbeiten waren in Rom, Paris und Tokio anberaumt, und Peter hatte doch solche Flugangst, aber ich konnte ihn – natürlich mit Hildes Hilfe – doch noch überreden.« Der Film *Bel Ami 2000 oder Wie verführt man einen Playboy?* in der Regie von Michael Pfleghar wurde abermals zum Renner. Spiehs hätte diesen Erfolg mit Peter Alexander gerne weitergeführt, aber genau da kam Hilde wieder ins Spiel: »Sie hatte damals einen sehr lukrativen Vertrag mit der Wiener Sascha-Film für zwei Filme pro Jahr unterschrieben, da musste ich passen, obwohl ich gerne mit diesem großartigen Schauspieler weiter gearbeitet hätte.«

Spiehs hatte die vielseitigen Talente des singenden Schauspielers aus Wien früh erkannt und seinen Aufstieg mit Freude verfolgt: »Peter Alexander hatte gegenüber anderen Sängern ein ganz persönliches Timbre. Als Schauspieler war er immer ein Mittelding zwischen Komiker und feschem Liebhaber. Also ganz genau die richtige Dosierung. Das wollten die Leute damals, und so war beinahe jeder Film mit ihm ein Riesenerfolg.«

Ähnlich begeistert von seinem Star zeigte sich auch ein anderer Meister des deutschen Nachkriegsfilmgeschäfts, einer, der es ganz genau wissen musste: Regisseur Géza von Cziffra: »Das Geheimnis des großen Erfolges beim Filmschauspieler Peter Alexander ist, dass er überhaupt kein Filmschauspieler ist. Peter hat sich immer nur selbst gespielt. Er hat keine Rolle im herkömmlichen Sinne verkörpert, er war auch vor der Kamera immer der nette, reizende Bursche, der er auch im Leben ist.«

Bis 1955 hatte Peter Alexander in insgesamt sechs Filmen mitgespielt, aber nur in Rollen, in denen er zu singen hatte. Der Schauspieler Peter Alexander ist gleichsam als Sänger Peter Alexander aufgetreten. Einzige Ausnahme waren Antels *Verliebte Leute*, wo er zwar sein Gesangstalent unter Beweis stellen konnte, aber eine durchgehende Hauptrolle zu gestalten hatte. Nur war dies keine große deutsche, sondern eine kleine österreichisch-deutsche Produktion.

Erst Ende 1955 sollte mit dem Film *Liebe, Tanz und 1000 Schlager* der Durchbruch in einer großen deutschen Produktion gelingen. Artur »Atze« Brauner, Boss der mächtigen Berliner CCC-Filmproduktion, suchte nach einem musikalischen Partner für die damals höchst populäre Caterina Valente. Die Drehbücher für den Musikrevue-Streifen waren fertig, die Bauten standen bereits in den Ateliers, nur die männliche Hauptrolle war noch nicht besetzt. Brauner war verzweifelt und sah wegen des verspäteten Drehbeginns die Kosten explodieren.

Da erinnerte sich, gleichsam in letzter Sekunde, der Regisseur Paul Martin an Peter Alexander, jenen Wiener Schauspieler, der im Jahr zuvor unter seiner Regie in *Die große Starparade* tadellose Arbeit geleistet hatte, allerdings nur in einem kleinen Gastauftritt.

Er machte Brauner den Vorschlag: »Versuchen Sie es doch mit dem Peter Alexander. Den kenne ich und der kann nicht nur singen, sondern auch spielen und sieht ganz passabel aus.«

Der in Bedrängnis geratene Produzent zögerte nicht lange und engagierte Peter Alexander. Dessen Weg zur Karriere im deutschen Film schien geebnet, wäre da nicht ein zögerlicher Hauptdarsteller gewesen. Denn Alexander wollte diesen großen Film ursprünglich nicht machen. Er fühlte sich nicht reif genug für diese Casanova-Rolle und machte einen für Brauner völlig unverständlichen Gegenvorschlag: Solle doch Johannes Heesters diesen feschen Liebhaber spielen.

In seinen Memoiren schreibt Artur Brauner: »Ich wusste nicht, wie ich diesen jungen Menschen von seinen eigenen Fähigkeiten überzeugen sollte, also führte ich ein ernstes und klärendes Gespräch mit seiner Frau Hilde. Sie war es doch, die bis dato und auch künftig immer alles Berufliche für den Peter regelte.«

Brauner bat Hilde Alexander zu sich ins Büro und redete Klartext mit ihr: »Das ist doch eine elegante Rolle. Ihr Mann ist ein fescher Kerl, warum sollte er sich diese Chance entgehen lassen und die Rolle nicht spielen? Wenn Peter ein verwachsener Gnom wäre, dann könnte ich das verstehen, aber so?«

*18 Mit Caterina Valente und Produzent Artur Brauner anlässlich der Premiere des Valente-Films »Das einfache Mädchen«, 1957*

Es dauerte einen ganzen Tag, bis Hilde ihren Peter doch noch überzeugen konnte, die Rolle anzunehmen.

Am nächsten Tag war bereits Drehbeginn, und Alexander lernte seine Partnerin unter etwas eigenartigen Umständen kennen, über die Caterina Valente mit leichter Ironie berichtet: »Was habe ich dem Peter gleich am ersten Drehtag angetan!«

Das Licht war an diesem Tag nicht besonders gut, also drehte man erst am Nachmittag die Außenszenen, die vom Film-Liebespaar eine gewisse körperliche Nähe erforderten. Caterina war aufgrund der langen Warterei hungrig geworden und bereitete sich in der Kantine ein Beef Tatar, ein ganz besonders scharfes, wie sie sich erinnert: »Ich habe Unmengen von Zwiebeln hineingemischt, es hat köstlich geschmeckt. Aber man kann sich vorstellen, was für ein Gesicht der Peter gemacht hat, als wir die Szene probten. Das Schlimmste war, dass am Ende ein Kuss stand. Ich denke, an dieses Zwiebelattentat wird er sich immer erinnern.«

Alexander hingegen erwähnte diese Szene, ganz Gentleman, der er immer war, nie, sondern erinnert sich ausschließlich an die perfekte und stets lustige Zusammenarbeit mit seiner Lieblings-Filmpartnerin: »Ach, die Catrin. Das war eine wunderbare Zeit. Ich bedaure es sehr, dass wir nur zwei Filme gemacht haben. Es war so ein entspanntes Arbeiten mit ihr. Wir sind zwar später noch in gemeinsamen TV-Shows aufgetreten, aber leider haben wir nie wieder zusammen vor einer Filmkamera gestanden. Sehr schade, Caterina ist nicht nur eine Spitzenkönnerin, sondern auch privat ein ganz hinreißender Mensch.« Die beiden gemeinsamen Filme *Liebe, Tanz und 1000 Schlager* und *Bonjour, Kathrin* wurden jedenfalls zu absoluten Kassenschlagern.

Dass es zu keiner weiteren Kooperation des Traumpaares mehr kam, hat, laut Insidern, nicht unwesentlich mit Hilde Alexander zu tun: Sie dachte an den für ihren Mann so wichtigen Schallplattenmarkt und wollte verhindern, dass plötzlich nur Duettplatten verkauft würden. Also empfahl sie ihrem Peter: »Warum denn immer nur als Partner der Valente? Ich denke mir, wir probieren es lieber allein!«

Und Hilde sollte wieder recht behalten.

Für den weiteren steilen Aufstieg des Peter Alexander als Filmschauspieler sollte hinkünftig der Drehbuchautor und Regisseur Géza von Cziffra verantwortlich werden. In rund einem Dutzend Filmen hat er seinen singenden Star mit professioneller Hand durch die aberwitzigsten Schwank- und Komödiensituationen geführt. Auch Alexander erinnert sich gern an diesen Dinosaurier des deutschen Films: »Der gebürtige Ungar Géza ist sozusagen einer der Väter des deutschen Revue-, Tanz- und Operettenfilms. Er hat so viele Filme gedreht, dass er bestimmt selbst ihre Zahl nicht mehr kennt. Aber er war immer ein toller Regisseur.« In ihrem ersten gemeinsamen Film dirigierte Cziffra im Jahr 1956 die *Musikparade* mit Georg Thomalla, Bibi Johns, Chariklia Baxevanos und Ruth Stephan an Alexanders Seite.

In seiner Autobiographie schrieb der »gallige Géza«, wie er in der Branche genannt wurde, über die erste Begegnung mit Hilde und Peter Alexander in Artur Brauners Spandauer CCC-Filmstudios, die einst eine Schießpulverfabrik gewesen waren: »Peter war von seiner Frau immer unzertrennlich. Gut so, denn er ist von Natur aus ein Phlegmatiker, um nicht zu sagen stinkfaul. Hilde war und ist die treibende Kraft, die ihn von Atelier zu Atelier boxte, indem sie ihm Marillenknödel und ich weiß nicht was noch alles versprach.«

Doch Cziffra erinnerte sich auch an die Zeit, in der Hilde noch nicht Peters Ehefrau war und als Hilde Hagen an ihrer eigenen Schauspielkarriere bastelte: »Sie war sehr hübsch, besaß eine nette Gesangsstimme, aber trotzdem klappte es nicht so recht mit der Karriere.« Eine konkrete Situation wollte allerdings nicht mehr in seiner Erinnerung auftauchen, da musste Hilde Alexander etwas nachhelfen. Denn als Hilde Hagen war sie ein Jahrzehnt zuvor im Wiener Produktionsbüro zu einem Vorsprechen erschienen und wurde abgelehnt: »Erst Hilde brachte mich darauf, dass sie das schüchterne und verschreckte Mädchen war, das mich damals besuchen kam.«

*19/20 Artur Brauner setzte auf die vielfältigen Begabungen von Peter Alexander: »Der kann singen, spielen und sieht ganz passabel aus.« Mit Bibi Johns in »Musikparade«, 1956 (oben), und mit Caterina Valente in »Liebe, Tanz und 1000 Schlager«, 1957*

Von schüchtern und verschreckt war schon lange keine Rede mehr, als Hilde Cziffra als Frau Alexander in Berlin gegenüberstand. Es hatte sich intern herumgesprochen, wie sie die Verhandlungen für ihren Mann führte: »Sie entwickelte sich zu einer Weltmeisterin im Gagenerhöhen. Bei unserem ersten gemeinsamen Film *Musikparade* hatten wir die gleiche Gage. Nach fünf Jahren bekam ich immerhin fünfzig Prozent mehr, Hilde aber trieb Peters Gage auf die sechsfache Höhe. Gut für den Peter, in dessen Werdegang sie alle Energie investierte, aber zum wirklichen Schrecken für alle Produzenten mutierte.« Als Cziffra Hilde einmal auf den enormen Gesinnungswandel vom schüchternen Mädl aus Wien zum Produzentenschreck ansprach, erklärte sie: »Man kann doch nicht für sich selbst so unverschämt auf die Pauke hauen, das geht nur für einen anderen, und der ist jetzt mein Mann!«

Ihre beinharten Forderungen sollten sich in enormen Tagesdiäten, prachtvollen Villen oder Wohnungen am Drehort und so manchem anderen Extra kostenintensiv äußern: »Peter stellte prinzipiell keine Anzüge für die Aufnahmen zur Verfügung, sie mussten alle neu angefertigt werden. Er übernahm dann nach dem Ende der Dreharbeiten gütigerweise die Anzüge zu einem Drittel der Kosten.«

Peter Alexanders Kleiderschrank muss auf diese Weise ähnlich überfüllt gewesen sein wie der von O.W. Fischer, der es in seiner Laufbahn als Schauspieler auf über zweihundert Maßanzüge brachte. Doch da kommt ein zynischer Einwand des Regisseurs: »Was der Peter allerdings mit all diesen Anzügen anfing, weiß ich nicht. Sooft ich ihn abseits des Sets sah, trug er immer nur eine Sporthose und einen Pullover oder ein Hemd. Es würde mich nicht wundern, wenn Hildchen die Anzüge weiterverkauft hätte.«

Aber nicht nur um Peters Anzüge war Hilde besorgt, auch ein Verhandlungspunkt, der schon Antel und Spiehs Kopfzerbrechen bereitet hatte, kommt Cziffra in den Sinn: Sie war eifrig bemüht, dafür zu sorgen, dass ohne Peters respektive Hildes Einverständnis kein Schauspieler engagiert werden durfte. Somit hatten die beiden die totale Kontrolle über die Besetzung eines Films. Konkret erinnert sich Cziffra an eine Verhandlung in Berlin, nach der ihm Hilde triumphierend mit dem Vertrag und den Worten entgegenkam: »Ich habe alles durchgedrückt, was ich wollte. Peter muss gefragt werden, bevor jemand engagiert wird. Auch wenn Sie, lieber Géza, einer Ihrer Freundinnen eine Rolle versprechen, muss Peter vorher gefragt werden. Und ich natürlich auch! Hier steht es schwarz auf weiß.«

Cziffra ließ sich den Vertrag zeigen und stockte bei der besonderen Vereinbarung: »Herr Alexander muss mit der Besetzung einverstanden sein.« Hilde hatte immer noch das triumphierende Lächeln auf den Lippen, als Cziffra sie nachdrücklich fragte: »Wissen Sie wirklich, was hier steht?«

Sie zögerte keine Sekunde und sagte im Brustton der Überzeugung: »Natürlich weiß ich das. Da steht, bei der Besetzung muss Peter gefragt werden. Er muss mit den übrigen Schauspielern einverstanden sein, sonst kann niemand engagiert werden.«

Jetzt musste der Regisseur herzhaft lachen, denn Hilde war einem fatalen Irrtum aufgesessen, erstmals in ihrer Karriere als Vermarkterin ihres Mannes: »Nein, liebe Hilde, hier steht genau das Gegenteil: Herr Alexander *muss* mit der Besetzung einverstanden sein.«

Hilde war irritiert und verstand den wahren Sinn dieser Klausel immer noch nicht, bis ihr Géza den Vertrag nochmals unter die Augen hielt: »Dieser Satz bedeutet schlicht und einfach, dass Peter *auf jeden Fall* mit der Besetzung einverstanden sein *muss*, selbst wenn für die weibliche Hauptrolle ein Vico Torriani engagiert würde.«

Hilde schnappte kurz nach Luft, und Cziffra sah sie zum ersten, aber auch zum letzten Mal sprachlos.

Grund für die fatal missverständliche Vertragsklausel: Der Produktionsleiter hatte zwar den Wunsch der Alexanders sinngemäß richtig zum Ausdruck bringen und korrekt formulieren wollen, aber mit dem Deutsch dürfte er ein Problem gehabt haben, das selbst Hilde in der Eile des Gefechts und des vermeintlichen Triumphs übersehen hatte. Da musste erst der gebürtige Ungar Géza von Cziffra kommen.

Die Dreharbeiten zum ersten gemeinsamen Film des Teams Cziffra/Alexander, *Musikparade*, erwiesen sich als nicht ganz unproblematisch. Einerseits hatte Peter großen Respekt vor dem berühmten Regisseur, der dafür bekannt war, Perfektion von seinen Darstellern zu verlangen, sehr zügig zu arbeiten, um den Drehplan strikt einhalten zu können und so den Produzenten Geld zu sparen. »Ich hatte Mordsangst vor ihm, denn er hatte in Schauspielkreisen einen Ruf wie Donnerhall.« Andererseits übte er sich vor allem bei Liebes- und Kussszenen in spröder Zurückhaltung, was wiederum den auf Tempo bedachten Regisseur zum Kochen brachte: »Er war bescheiden, voller Hemmungen und weigerte sich konstant, eine Liebesszene zu drehen. Er zweifelte immer an sich selbst. Hilde und ich mussten ihn ständig aufrichten, wobei wir zu den kuriosesten Mitteln gegriffen haben.«

Eines davon waren die schon erwähnten Marillenknödel, die Hilde, egal wo, aus dem Hut zauberte. Einen weiteren Gute-Laune-Macher und Überzeugungsversuch stellte in der Regel das Mittagessen dar. Peter war immer schon ein Gour-

*21 Regisseur Géza von Cziffra zeigt Peter Alexander und Fritz Muliar, wie er sich eine Filmszene vorstellt.*

met gewesen. Vor allem bei Dreharbeiten in seiner Heimatstadt Wien nützte er die Mittagspause stets, um zum Essen nach Hause zu fahren. »Kurz vor der Pause erschien im Atelier regelmäßig der Produktionsleiter Karli Schwetters, der mit Alexanders Wohnung telefoniert hatte, und der flüsterte dem Peter ins Ohr, was es zum Mittagessen geben würde«, erzählte Cziffra. Den Menüplan konnte man an Peters Mimik und seiner weiteren Laune direkt ablesen: »Sagte Peter das Menü zu, strahlte er plötzlich und seine gute Laune übertraf dann sogar die seines ewig lustigen Dauerpartners Gunther Philipp.«

Schwetters hatte aber noch einen zweites, sicheres Mittel in seiner Trickkiste parat: Wenn Peter sehr schlechter Laune war, plauderte er mit ihm übers Angeln. Damit konnte beinahe jeder Dreh mit dem passionierten Angler gerettet werden.

Insgesamt dreizehn höchst erfolgreiche Filme haben Cziffra und Alexander gemeinsam gedreht, darunter absolute Kassenschlager wie zwei *Graf Bobby*-Schwänke, *Ich bin kein Casanova, Charleys Tante* und *Die Fledermaus*.

»Ich kann mit Stolz sagen, dass ich doch einiges zu Peters Karriere beigetragen habe«, meinte Alexanders Hauptregisseur, obwohl ihm das auch mitunter vorgeworfen wird. So von seinem Regiekollegen Franz Antel, der dem Filmanfänger Peter Alexander die erste Hauptrolle in *Verliebte Leute* anvertraute: »Ich hätte damals gerne noch mit Peter weitergedreht, denn ich war sehr zufrieden mit ihm. Aber der Géza von Cziffra hat sich dann seiner angenommen und ihn geradezu vereinnahmt. Der war auf keinen Fall der große Hollywoodregisseur, er hat Alexander aber sehr erfolgreich gemacht. Obwohl ich der Meinung bin, der hat ihn mehr als Sänger denn als Schauspieler herausgebracht. Es waren nette Lustspiele mit Gunther Philipp, erfolgreiche Komödien, aber völlig unbedeutend.«

Hört man da nicht etwas Regie-Neid aus Antels Mund? »Nein, denn ich weiß genau, wovon ich spreche. Auch ich habe genügend dieser Filmerl gemacht, aber Gott sei Dank auch einen *Bockerer* und einen *Oberst Redl*. Solche Filme hat der Peter Alexander leider nie gemacht. Seine Karriere war im wahrsten Sinne des Wortes eine komische Karriere. Peter hat sich einfach zu wenig zugetraut. Zum ›Peter dem Großen‹ ist er erst durch die TV-Shows und die gigantischen Konzerte geworden, nicht durch seine schauspielerischen Leistungen.«

Harte Worte vom Regie-Altmeister Franz Antel, die aber auch von Cziffra indirekt bestätigt wurden, wenn auch in amüsant-zynischer Form: »Ich mag den Peter als Sänger, als

22/23 *Mit Hans Moser in dessen Paraderolle als Gefängnisaufseher Frosch und (unten) mit Marika Rökk sowie Gunther Philipp in Géza von Cziffras Operettenfilm »Die Fledermaus«, 1962*

Mensch, und, mit einem gewissen Vorbehalt, auch als Schauspieler. Am liebsten mag ich ihn aber als Angler!«

Der Regisseur erinnerte sich in diesem Zusammenhang an eine lustige Passage, die Peter Alexander über ihn in seinem Büchlein *Gestatten, Peter Alexander* geschrieben hat: »Ich kann immer wieder darüber lachen, wenn ich diese Episode lese, auch wenn ich diesmal selbst davon betroffen bin.«

So schreibt Alexander: »Niemand in der Filmbranche hat damals bestritten, dass Géza von Cziffra äußerst geistreich, schlagfertig und witzig sei, doch seine Geistesblitze waren oft recht unangenehm für die Betroffenen. Ganz ohne Zynismus ging es nämlich selten ab.« Und dann erzählt er eine jener Anekdoten, die den Regisseur bei Kollegen und Schauspielern am Set beliebt und gefürchtet zugleich machten.

Cziffra drehte einmal in Wien einen Film für den Produzenten Herbert Gruber. Mitten in einer der Atelierszenen fiel plötzlich eine große, zwanzig Kilo schwere Kiste mit Bühnennägeln von der Beleuchterbrücke und krachte direkt neben dem Regiestuhl auf den Boden. Eine tödliche Fracht, hätte sie Cziffra getroffen.

Als der Produzent davon informiert wurde, stürzte er ins Studio und rief aufgeregt: »Géza, um Gottes willen, was ist denn passiert?«

Cziffra gelassen: »Nichts ist passiert. Ich lebe ja noch!«

Darauf Gruber: »Ja, Géza, ich bitte dich! Hat sich der Mann von der Beleuchterbrücke wenigstens bei dir entschuldigt?«

Worauf wie aus der Pistole geschossen Cziffras Antwort kam: »Ja, natürlich. Er hat gerufen: ›Entschuldigen Sie bitte, Herr von Cziffra, ich habe geglaubt, der Doktor Gruber sitzt da unten.‹«

*24 Die letzte gemeinsame Arbeit mit Géza von Cziffra war 1963 die Neuverfilmung des alten Verkleidungsschwanks »Charleys Tante« von Brandon Thomas: Szene mit den Partnerinnen Eike Pulver und Marlene Rahn.*

Schallendes Gelächter im Studio, verhaltenes Lächeln beim Produzenten.

Auf jeden Fall war Géza von Cziffra einer der wichtigsten Wegbegleiter von Peter Alexander, der heute noch gerne an die Arbeit mit ihm zurückdenkt: »Trotz anfänglicher Angst vor dem großen Regisseur mit all seinen Marotten haben wir im Laufe der Zeit eine wirkliche, ehrliche Freundschaft geschlossen und wurden letztendlich mit der Zeit ein wunderbar harmonisches Team.«

Mit dem Verkleidungsschwank *Charleys Tante* endete im Jahr 1963 die lange Zusammenarbeit zwischen Géza von Cziffra und Peter Alexander: »Als es zu einer Trendwende kam und sich der deutsche Film fast ausschließlich um das

Bett drehte, trat Peter hauptsächlich im Fernsehen auf und machte dort eine noch größere Karriere. Ich als Regisseur werde ihn nie vergessen, es war eine wunderbare Arbeit und Freundschaft.«

Cziffra stellte damals seinen Regiestuhl beiseite und begann unter den verschiedensten Pseudonymen Drehbücher zu schreiben und trat unter seinem richtigen Namen als Autor zahlreicher Bücher hervor.

Seine eigenen Gedanken machte sich Artur Brauner über das Gespür für Begabungen und Starqualität. Der Berliner Großmeister des Films hat ja Peter Alexander das Tor zu einer Filmstar-Karriere geöffnet und ist auch einer von denen, die einen Entdecker-Anspruch erheben: »Wie das so üblich ist in dieser Branche: Braucht ein Talent einen Entdecker, lässt sich keiner sehen. Hat sich das Talent zu einem großen Künstler entwickelt, wimmelt es plötzlich von Leuten, die es entdeckt haben.« Als Brauner bei einem Filmball einmal Lilli Palmer fragte, wer denn der Verehrer gewesen sei, der sie so überschwänglich abgebusselt hätte, bekam der Produzent die nüchterne Antwort: »Das war kein Verehrer, das war einer meiner zahlreichen Entdecker!«

Brauner sagt zu den Anfängen Peter Alexanders: »Ich weiß schon, dass er von Gerhard Bronner für den Rundfunk, von Franz Antel für den Film und von vielen anderen für weitere erfolgreiche Tätigkeiten entdeckt wurde. Ich möchte aber für mich zumindest in Anspruch nehmen, dass ich Peter für den deutschen Film entdeckt habe.« War es doch Brauner, der dem jungen Wiener ab 1954 durch *Die große Starparade*, *Liebe, Tanz und 1000 Schlager* und *Musikparade* auf der deutschen Kinoleinwand einen Namen verschaffte. Er war es auch, der Alexander mit Caterina Valente – wenn auch nur für zwei Spielfilmlängen – zum neuen deutschen Film- und Schlagertraumpaar machte und der die äußerst erfolgreiche Partnerschaft mit dem Komiker Gunther Philipp einfädelte.

Beide kannten sich ja aus der tristen Zeit nach dem Abschluss des Max-Reinhardt-Seminars, als sie gemeinsam für lächerliche Gagen Modeschauen in Kaufhäusern moderierten und damals schon Komik und Unterhaltung vom Feinsten für eine breite Masse boten. Brauner erkannte in Alexander und Philipp die ideale Kombination, und eine neue Epoche des deutschen Filmlustspiels nahm seinen Anfang. Insgesamt sollten die beiden Wiener in sechzehn gemeinsamen Filmen vor der Kamera stehen. »Der Gunther war nicht nur ein genialer Kollege, ein begnadeter Komiker, sondern er ist auch zu einem meiner besten Freunde geworden«, erklärt Alexander stolz.

Am 1. Dezember 1971 erlebte Brauner die traurigsten Stunden seines Lebens. An diesem Tag wollte er den Star vieler seiner Filme in Bremen treffen, doch plötzlich erhielt er die Schreckensnachricht, Alexander sei ums Leben gekommen. Brauner denkt noch mit Schrecken an jenen Moment, in dem ihm die Tränen in die Augen schossen: »Die Todesnachricht stammte von einer Polizeistation im Münsterland und besagte, dass ›Peter Alexander, bürgerlich Peter Alexander Neumayer, mit dem Auto bei einem Frontalzusammenstoß tödlich verunglückt‹ sei.« Tief erschüttert holte der Produzent eines seiner Dutzenden Fotoalben aus dem Schrank und ließ in den Bildern die Erinnerung an Peter Alexander Revue passieren. Viel hatte man gemeinsam erlebt, viel hatte man gemeinsam gedreht und es war immer problemlos, lustig und angenehm gewesen mit dem Freund aus Wien: »Hier war er in *Musikparade*, da in *Liebe, Tanz und 1000 Schlager*, dort in der CCC-Kantine, bei einer Premierenfeier in der Berliner Waldbühne, einem privaten Essen in seinem Haus in Lugano. Aus. Vorbei. Dahin.« Und der Produzent erinnerte sich ganz genau an jene Worte, die Alexander einmal in seinem sanften Wiener Dialekt zu ihm sagte: »Weißt du, Atze, wenn ich einmal tot bin, dann schick mir einen Blechkranz auf das Grab, damit ich im Sarge hör', wann's regnet. Das finde ich immer so heimelig.«

Drei Stunden später, Artur Brauner war immer noch in Gedanken an seinen Freund, wendete sich alles zum Guten. Er erhielt einen Anruf aus dem feudalen Parkhotel in Bremen: »Herr Alexander ist soeben bei uns eingetroffen!«

»Lebend?« fragte Brauner nicht ohne Grund.

»Doch, ja, Herr Brauner. Er macht einen ganz lebendigen Eindruck. Er flucht gerade mordsmäßig und da kann er doch nicht so sehr tot sein«, tönte es etwas verwirrt aus dem Hörer.

Der Produzent, dem eine Zentnerlast von der Seele gefallen war, konnte die aufgebrachte Stimme des sonst so reservierten Stars in der Hotelhalle mithören, und auch das hatte seinen Grund: Peter Alexander hatte eben erst erfahren, dass ein »spaßiger« Zeitgenosse die Polizeistation von Beckum angerufen hatte, um den Tod des beliebten Künstlers zu melden. Als Augenzeuge, wie er angab. Natürlich unter Nennung eines falschen Namens.

Brauner resümiert: »Anscheinend wollte sich dieser Mann einen Jux machen. Aber da Totgesagte bekanntlich doppelt so lange leben, hat dieser Scherz auch wieder etwas Gutes gehabt.«

## *Von Löwen, Krokodilen und dem Paradies in Afrika*

Zu Beginn des Jahres 1958 drehte Peter Alexander den Film *Münchhausen in Afrika*. Über zwei Monate arbeitete Regisseur Werner Jacobs mit seinem Team in Kenia und Tansania. Es war der zweite Film, in dem das Gespann Peter Alexander/Gunther Philipp sich die Pointen gegenseitig zuspielen konnten.

Philipp dachte mit Freude und Schrecken zugleich an die anstrengende Arbeit unter der heißen Sonne des schwarzen Kontinents zurück: »Das Leben im Safaricamp war nicht gerade paradiesisch, der ewige Kampf mit dem dortigen Getier, besonders mit Insekten und riesigen Ameisen, zermürbte uns. Ganz zu schweigen von den Giftspinnen, die man vor dem Anziehen aus den Schuhen erst herausschütteln musste. Dazu kam, dass wir unter Moskitonetzen schliefen und die instinktbegabten Tsetsefliegen die kleinsten Löcher in den Netzen ausfindig machten, um uns zu quälen. Wenn einen nachts ein gewisser Drang überkam, war das Aufsuchen des chemischen Örtchens – übrigens der einzige insektenfreie Ort – ein höchst unangenehmer Gang durch das total finstere Gelände.«

Hilde Alexander war aufgrund der langen Drehzeit natürlich mitgekommen – auch wegen der panischen Flugangst ihres Mannes. Philipp kommentierte: »Der Peter hätte es doch ohne Hilde nie im Leben und schon gar nicht in dieser Wildnis so lange ausgehalten. Die beiden waren damals schon eine zusammengewachsene Symbiose.« Und ihm fiel ein, dass er Hilde schon wesentlich länger kannte als sein Freund Peter.

Es musste wohl Ende der Vierzigerjahre gewesen sein, Philipp, der promovierte Mediziner und Psychiater mit bürgerlichem Namen Dr. Gunther Placheta, hatte seinem erlernten Beruf schon längst abgeschworen und widmete sich seiner Berufung, dem Schauspiel, mit mehr oder minder großem Erfolg. Er spielte damals gemeinsam mit Johannes Heesters im oberösterreichischen Wels Theater. Da stach sie ihm erstmals ins Auge, die Kollegin Hilde Hagen: »Diese hübsche, große und schlanke Dame mit bis auf die Schultern reichendem Blondhaar imponierte mir ungemein. Sie entwickelte sich später zu einer begabten Bühnenerscheinung und wurde in der Folge die Ehefrau von meinem Freund Peter Alexander. Schön für ihn, dumm für mich!«

Doch die langjährige Zusammenarbeit bei Filmen, Shows und die private Nähe machten aus dem ursprünglichen Feuer schnell eine gute Freundschaft, die ein Leben lang halten sollte. »Ich muss sagen, dass mir die Zusammenarbeit mit Hilde auch an der Seite von Peter immer gut gefallen hat. Wir hatten einfach eine ähnliche Wellenlänge, wenngleich ich nicht ihre Geschäftstüchtigkeit besitze. Aber wer hatte die schon. In der Branche hat sie immer den Ruf der Übertüchtigen genossen, das ist eben so in unserem Gewerbe, da ist Überlegenheit nicht gefragt. Ich war nicht der einzige, der feststellen musste: Eine Hilde Alexander kann man nicht aufs Kreuz legen, und das imponierte mir immer an Hildchen.«

Eine Szene abseits des Sets von *Münchhausen in Afrika* gleich am ersten Drehtag in Kenia – man wohnte zu diesem Zeitpunkt noch in einem mehr oder minder komfortablen Zeltlager direkt am Drehort – vergaß Philipp nie: »Hilde stürmte in den Frühstücksraum und schwenkte aufgeregt die

*25 Der erste Film mit dem späteren Komiker-Dauerpartner Gunther Philipp war 1957 »Das haut hin«.*

englischsprachige Regionalzeitung.« Der Grund war eine Warnung in fetten Lettern direkt auf der Coverseite: »Heute kein Fleisch kaufen! Es ist wieder Menschenfleisch auf dem Markt!«

Der Appetit am wunderbaren Frühstücksbuffet war allen vergangen. Schweigen herrschte im Raum, bis Peter die Situation durch einen Scherz rettete. Er lachte und posaunte in Richtung Hilde: »Wir werden deshalb nicht gleich abreisen. Aber wir werden uns nun doch nicht auf Privatexkursionen in irgendwelche entlegene Dörfer begeben, sonst lesen wir womöglich bald: ›Vorsicht, heute kein Wiener Schnitzel essen! Ein österreichisches Ehepaar wird vermisst.‹«

Eines Tages entdeckte Peter, dass das naturverbundene Zeltlager in der Nähe einer nach Arusha führenden Landstraße lag. Alle hatten bereits genug von der Lagerfeuerromantik, und die Alexanders waren die ersten, die ihre Koffer packten, um ins komfortable »New Arusha Hotel« zu übersiedeln. Gunther Philipp folgte seinen Freunden noch am selben Nachmittag mit dem Rest des Schauspieler-Teams in die Zivilisation. »Ein wunderbares Hotel, wunderbares Essen, aber leider sehr weit vom nächsten Drehort weg«, erinnerte sich Philipp. Also musste man am nächsten Tag die beschwerliche Anreise über 300 Kilometer in klapprigen Geländewagen in Kauf nehmen.

Am Motiv angelangt, schleppten die Helfer die Getränkekisten zu einem Flüsschen, um sie zu kühlen. Da machte Philipp eine eigenartige Entdeckung: »Mir fiel auf, dass sie vor dem Abstellen der Kisten im Wasser mit Knüppeln wie wild auf Baumstämme und Büsche geschlagen hatten. Auf meine Frage, was das denn zu bedeuten habe, kam die ernüchternde Erklärung: Durch diesen Lärm würden die Krokodile verscheucht.«

Eine durchaus wichtige Information für Philipp und seinen Freund Alexander, denn nur Minuten zuvor hatten die beiden beschlossen, im kühlenden Bächlein ein Erfrischungsbad zu nehmen. »Wir haben unsere Badefreuden dann vorsichtshalber auf den nächsten Tag und in die Hotelbadewanne verschoben. Da war es sicherer.«

Im Hotel war es zwar relativ sicher, aber drum herum lauerte so manche unsichtbare Gefahr. »Ich hatte während des Drehs durchaus Zeit für Spaziergänge, aber es war davon abzuraten. Rund um das Hotel wimmelte es geradezu nur so von Leoparden. Wunderbare Tiere, aber ich sehe sie mir doch lieber im Zoo hinter Gittern an«, meinte damals der gar nicht so tapfere »Münchhausen« Peter Alexander.

Eine der aufregendsten Szenen des Films sollte die werden, die Peter Alexander mit einem Krokodil in einem Urwaldsee drehen musste. »Unser Krokodil war natürlich eine Attrappe und wurde für die Verfolgung von Peter an einem Seil gezogen. Peter war, man möchte es nicht glauben, im Allgemei-

*26 Der Löwe war keine Attrappe: Zirkusszene in »Das haut hin«.*

nen ein ziemlich unerschrockener Knabe«, erzählte Philipp und dazu fiel ihm im tiefsten afrikanischen Busch eine ganz andere Episode aus seinem Leben mit dem Filmpartner und Freund ein: »Ich erinnere mich da an einen Zirkusfilm, den wir in Ostberlin gedreht haben. Peter musste damals auf einem ausgewachsenen Löwen sitzen und einen Schlager singen. Das war allerdings keine Attrappe. Ich stand direkt neben dem furchteinflößenden Tier und versuchte zitternd, den Löwenbändiger auf der Gitarre zu begleiten.«

Es handelte sich um das Filmlustspiel *Das haut hin*. Alexander hatte damals die Rolle des jungen singenden Hitzkopfes Toni auf den Leib geschrieben bekommen, der so manches Abenteuer zu bewältigen hat. Unter anderem einen Auftritt in der Manege eines Zirkus. Toni sollte auf dem Rücken eines Löwen sitzend singen, eine Gitarre auf dessen

Kopf zerschlagen und so weiter und so fort. Was Toni laut Drehbuch nicht weiß: Ein eifersüchtiger Dompteur hat den vermeintlichen Schauspielkollegen im Löwenkostüm durch einen echten König der Savanne ersetzt.

Was Peter Alexander selbst nach dem intensiven Studium des Drehbuchs auch verborgen geblieben war: Regisseur Géza von Cziffra wollte größtmögliche Authentizität, und so sollte der Schauspieler diese Szene auf einem echten Löwen drehen. Hierfür verfügte sich der Produktionsleiter eines Morgens mit dem Protagonisten nach Ostberlin zum dort gastierenden Zirkus Barlay, der vertraglich die Löwen für die Produktion zur Verfügung stellte. Auf Alexanders naive Frage, was man denn hier tue, antwortete der Produktionsleiter schlicht: »Das ist nur, damit sich die Löwen an Sie und Sie sich an die Löwen gewöhnen.«

Jetzt war es für Peter plötzlich sonnenklar: »Ich höre wohl nicht richtig! Mir ist versprochen worden, dass ich nichts mit echten Löwen zu tun haben werde. Lasst euch etwas anderes einfallen. Von mir aus zieht einem großen Hund ein Löwenfell über. Aber kein echter! Das kommt überhaupt nicht in Frage.«

»Lieber Herr Alexander, die Szenen mit dem echten Löwen sind doch der Haupt-Gag des ganzen Films, der außerdem schon fast fertig ist. Da müssen Sie schon durch.«

Auch Hilde bekam es jetzt mit der Angst zu tun und wollte diese gefährliche Situation nicht akzeptieren: »Auf keinen Fall! Diese wilden Raubtiere werden dich zerfleischen.«

»Da kam gerade noch im richtigen Moment ein Anruf mit einer Frohbotschaft und der vermeintlichen Rettung. Alle atmeten auf. Die Löwenszene war wohl gestorben«, erinnerte sich Gunther Philipp, der ja ebenfalls mit Alexander im Käfig hätte drehen sollen. Die Versicherungsgesellschaft der

Filmfirma weigerte sich, die Deckung für einen Unglücksfall zu übernehmen. »Na bitte, keine Versicherung – keine Löwenszene«, triumphierten Hilde und Peter Alexander erleichtert.

Da hatten sie aber nicht mit dem Ehrgeiz von Produzent Artur Brauner gerechnet, der sofort ein Telegramm nach London schickte und schließlich bei der renommierten Lloyds-Versicherung einen neuen Vertrag abschloss. Diese Firma ging das Risiko ein und versicherte Peter, Gunther und sogar den Löwen. Dem Dreh stand also nichts mehr im Wege. »Sechs Tage verbrachten wir so in der Höhle des Löwen und auch am letzten Tag, am Tag der Schlussklappe, fühlten wir uns immer noch nicht recht wohl mit unseren langmähnigen Kollegen«, erzählte Gunther Philipp.

Zwar war auch der raubtiererfahrene Direktor neben Alexander und Philipp in den Käfig gestiegen, aber bei jeder Szene fragte der tapfere Toni alias Peter: »Herr Direktor, was soll ich denn jetzt tun?«

Die Antwort kam spontan: »Bloß ruhig bleiben, Herr Alexander. Der will uns sicher nur beschnuppern.«

Der Zirkuschef behielt recht, denn der Löwe machte eine Kehrtwendung und setzte sich ganz gelassen auf sein Podest.

Alexander hingegen vermutet einen anderen Grund: »Der fand mich offenbar ungenießbar. Ich hätte nie gedacht, dass mich eine solche Reaktion von einem Filmkollegen einmal so freuen könnte.«

Der Dreh war also glücklich beendet, und Peter wuchs in der Wertschätzung seines Freundes Gunther ins Unermessliche, der sich an den guten Ausgang des gefährlichen Abenteuers erinnerte: »Ich musste ja nur neben dem Löwen stehen und konnte jederzeit weglaufen. Er hingegen wäre auf dem Rücken sitzend mit dem Löwen weggelaufen. Alle Achtung! Wir waren froh, als das im Kasten war. Alle hatten überlebt. Auf der Leinwand hat man natürlich nichts von der Gefahr bemerkt. Die Leute haben vor Lachen gebrüllt – wie die Löwen!«

Zurück in den afrikanischen Dschungel. Das Krokodil war, wie gesagt, diesmal wirklich eine Attrappe, und von Löwen war auch weit und breit nichts zu sehen. Aber für die Wasserszene musste man ein ganz anderes Risiko in Kauf nehmen, das vor allem dem Arzt Gunther Philipp Kopfzerbrechen bereitete: »In Ostafrika gab es und gibt es immer noch eine gefährliche Parasitenkrankheit, die Bilharziose. In vielen Gewässern scheidet dort eine ganz bestimmte verseuchte Art von Wasserschnecken Larven aus, die in den menschlichen Körper durch die Haut eindringen und in verschiedenen Organen eine tödliche Wirkung entfalten können.« Man befragte die Bevölkerung und die Ranger in diesem Gebiet. Die Antwort lautete: »Völlig ungefährlich!«

Nach Abschluss der Dreharbeiten wurde das gesamte Team von Anwohnern am gegenüberliegenden Ufer zu einem Willkommens- und gleichzeitig Abschiedsdrink eingeladen. Man überquerte den Fluss mit kleinen Booten. »Das waren ja ungemein nette Leute da drüben, nur sie verrieten uns ganz stolz ein kleines Geheimnis: Sie behaupteten steif und fest, dass ihre Flussseite immer schon bilharziafrei gewesen sei, aber das gegenüberliegende Ufer, ausgerechnet jenes, an dem wir eben noch gedreht hatten, total verseucht sei. Immer schon.«

Zum Glück hatten die unheimlichen Wasserbewohner Peter Alexander, der ja als einziger Schauspieler im Fluss drehen musste, wieder verschont. Auch Tage später konnte der Mediziner Philipp beim Schauspielerkollegen Alexander keine Veränderung des Gesundheitszustandes feststellen und

27 *Bei Dreharbeiten zu »Münchhausen in Afrika«, 1958: Ritt auf einem Nashorn*

diagnostizierte, diesmal wieder ganz Komiker: »Einst konnten ihn die Löwen nicht riechen, jetzt haben ihn auch noch die Larven unter Wasser verschont. Er ist ein wahrer Glückspilz oder liegt es wohl doch am Geruch?«

Zwei Monate in Afrika näherten sich dem Ende, und trotz der nicht ganz ungefährlichen Dreharbeiten, der fürchterlichen Hitze und der ungewohnten Kost fern der Heimat hatte sich die Filmcrew in dieses Land verliebt, und der Abschied fiel allen schwer. Philipp erinnerte sich an eine Begebenheit, die sich unterhalb des Kilimandscharo abspielte: »Peter und Hilde waren so begeistert und verliebt in diese Gegend, dass sie sich schon Kaffeeplantagen ansahen. Sie überlegten einen Moment ernsthaft, so eine Plantage zu kaufen und Europa den Rücken zu kehren.« Sie dachten daran, hier ihren Ruhestand zu verbringen.

Alexander kommt ein lieber Branchen-Kollege in den Sinn: »Jetzt erst verstehe ich Hardy Krüger sehr gut, der sich ja am Fuße des Kilimandscharo niedergelassen hat. Afrika ist mehr als eine Reise wert. Man kann dort auch heute noch leben wie Adam und Eva im Garten Eden. Ein wirkliches Paradies.«

Er sollte zwei Jahrzehnte später wieder in dieses Paradies zurückkehren. Diesmal nicht als Schauspieler, sondern als Privatmann. Mit seinem Freund, dem Wiener Geschäftsmann und Rennfahrer Dieter Quester, machte er eine Urlaubsreise – zum Angeln.

In Erinnerung an dieses Jahr 1958, das sich zu einem der bewegtesten im Leben des Peter Alexander entwickeln sollte, resümierte der Künstler später: »Ich drehte ja schon zwei bis drei Filme im Jahr, und obwohl alle immer der Meinung waren, dass ich etwas träge und faul bin, muss ich mich schon selbst loben: Ich bin stolz, denn gerade in dieser Zeit habe ich gearbeitet wie ein Tier. Was war ich damals für ein bienenfleißiger Mensch!«

Nicht ganz unbeteiligt an dieser Emsigkeit war natürlich Hilde, die Peter von einem Dreh zum nächsten trieb. »Schmarrn, mach weiter. Ausruhen kannst du dich immer noch, wenn du berühmt bist!« Ein Satz, den Peter noch viele Male zu hören bekommen sollte, nur den Rat, sich einmal auszuruhen, hat er während seiner aktiven Zeit nie befolgt, denn selbst Jahre später als großer und berühmter TV-, Film- und Schlagerstar verlor er niemals seine Professionalität und auch den Ehrgeiz zur Perfektion. Also machte er weiter.

Nach dem abenteuerlichen Dreh zu *Münchhausen in Afrika* folgte der wesentlich ereignislosere zu der Filmkomödie *Wehe, wenn sie losgelassen* mit Bibi Johns und Brigitte Mira und gleich im Anschluss daran die Arbeit an *So ein Millionär hat's schwer*, beide mit Géza von Cziffra als Regisseur. Im Kollegenteam war neben der von Cziffra protegierten Germaine Damar oder Heinz Erhardt auch der einstige Simpl-Kabarett-Mitbegründer Ernst Waldbrunn: »Wer hätte das gedacht, dass ich mit dem Langen – so nannten wir ihn damals – einmal in einem Film mitwirken würde«, sinnierte Waldbrunn, nicht ohne zu ergänzen: »Noch dazu ist er der Star, der mich mitspielen lässt. Damals im Simpl habe ich den Peter wohl unterschätzt, als ich ihm nur die kleinsten Rollen verabreicht habe. Er ist ein grandioser Komiker geworden.«

Noch ein einschneidendes Ereignis sollte es in diesem Jahr geben, eines mit vornehmlich privaten Auswirkungen. Hilde Alexander, die sich bislang immer nur um das Wohl ihres Mannes gekümmert hatte, verspürte nun erstmals den Wunsch nach einer richtigen Familie. Auch Peter war nicht abgeneigt, an Nachwuchs zu denken. Geld war nun genügend vorhanden, die kleine Wohnung im Wiener 4. Bezirk hatte man gegen eine repräsentative Bleibe im noblen Grinzing eingetauscht und auch ein Kindermädchen konnte man sich nun ohne finanzielle Anstrengungen leisten. Also warum kein Kind?

»Ich war damals der Meinung, es sei der einzig richtige Zeitpunkt, und auch Peter war einverstanden. Ja, er konnte es schon gar nicht mehr erwarten, endlich Vater zu werden«, erzählte Hilde Alexander.

## *Zwei Kinder für ein glückliches Ehepaar und die verweigerte Karriere in den USA*

Man drehte gerade *So ein Millionär hat's schwer* an der Côte d'Azur. Géza von Cziffra konnte sich noch sehr gut an die Szenen abseits der Kamera erinnern: »Peter war damals etwas nervös, denn es war der erste Film, bei dem Hilde nicht am Set dabei war. Aber er war trotzdem ein Profi wie immer.«

Nur dass der werdende Vater öfter als sonst auf die Uhr blickte und nach jedem Take zum Telefon rannte: »Es war ja damals noch nicht so, dass man einfach eine Nummer in Wien wählte. Man musste sich über Nizza verbinden lassen und das klappte nicht immer. Telefonieren war wirklich die Hölle«, denkt Alexander an die vielen nicht zustande gekommenen Gespräche zurück. »Ich habe damals sicher ein kleines Vermögen vertelefoniert. Ich wollte am letzten Stand sein und ließ mir immer wieder von meiner Hilde bestätigen, dass es ihr gut gehe und es noch nicht so weit sei.«

Auch heute noch wird er an jedem 28. August an die sich endlos hinziehenden Stunden an der Côte d'Azur erinnert. »Ich wollte ursprünglich keine Sekunde in diesen neun Monaten von der Seite meiner schwangeren Frau weichen, aber ich musste ja Geld verdienen und die Verträge erfüllen.« Doch er hatte sich fest vorgenommen, das Ereignis der Geburt an der Seite von Hilde mitzuerleben, was diese wiederum kategorisch ablehnte. Sie entschied damals: »Ich will auf keinen Fall, dass mein Mann zusieht, wie ich ein Kind bekomme. Das ist doch nicht erotisch, wenn sich eine Frau bei der Geburt völlig gehen lässt. Nach der Geburt, wenn das Kind gewaschen ist und bei der Mutter im Bettchen liegt, dann kann der Vater kommen. Das ist ein wunderschöner Moment, den eine Familie gemeinsam genießen sollte.«

So stellte sich der werdende Vater immer wieder vor, wie er im Rudolfinerhaus, in dem bereits Hilde und er selbst das Licht der Welt erblickt hatten, vor dem Kreißsaal bis zu dem entscheidenden Augenblick warten würde. »Ich war ja teilweise entsetzt, mit welcher Ruhe meine Frau das alles schon im Vorfeld hinnahm. Sie war überhaupt nicht aufgeregt, aber ich erledigte das wohl ohnehin für zwei«, meinte er einmal.

Peter wünschte sich ein Töchterchen. Hilde war davon überzeugt, dass es ein Bub werden würde. So standen die Namen vor der Geburt schon fest: »Susanne für ein Mädl und Michael für einen Buben, da waren wir uns einig.«

Der Zeitpunkt der Geburt war für die letzten beiden Augusttage prognostiziert. Für Alexander also kein Problem, denn auch die Schlussklappe für die Millionärs-Komödie sollte um den 27. August fallen. Ideales Timing, hätten sich die Dreharbeiten aufgrund des Wetters und anderer widriger Produktionsumstände nicht verzögert.

»Es war exakt am 28. August, als endlich Land in Sicht kam. Der letzte Drehtag, die letzte Klappe! Noch am Abend wollte ich meine Koffer packen und am nächsten Morgen sofort nach Wien zu Hilde fliegen.« Da machte ihm das Schicksal einen Streich durch die so gut geplante Rechnung. Während der allerletzten Filmszene stürmte ein strahlender Aufnahmeleiter auf den Set, in der Hand ein Telegramm aus Wien: »Gratuliere, Herr Alexander, Sie haben eine Tochter bekommen!«

Das Team, allen voran natürlich der frischgebackene Vater, drehten die Schlusssequenzen in Feierstimmung. »Ich hatte

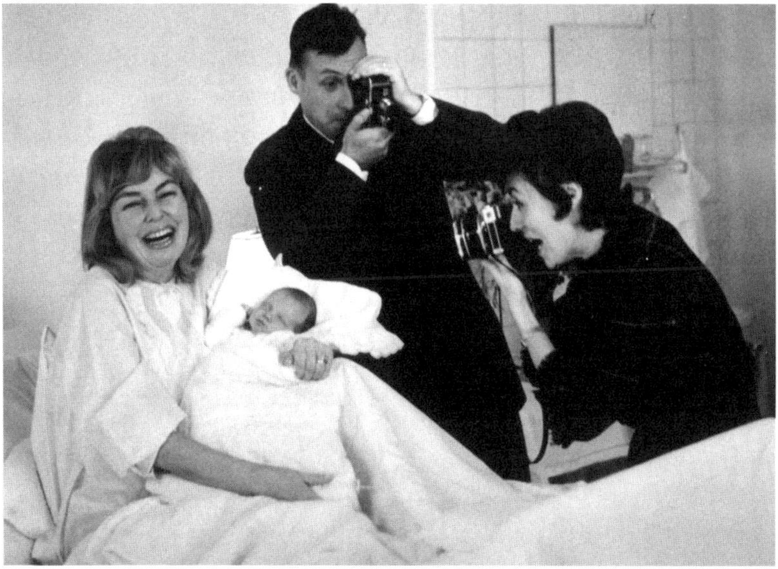

*28 Mit Caterina Valente bei der jungen Mutter Hilde Alexander und Töchterchen Susi, 1958*

die Geburt meiner Tochter versäumt, war aber überglücklich. Ein Gefühl, wie ich es noch nie erlebt hatte!«

Am nächsten Morgen ist Peter Alexander mit der ersten Maschine nach Wien geflogen und wurde bereits am Flughafen von Journalisten umringt und bedrängt. »Die hatten meine Tochter vor mir gesehen und präsentierten mir gleich nach dem Aussteigen die ersten Fotos von unserer Susi. Ein wunderschönes Mädchen! Hilde ging es bestens, und ich war wohl der glücklichste Mensch auf Erden.«

Peter Alexanders Augen glänzen heute noch vor Glück, wenn er sich an diese Momente des 29. August 1958 erinnert. Aber in diesem Zusammenhang fallen ihm auch jene dramatischen Momente ein, die mit der Geburt seines Sohnes Michael verbunden waren. Es war ein schrecklicher Tag im November 1963, an dem er zum zweiten Mal Vater wurde.

Er stand damals gerade für *Schwejk's Flegeljahre* gemeinsam mit Rudolf Prack, Gunther Philipp und Erwin Strahl in den Filmstudios am Wiener Rosenhügel vor der Kamera. Regisseur war Wolfgang Liebeneiner. Strahl erinnert sich: »Es war unglaublich, wie Peter den Schwejk gespielt hat. So sympathisch und witzig, das hat nach ihm keiner geschafft, auch nicht der Fritz Muliar, der hatte einen zu zynischen Humor. Peter ist wieder einmal in der Rolle voll aufgegangen.«

Auch privat war Alexander zu dieser Zeit ein glücklicher Mensch: »Ich hatte jede Menge Erfolg, drehte immer noch drei Filme pro Jahr, hatte eine süße Tochter, und meine Frau war zum zweiten Mal schwanger. Was wollte ich mehr?«

Diesmal drehte man in Wien, nicht fern der Heimat, denn Peter wollte unbedingt die Ankunft seines zweiten Kindes miterleben: »Ich hatte ja bei der Geburt von Susi sehr darunter gelitten, dass ich nicht dabei sein konnte. Diesmal sollte das nicht passieren.«

Seine Frau war bereits vier Wochen vor dem Geburtstermin vom neuen Haus im Tessin nach Wien gereist, denn auch das zweite Kind sollte im Rudolfinerhaus zur Welt kommen. Alles war geplant und vorbereitet. Rund um den errechneten Geburtstermin hatte Alexander bereits um drehfreie Tage angesucht. »Ich habe unseren Aufnahmeleiter Karli Schwetters mehrmals darauf hingewiesen, dass ich an diesem Tag sicherlich nicht zum Dreh erscheinen würde.«

Schwetters wiederum meinte nur lachend: »Aber Peter, die Hilde ist doch so ein Perfektionist und so ein Organisationstalent, dass sie die Geburt bestimmt auf ein Wochenende, wenn's geht, auf einen drehfreien Samstag oder Sonntag, verlegen wird. Wir kennen doch unsere Hilde, da kannst du dich drauf verlassen.«

Diesmal kam es anders. Erwin Strahl kann sich noch gut an die bangen Momente des 9. November 1963 im Atelier erinnern: »Peter wurde von der Produktion am Set benachrichtigt, dass das Krankenhaus angerufen habe, und eilte sofort zu einem Telefon. Danach war er völlig aufgelöst, und wir stoppten den Dreh.«

Was war passiert? Hilde musste zwei Wochen vor dem errechneten Termin ins Rudolfinerhaus eingeliefert werden. Sie hatte Schmerzen und hohes Fieber. »Ich hetzte in die Klinik und habe erfahren, dass sie einen Blinddarmdurchbruch erlitten hatte. Dazu die fortgeschrittene Schwangerschaft – es war ein Wettlauf mit der Zeit. Ein Kampf auf Leben und Tod. Hätte es da noch nicht die glorreiche Erfindung des Penicillin gegeben, hätte meine Frau das nicht überlebt.«

Die Ärzte mussten einen Kaiserschnitt und eine sehr heikle Blinddarmoperation durchführen. »Es dauerte fünf Stunden, und ich muss sagen, das waren die schlimmsten meines Lebens. Ich habe die großartigen Ärzte nur noch angefleht: ›Retten Sie bitte meine Frau!‹«

Peter Alexander war in Panik, bis plötzlich die Tür zum Operationssaal aufging und die erleichternde Nachricht kam: »Gratulation, Sie haben einen gesunden Sohn.« Seine ganze Sorge galt trotz der guten Nachricht aber nun seiner Frau: »Wie geht es Hilde, was ist mit ihr?«

Die Entwarnung folgte sogleich. Hilde ging es den widrigen Umständen entsprechend gut. An den Moment, an dem Alexander an das Krankenbett trat, wird er wohl sein Leben lang denken müssen: »Hilde schaute mich an und meinte nur: ›Entschuldige, Daddy, es war weder ein Samstag noch ein Sonntag!‹«

Nach acht langen Wochen durfte Hilde das Krankenhaus wieder verlassen, und Peter hatte längst beschlossen, dass beide in Zukunft etwas kürzer treten würden. Er wollte mehr Zeit mit seiner Familie verbringen und nur noch höchstens zwei Filme pro Jahr drehen. Ein Entschluss, den die mittlerweile völlig genesene Hilde gar nicht goutieren wollte: »Ja, warum denn? Ich sage ohnehin schon mehr Angebote ab als zu. Die Leute wollen dich und reißen sich geradezu um dich. Du könntest sogar in Amerika Angebote annehmen und ein großer Star werden.«

Aber genau das wollte Peter Alexander nicht.

Der Traum von der internationalen Karriere ihres Mannes im Land der unbegrenzten Möglichkeiten begann für Hilde also nach der schwierigen Geburt von Sohn Michael und sollte sie lange nicht mehr loslassen.

Peter Alexander hatte von den Sechzigern über die Siebziger- und Achtzigerjahre im deutschsprachigen Raum als Sänger mit seinen glänzenden Plattenverträgen, als Filmstar und als aufstrebender TV-Star mit seinen Shows alles erreicht, was er erreichen konnte. Er war glücklich und zufrieden. Mehr wollte er nicht. Hilde, die genial-realistische Macherin hingegen, ließ, vom Ehrgeiz getrieben, nicht locker: »Daddy, dort drüben in Amerika kannst du eine riesige Karriere machen. Ich werde dafür sorgen.«

Seit der Geburt der Kinder nannte Hilde ihren Peter liebevoll »Daddy«, was sich zeitlebens nicht mehr ändern sollte. Gerade jetzt, als sie die USA-Pläne schmiedete, wurde Hilde diesem Kosenamen mehr als gerecht, hatte Peter sie doch schon in frühen Jahren zu seiner »Schnurrdiburr« gemacht – frei nach Wilhelm Buschs emsiger Biene gleichen Namens.

Allerdings agierte Hilde zu dieser Zeit hinter dem Rücken ihres Mannes. Die Vorzeichen für einen Einstieg in das US-Showgeschäft standen bald auf Grün. Hilde kontaktierte die

*29 »Weihnachten ist uns heilig. Da gibt es nur die Familie.« Die kleine Susanne hatte 1963 einen Bruder bekommen: Michael*

wichtigsten amerikanischen Schauspieler- und Musikagenten und arrangierte schließlich – noch ohne das Wissen von Peter – ein Zusammentreffen mit Kurt Frings, dem angesehenen Künstlermanager, der Größen wie Liz Taylor unter Vertrag hatte.

Man phantasierte bereits von einer Amerika-Strategie, sah Peter Alexander an der Seite von Doris Day als Liebling der Nation und träumte von einer Konzerttournee von der West- zur Ostküste.

Es sollte ein Traum bleiben. Hildes Traum. Denn Peter Alexander verweigerte sich: »Ich glaube, das war so ziemlich das einzige Mal in über einem halben Jahrhundert, dass ich Hilde ernsthaft und vehement widersprochen habe.« Diesmal konnten ihn weder Marillenknödel noch Schweinsbraten noch die hübschen Augen seiner Frau und schon gar nicht die amerikanischen Dollars locken und überreden: »Hilde hatte heimlich und mit voller List und Tücke meinen Start ins US-Showgeschäft eingefädelt und lebte euphorisch unter dem neuen Motto: ›Amerika, wir kommen!‹ Ich hingegen hatte einen Alptraum nach dem anderen: Die fürchterlichen Galapartys, die riesigen Hochhäuser und die endlosen Autoschlangen. Ein Gräuel! Ich wollte nur noch fischen gehen.«

Massive Schützenhilfe bekam Hilde damals von Caterina Valente, die ihren Durchbruch jenseits des Atlantiks längst geschafft hatte: »Peter, du kannst ein großer Star werden. Amerika ist reif für dich, du bist reif für Amerika. Die werden dich mit deinem Können, deiner Stimme und deinem Aussehen mit offenen Armen empfangen. Geh nach Amerika, du hast das Zeug dazu!«

Peter Alexander in einem Interview: »Ich konnte sowohl Catrin als auch meine Frau verstehen. Die wollten nur das Beste für mich. Für einen sogenannten Star kann es doch nichts Erstrebenswerteres geben, als in Hollywood oder Las Vegas genauso bekannt und beliebt zu sein wie in Wien oder Berlin und Zürich. Aber ich wollte einfach nicht.«

Zwar war Peter Alexander seit seiner Jugend und vor allem während der Kriegszeit ein glühender Verehrer von amerikanischen Künstlern, kopierte Vorbilder von Al Jolson bis Dean Martin und lebt privat seinen Hang zur Jazzmusik bis heute aus, aber er wusste sehr genau, dass er ein Europäer war, ein Österreicher und Wiener mit Herz und Seele. Auch wenn ihm

Frank Sinatra dereinst den beruflichen Weg vorgegeben hatte und er beim Konzert im Londoner Palladium seinerzeit beschlossen hatte: So will ich einmal werden!, sollte sich dieses Streben immer nur auf den deutschsprachigen Raum beschränken. Er hat, abgesehen von einigen Hommagen an sein Idol Sinatra bei TV-Shows oder Konzerten, ganz bewusst nie in englischer Sprache gesungen.

Zwar kam es auf massives Drängen von Hilde zum Gespräch mit dem Künstlermanager, aber Peter ließ sich nicht breitschlagen. Auch Hildes beschwörende Worte: »Aber Daddy, für ein solches Angebot würden die meisten Schauspieler nach Amerika schwimmen!«, konnten ihn nicht überzeugen. Aber seine Flugangst und allein der Gedanke, ständig den Atlantik in der Luft überqueren zu müssen, wären ihm Grund genug gewesen, auf eine Karriere in den USA zu verzichten, obwohl ihm eines stets bewusst war: »Es war ein ehrenvolles Angebot, und Hut ab vor dem Bemühen meiner Frau Hilde. Das muss man erst einmal schaffen! Auch nichts gegen Hollywood oder Las Vegas, das werden immer die geheiligten Stätten des Showbusiness bleiben. Ich verstehe auch, dass es die Sänger und Schauspieler aller Herren Länder dorthin zieht. Aber nicht jeder Star ist auch gleichzeitig ein Zugvogel. Manche bleiben halt lieber daheim, und zu dieser Gattung gehöre eben ich.«

Ganz dieser Meinung ist auch Franz Antel, Alexanders erster Filmregisseur: »Amerika wäre nichts für den Peter gewesen. Er war viel zu schüchtern, zu bescheiden und zu ängstlich. Er hätte sich nie mit diesem Hollywood-Pomp anfreunden können, der letztendlich dazu gehört und die US-Stars damals wie heute zum Großteil ausmacht. Er hätte auf seine Gemütlichkeit und seinen Lebensstil verzichten müssen und wäre, meiner Meinung nach, daran zugrunde gegangen. Ich glaube nicht, dass er auch in Amerika ein Star geworden wäre.«

Auch Karl Spiehs hat in Peter Alexander nie den US-Star gesehen: »Er war der genau Richtige für Deutschland und vielleicht noch für Europa, aber Amerika – nein! Für diesen Markt war er doch viel zu träge. Das hätte selbst Hilde nicht geschafft.«

Hilde Alexander begann nach einigen heftigen Auseinandersetzungen einzusehen, dass ihr Daddy einfach nicht zu bewegen war, den US-Markt zu erobern. In einem ihrer letzten gemeinsamen Interviews meinte die sonst politisch in der Öffentlichkeit eher zurückhaltende Hilde in Anspielung auf Präsident George W. Bush gar: »Was sollten wir in einem Land, das ständig Kriege beginnt. Furchtbar, was sich da so abspielt in der Welt und in Amerika. Es ist schon gut so, wie es gekommen ist.«

Selbst der erfolgreiche TV-Produzent Wolfgang Rademann, heute noch einer der besten Freunde des Entertainers und Erfinder der Peter-Alexander-Fernsehshows, meint retrospektiv: »Amerika wäre sicherlich der größte Fehler seines Lebens geworden. Hilde hat das schließlich nach mehreren Anläufen doch noch rechtzeitig erkannt und eingesehen. Was sollte der Peter da drüben? So ein Weltstar wie die Valente wäre der Alexander nie geworden. Er ist eben deutsch-österreichisch und hier ist er die große Nummer. Er hat sich nicht verführen lassen von Eitelkeit und Geld – das finde ich toll!«

Der Künstler machte viel später zwei berufliche Ausflüge in die USA. Bei einem davon trat er 1984 in einer von der Disney-Produktion in Auftrag gegebenen *Peter Alexander Show* in der Disney World in Florida auf. Er hatte damals das Nützliche mit dem Angenehmen verbunden und in deren Rahmen auch gleich einen Familienurlaub anhängt. »Zwei Fliegen auf

*30 Ein Leben lang verliebt: Das Ehepaar Peter und Hilde Alexander*

einen Schlag! Denn mein Lampenfieber war nichts gegen die Flugangst, die ich zeitlebens mit mir herumschleppte.«

Eine Phobie, von der Roman Schliesser, langjähriger Gesellschaftskolumnist bei Österreichs größter Tageszeitung, noch heute ein Lied zu singen weiß, denn er durfte Alexander zu den Dreharbeiten von *Bel Ami 2000* nach Japan begleiten: »Der Dreh war ja sehr lustig, auch das Land und die Atmosphäre gefielen uns und dem Peter Alexander sehr gut, aber was sich davor, am Flug dorthin, abspielte, war für ihn die Hölle. Für uns war es natürlich *die* Story.«

Statt des Abendessens versuchte sich Alexander auf dem Endlosflug mit Rotweinfläschchen zu betäuben, anstelle des Frühstücks gab es vor der Landung noch einen Whiskey. »Ich glaube, der Peter hat in seiner Verzweiflung die ganze Bar leergetrunken, bevor er endlich schlafen konnte und bestimmt Alpträume vom Fliegen hatte.«

Nicht ganz ohne Grund, wie Alexander-Freund Dieter Quester erzählte: »Bei einer unserer Kenia-Reisen kam es beinahe zu einer Notlandung, weil das Fahrgestell der Maschine nicht richtig ausfuhr. Der Peter war noch nie ein Freund des Fliegens, aber was sich da in seinem Kopf abgespielt haben muss, das möchte ich nicht wissen.«

Kurioses Fazit des gescheiterten Amerika-Engagements: Es waren weder die Flugangst noch die Einsicht von Hilde, die den Versuch eines neuen Karrierestarts in Amerika verhinderten. Es war vielmehr eine – unbewusst vielleicht herbeigesehnte – rettende Krankheit. Peter Alexander bekam nur wenige Tage nach dem Gespräch mit dem US-Manager einen bösen Infekt. Schwere Gelbsucht, lautete die Diagnose – mehrere Wochen Rekonvaleszenz der Rat des behandelnden Arztes.

»Gell, Schnurrdiburr, jetzt muss und darf ich nicht nach Amerika«, soll der kranke, aber glückliche Patient damals zu seiner Hilde gesagt haben. Später hat er mir in einem Interview verraten: »Das war wohl die gesündeste Krankheit, die ich je hatte, denn Amerika war somit für immer eines natürlichen Todes gestorben.«

## *Superstar des deutsch-österreichischen Unterhaltungsfilms*

Nachdem Hildes amerikanischer Traum, ganz im Sinne von Ehemann Peter ausgeträumt war, nutzte er weiterhin seine beinahe unbegrenzten Filmmöglichkeiten *Schlag auf Schlag* – wie der Titel einer der Kinohits aus dem Jahr 1959 gelautet hatte. Ob *Peter schießt den Vogel ab*, *Ich bin kein Casanova*, *Salem Aleikum* oder *Kriminaltango*, Géza von Cziffra hatte nahezu allgegenwärtig die Regie für die immer steiler gewordene Filmkarriere des Schauspielers Alexander übernommen. Später meinte der Altmeister gar einmal: »Ich habe dreizehn Filme mit Peter Alexander gedreht. Ich glaube, es waren zu viele. Ein Hauptdarsteller und ein Regisseur laufen sich mit der Zeit tot, wenn sie zuviel miteinander machen. Nach sieben Filmen ist in der Regel Schluss mit der gegenseitigen Befruchtung und es kommt nichts Neues mehr nach. Doch darauf kommt man erst immer im Nachhinein.«

Peter Alexander meinte einmal über die Zusammenarbeit mit dem Regisseur: »Der Géza ist auch nach unserer Kooperation noch ein guter Freund geblieben und wir haben uns oft gesehen. Dass die Filme keine künstlerischen Werke waren, ist mir klar, aber sie waren unterhaltsam und sind es heute noch.«

Die unterhaltsamsten und einprägsamsten gemeinsamen Kinokomödien, die heute noch Millionen Menschen vor den Fernsehschirm locken, wurden in den Jahren 1961 bis 1963 produziert. In die Annalen der Kinokomödie ist das konge-

*31 Mit Gunther Philipp in »Die Abenteuer des Grafen Bobby«, 1961*

niale Duo Cziffra/Alexander vor allem durch die turbulente *Charleys Tante* und zwei *Graf Bobby*-Filme eingegangen. Regisseur des letzten Teils dieser Trilogie, *Graf Bobby, der Schrecken des Wilden Westens*, war Paul Martin. An die Dreharbeiten erinnerte sich Gunther Philipp ganz besonders gerne. Sie fanden 1965 in den Bergen von Zrna Gora im ehemaligen Jugoslawien statt. Der letzte Drehtag spielte sich in einem Westerndorf ab, das zuvor schon als Schauplatz für die Karl-May-Filme des Regisseurs Harald Reinl gedient hatte. »Und in gewisser Weise war ja auch unser Film ein Western, wenn auch nur eine Parodie«, erzählte Philipp.

Kollege Alexander war damals, weil es eben der letzte Drehtag war und er endlich ins geliebte Wien zurückkehren würde, bestens gelaunt und scherzte schon auf dem Weg zum Set. Im Produktionswagen saß ein älterer, bärtiger jugoslawischer Kollege, der die k.u.k.-Zeit Österreichs noch miterlebt hatte. Er sprach gut Deutsch, begann auf der Fahrt bis zum Drehort von dieser guten alten Zeit zu schwärmen. Er prahlte als ehemaliger Bürger der österreichischen Monarchie und immer noch Kaisertreuer damit, dass »diese Straßen, auf denen wir gerade fahren, auch das ehrenwerte Kaiserhaus hat errichten lassen«.

Peter Alexander, von den Schlaglöchern durchgerüttelt und wenig beeindruckt, sah ihn mitleidig an und meinte trocken: »Jetzt versteh ich endlich Sarajevo!«

Ein makabrer Scherz nach der Schlussklappe war in Philipps Erinnerung fest verankert. Ein Scherz, der von einem Kollegen auf Photo gebannt wurde und so der Nachwelt erhalten bleiben sollte. Auf einem Grabhügel war ein Holzkreuz mit der Aufschrift »Der deutsche Film« zu sehen. Philipp und Alexander sind im Westernkostüm der letzten Szene neben dem Kreuz in Trauer gebeugt zu sehen. »Wir hatten uns sozusagen neben der letzten Ruhestätte unserer Existenz ablichten lassen. Damals konnten wir darüber noch lachen. Einige Jahre später wurde uns erst bewusst, wie prophetisch dieser Insiderscherz gewesen war«, kommentierte Philipp.

Zurück ins Jahr 1960. Nach Fertigstellung der Komödie *Kriminaltango* mit Vivi Bach, Susi Nicoletti, Peter Carsten und Fritz Muliar, des Junggesellen-Lustspiels *Ich zähle täglich meine Sorgen* mit Ingeborg Schöner, Gunther Philipp und Loni Heuser und natürlich dem gleichnamigen Alexander-Plattenhit sollte einer der größten Kinoerfolge der damaligen Zeit, der bis heute als ein Klassiker des österreichisch-deutschen Films gilt, in Produktion gehen. Regisseur Werner Jacobs wagte sich an die Neuverfilmung des Ralph-Benatzky-Singspiels *Im weißen Rössl*.

*32 Filmplakat »Ich zähle täglich meine Sorgen«, 1960*

Dass Peter Alexander den Zahlkellner Leopold spielen sollte, war von Anbeginn klar, ebenso, dass die Titelnummer ein Charterfolg werden würde. Dass allerdings Waltraut Haas die Rolle der Rösslwirtin übernehmen würde, war erst kurz vor Drehbeginn fixiert worden. Die Schauspielerin erinnert sich an das erste Casting bei Regisseur Werner Jacobs: »Es war für mich, trotz meiner Bekanntheit, natürlich eine riesige Chance, aber ich war doch viel zu dünn für eine Wirtin.« Mindestens fünf bis zehn Kilo mehr forderte der Regisseur.

Haas begann wie wild in sich hinein zu essen: Süßes, Fettes, aber ohne Erfolg. Beim zweiten und entscheidenden Vorsprechen hat Haas schließlich eine List benützt, um den Vorstellungen der Produktion gerecht zu werden: »Da meine Fresskur ohne irgendeinen sichtbaren Erfolg verlaufen ist und ich lediglich Magenschmerzen, aber keine Kilos bekam, habe ich mich schließlich vom Kostümverleiher Lambert Hofer in ein raffiniertes Dirndl stecken und sehr geschickt, aber nicht offensichtlich ausstopfen lassen. Plötzlich hatte ich die Formen und Rundungen einer glaubhaften Wirtin und bekam die Rolle.«

Die Außenaufnahmen wurden den Sommer über in St. Wolfgang gedreht, sämtliche Innenaufnahmen ab September in Bad Ischl. Alles an Originalschauplätzen. Wobei Waltraut Haas heute noch sehr stolz darauf ist, dass »Hilde, Peter und ich die einzigen des Teams waren, die im echten Hotel ›Weißes Rössl‹ in St. Wolfgang wohnen durften.«

Natürlich erinnerte man sich damals nach den Drehs beim gemütlichen Zusammensein wieder an jene Szenen, die sich Jahre zuvor im Wiener Bürgertheater abgespielt hatten. Peter, als Zweitbesetzung für den verunfallten Franz Marischka, Haas als seine Geliebte in *Abschiedswalzer*. »Keiner wollte den Neuen, den Langen damals und keiner vom Theater hatte ihm etwas zugetraut. Wir alle haben den Peter wirklich schlecht behandelt. Ich habe mich auf der Terrasse des Hotels nochmals ganz herzlich bei ihm entschuldigt. Er konnte nur noch lachen und hatte es mir und den anderen längst verziehen.«

Daher verstand man sich auch blendend bei den Dreharbeiten und erlebte so manche Überraschung, die zumeist von Regisseur Werner Jacobs eingeplant war. So zum Beispiel eine für damalige Verhältnisse atemberaubende Szene mit einem Hubschrauber, der einen Gast zum Hotel bringen sollte. Da in Österreich im Jahr 1960 davon nur wenige für den privaten respektive filmischen Einsatz zur Verfügung standen, musste man das Fluggerät aus dem benachbarten Bayern importieren. Allerdings, wie man annehmen könnte, nicht direkt auf dem Luftweg, sondern man musste das Monster aufgrund der strengen Zollbestimmungen an der Grenze demontieren, auf einen LKW laden und erst in St. Wolfgang auf einem kleinen Platz neben dem Hotel wieder zusammenbauen.

»Als wir dann die Aufnahmen starteten und die Rotoren sich zu drehen begannen, standen wir alle plötzlich mitten im Hochsommer in einer völlig kahlen Winterlandschaft. Der Wirbel der Rotoren hatte alle Bäume und Sträucher im Umkreis des Hotels, also des Drehortes, kahl rasiert«, erzählt Haas und fährt lachend fort: »Alle, wirklich alle von der Crew, mussten wir damals die Blätter mit kleinen Drähten wieder an den Bäumen befestigen, sonst hätten wir nicht weiterdrehen können. So haben wir aber trotzdem zwei Drehtage verloren.«

Eine weitere Anekdote hat sich bei der wohl bekanntesten Szene des Streifens ereignet. Jener Szene, in der Peter Alexander alias Leopold in einem Frack auf Wasserskiern mit einem Tablett in der Hand servieren sollte. Mit Schmunzeln erinnert er sich an diesen ganz besonderen Gag: »Ich bin nicht einmal als Kind gut Ski gelaufen. Meine einzigen Ambitionen auf dem Gebiet des Wintersports waren jene als Rodler, aber die würden mir auf dem See nicht viel helfen.«

Ohne lange nachzudenken und ein spezielles Wasserski-Training zu absolvieren, das den Dreh nur unnötig verzögert hätte, beschloss Kellner Leopold, bei der ersten Einstellung sofort die Kameras mitlaufen zu lassen: »Vielleicht haben wir Glück und es klappt auch ohne Probe auf Anhieb. Wenn nicht, ist auch nicht viel kaputt, denn wir haben ja schließlich noch zwei Ersatzfräcke da. Es ist ja nur Wasser.«

*33 Als Zahlkellner Leopold mit Waltraut Haas als Wirtin »Im weißen Rössl«, 1960*

Das Glück des tüchtigen Anfängers war Alexander hold, und gleich nach dem ersten Take war die Szene perfekt im Kasten. »Der Peter war so glücklich und begeistert, dass er nach dem Aus der Kamera sogar noch eine Ehrenrunde vor dem Hotel drehte und gar keine schlechte Figur dabei machte«, lobt Waltraut Haas ihren Kollegen heute noch.

Genau diese Szene hatten auch ein paar britische Touristinnen mitverfolgt, die im Hotel als ganz normale Gäste ihren Urlaub verbrachten und erst später erfuhren, dass sie mitten in einem Filmdreh waren. Deren spontane Reaktion wird Waltraut Haas, die gerade in unmittelbarer Nähe der Ladies auf der Terrasse saß, nie vergessen: »My God! This Austria is a very funny country. A waiter in the water. What a service!« Sie hatten den vermeintlichen Kellner allen Ernstes dem fleißigen Hotelpersonal zugerechnet und waren begeistert vom gastronomischen Einfallsreichtum rund um den Wolfgangsee.

Damals konnte Waltraut Haas beobachten, welch herzliches Verhältnis Alexander zu seinem Publikum hatte, denn wie bei jedem Dreh in dieser Zeit säumten oft Hunderte Zaungäste die schnell bekannt gewordenen Drehorte. »Es war damals schon seine Ausstrahlung und der direkte Kontakt zum Publikum, den er später in den Konzerten und bei den TV-Shows noch intensiver ausbaute. Das hat Peter so beliebt und begehrt gemacht. Dadurch wurde er zum Superstar der Unterhaltung.«

Der Außendreh rund um den See war abgeschlossen, nun sollte der Innendreh in Bad Ischl folgen. Für mehrere Wochen übersiedelte man in die einstige Sommerresidenz des Kaisers, die heute noch für die Mehlspeisen der »K.u.K. Hofbäckerei Zauner« weltbekannt ist. Eben diese süßen Botschafter Ischls sollten der Rösslwirtin Waltraut Haas beinahe zum Verhängnis werden. »Wir drehten natürlich auch viele Szenen vom Anfang des Films. Die Innenszenen eben.« Die Aufnahmen waren langwierig und brachten viele Pausen mit sich: »In jeder Drehpause hat mich Peter zum Naschen in die Konditorei Zauner geschleppt. Natürlich wollte ich nicht nein sagen«, erinnert sie sich. So war das, was bei Drehstart noch ausgestopft eine resche Rösslwirtin abgab, am Ende des Ischl-Drehs zu Fleisch geworden. »Furchtbar, ich hatte durch die vielen Torten innerhalb einer Woche auch im Gesicht zugenommen. Diesmal ungewollt, aber als die Szenen später am Anfang des Films eingefügt wurden, hat man das gesehen.« Allerdings dürfte sich diese scharfe Beobachtung auf Insider und Beteiligte beschränkt haben, und der Film wurde trotz der sichtbaren Gewichtsschwankungen von Waltraut Haas zum Publikumserfolg.

Bei der pompösen Kinopremiere im Mathäser-Filmpalast in München sollte es zu einem kleinen Zwischenfall kommen. Nach dem Film tosender Applaus und große Begeisterung beim Publikum. Leopold und seine geliebte Wirtin kamen direkt aus dem Abspann auf die Bühne, um dankende Worte zu sprechen. »Da passierte es«, erinnert sich Haas. Peter Alexander begann seine Rede mit den Worten: »Meine Damen und Herren, das Weiße Rössl in St. Wolfgang …«, als er von einem vorlauten Bayern im Publikum unterbrochen wurde, der brüllte: »… ist das größte Nepplokal im ganzen Salzkammergut.« Schweigen im Zuschauerraum, dann lautes Gelächter. Peter Alexander blieb stumm. »Das war das erste Mal, dass ich ihn sprachlos gesehen habe. Er ist dann enttäuscht und wortlos von der Bühne abgegangen«, schildert Haas die wohl unangenehmste Szene im Zusammenhang mit dem gemeinsamen *Weißen Rössl*.

Darauf folgte ein weiterer, 1961 gestarteter Publikumshit mit dem neuen Traumpaar der Leinwand in den Hauptrollen – die Verfilmung von Fred Raymonds Operette *Saison in Salzburg* in der Regie von Franz Joseph Gottlieb. Haas erinnert sich an das Feedback vieler Fans mit einem übereinstimmenden Grundtenor: »Viele Leute haben damals zu mir gesagt: ›Schade, dass Sie den Peter Alexander weder im Film noch privat bekommen haben. Sie wären so ein schönes Paar gewesen!‹« Doch abgesehen vom mangelnden Interesse war es auch für Haas damals unübersehbar, dass Peter nur Augen für seine Hilde hatte, was manchmal für leichten Unmut am Set sorgte. »Bei Kussszenen musste Hilde den Set verlassen. Als sie dann weg war, wurde der Peter viel lockerer, und alles wirkte gleich realistischer.«

Dass sich Waltraut Haas und Hilde Alexander trotzdem im-

*34 Und wieder ein Operettenfilm: Mit Waltraut Haas und Raoul Retzer in Fred Raymonds »Saison in Salzburg«, 1961*

mer sehr gut verstanden, hatte einen plausiblen Grund: »Peter war ein attraktiver junger Mann. In all den Rollen war er immer sehr fesch, das muss man schon sagen. Aber privat hat er mich überhaupt nicht gereizt. Genau das hat die Hilde wohl bemerkt, und daher gab es überhaupt keine Probleme – bei keinem unserer drei Filme, die wir gemeinsam gedreht haben.«

So auch nicht 1962, bei beider *Hochzeitsnacht im Paradies*, einem Musikfilm, bei dem Peter Alexander in direkter Konkurrenz zu Johannes Heesters stand, der diese Operette von Friedrich Schröder 1942 im Berliner Metropol-Theater aus der Taufe gehoben hatte und damit in den Sechzigerjahren immer noch Bühnentriumphe feierte. Auch in dem Film von 1950 hatte »Jopie« in der speziell für ihn konzipierten Rolle des Dr. Ulrich Hansen brilliert.

Gedreht wurde diese Neuverfilmung mit Marika Rökk und Waltraut Haas als Alexanders Partnerinnen und wieder unter Regiefreund Paul Martin in der Lagunenstadt Venedig. Aber es sollte nicht nur im Film eine *Hochzeitsnacht im Paradies* werden, denn Peter Alexander hatte beschlossen, seine längst fällige Hochzeitsreise nachzuholen und zwar mit der ganzen kleinen, glücklichen Familie.

Hilde erzählte über die Abreise in Wien: »Susi musste immer dabei sein, wenn das Reisegepäck fertig gemacht wurde. Sie ist unsere beste Kofferpackerin gewesen. Sie wirft immer alles in den Koffer, macht den Deckel zu und setzt sich drauf. Dann sind wir laut Töchterchen Susi abreisefertig.« Trotz Susi und dem vielen Gepäck startete diesmal die Hochzeitsreise wirklich, mit neunjähriger Verspätung. »Bei unserer Heirat hatten wir kein Geld für eine Hochzeitsreise. Später hatten wir zwar Geld, aber keine Zeit mehr, um auf Reisen zu gehen. So ändern sich eben die Zeiten«, ergänzt Alexander.

Jede drehfreie Stunde spazierte er mit seiner Familie durch die Stadt, fuhr in Gondeln durch die idyllischen Lagunen und besuchte sämtliche Museen. Kein Wunder, dass er in der Touristenmetropole auch ständig erkannt wurde. Einmal wäre dadurch beinahe eine Szene im wahrsten Sinne des Wortes ins Wasser gefallen.

Es war der letzte Drehtag, Marika Rökk, Waltraut Haas und Gunther Philipp warteten ungeduldig am Set. Dichte Gewitterwolken waren aufgezogen, und man hoffte sehnlich auf das nächste Sonnenloch. »Wir brauchen die Sonne für diese Szene. Schnell, Peter, da kommt sie«, drängte der Regisseur. Doch Alexander war von einer Gruppe Fans umzingelt. »Die haben ihn gar nicht mehr losgelassen. Mit Omi, Opi, Mutter, Vater und den Kindern wurde er fürs Familienalbum abgelichtet. Als er dann endlich kam, schüttete es wie aus Scheffeln vom Himmel. Wir mussten ein paar Stunden auf das nächste Sonnenloch warten«, erzählt Waltraut Haas.

Trotzdem sprühte Alexander damals am Markusplatz förmlich vor Lebensfreude und Zuversicht: »Der Film wird sicher ein Erfolg und bestimmt sehr schick. Ich habe eine Mordslaune und es geht mir sehr gut. Kein Wunder bei einer Hochzeitsreise nach neun Jahren und besonders, wenn man immer noch so verliebt ist wie ich.«

Ein kleiner Wermutstropfen am allerletzten Drehtag: »Wir wurden aus heiterem Himmel beide krank. Der Peter laborierte an einer akuten Blinddarmreizung, und ich hatte mir irgendwo eine Art Hongkong-Grippe eingefangen. Beides sollte erst in Wien richtig ausbrechen. Nur, man sah es uns schon an. Aber mit etwas mehr Rouge und eisernem Willen schafften wir auch die Schlussklappe«, erzählt Haas, für die es die letzte Zusammenarbeit mit Peter Alexander sein sollte.

Später, in den Achtzigern, gab es ein interessantes Angebot für das *Weiße Rössl* im Berliner Theater des Westens. Die Wunschpartner des Regisseurs waren Waltraut Haas und Peter Alexander. »Der Peter hat damals abgelehnt, weil er vor Jahren in Wien am Theater in der Josefstadt für einen Bühnenauftritt von der Kritik total zerrissen worden war. Schade, es wäre eine wunderbare Aufgabe gewesen«, zeigt sich Haas heute noch enttäuscht, dass der Filmstar Alexander keine Bühnenrolle mehr übernehmen wollte. Auch darüber, dass Alexander sie kein einziges Mal in seine TV-Show geladen hat: »Er wäre ja nicht abgeneigt gewesen, aber die Hilde wollte damals nur noch internationale Stars in der Show haben. Auch sehr schade, denn uns hatte doch jeder im Duo in Erinnerung.«

Ein Jahr nach den Dreharbeiten in Venedig sollte sich ein Kreis, in dem auch Waltraut Haas eine wichtige Rolle spielt,

*35 Auch in Venedig schien nicht immer die Sonne: Mit Gondoliere Gunther Philipp und Waltraut Haas in »Hochzeitsnacht im Paradies«, 1962, mit der Musik von Friedrich Schröder.*

schließen. Alexander drehte an der Seite von Erwin Strahl, der seit nunmehr vierzig Jahren mit Haas glücklich verheiratet ist, *Schwejk's Flegeljahre*: »Peter war zu diesem Zeitpunkt sehr groß und trotzdem hatte er nie Starallüren, auch später nicht. Er ist meiner Meinung nach mit den Jahren immer scheuer geworden.«

Ganz und gar nicht scheu gebärdete er sich in den folgenden Filmen. Ob 1963 in *Charleys Tante* in Frauenkleidern, in einer amüsanten Doppelrolle in *Der Musterknabe* oder 1964 erstmals an der Seite von Cornelia Froboess in *Hilfe, meine Braut klaut*. Peter Alexander eroberte mit Wiener Charme und seinem speziellen Humor die Herzen der Kinobesucher.

Einen etwas anderen Peter Alexander sollte das Publikum 1965 kennenlernen. Das Angebot kam von dem befreundeten Lisa-Film-Produzenten Karl Spiehs. Er spannte den scheuen Alexander für den Episodenfilm *Das Liebeskarussell* mit der damaligen erotischsten Frau des europäischen Films, Anita Ekberg, zusammen. »Ich möchte nicht verraten, wieviel Gage der Peter damals bekommen hat, aber er hat das Budget des ohnehin sehr teuren Films nochmals in die Höhe getrieben. Zu Recht, denn der Film wurde ein großer Erfolg.«

Alexander stand also, was bis dato kein Bencheninsider für möglich gehalten hätte, mit der üppigen Blondine vor der Kamera, lag mit ihr sogar im Bett. Zuvor hatten die beiden aber so manche »schwere Szene« abzudrehen. »Wer Anita in ihrem berühmtesten Film, Fellinis *La dolce vita*, gesehen hat, weiß bestimmt noch, was für ein gewaltiges Weib sie war. Ich bin ja nun auch nicht gerade ein Zwerg, aber bei meiner Partnerin musste man ja auch noch die Kurven mitrechnen. Sie war die Sexbombe aller Sexbomben. Wenn ich Anita nur ansah, kam ich schon ins Schwitzen.«

Dieser Ausspruch von Peter Alexander sollte sich vor allem auf eine ganz bestimmte Szene beziehen: Nach der wunderbaren Hochzeitsszene – Anita und Peter spielten in der Episode »Lolita« ein junges Paar – muss der Frischvermählte seine Angetraute in alter Tradition über die Schwelle der Wohnungstür tragen. Das Apartment befindet sich allerdings im zwanzigsten Stockwerk eines Hochhauses, und der Lift ist ausgefallen. Der kräftige Wiener schleppt die dralle Schwedenbombe Stockwerk um Stockwerk. Sichtbar für die Kameras lassen seine Kräfte nach. Schnitt. Letzter Gag laut Drehbuch: Im neunzehnten Stockwerk wird der Spieß umgedreht und die Ekberg muss ihren jungen Ehemann eine Stiege

*36 »Wenn ich sie nur ansah, kam ich schon ins Schwitzen«: Mit Anita Ekberg in »Das Liebeskarussell«, 1968.*

hochbefördern. Alexander erinnert sich noch zu gut an die Schwerstarbeit: »Mit Frack habe ich bestimmt an die 95 Kilo gewogen. Anita hat kurz und für die Kameras unbemerkt geflucht und mich schließlich bravourös über die Wohnungsschwelle getragen.«

Nach der kräfteraubenden Szene meint der erschöpfte Ehemann im Film: »Jetzt kann ich mir vorstellen, wie das ist, wenn ein gefallener Krieger von den Walküren nach Walhalla getragen wird!«

Das Publikum dankte Alexander diesen Auftritt an der Seite Ekbergs durch wahres Stürmen der Lichtspieltheater, und Hilde ließ sich vom vifen Produzenten im Folgejahr zu einem weiteren Film-Abenteuer überreden. »Hilde war sofort bereit für eine Unterschrift, nur der Peter hatte diesmal überhaupt keine Lust«, erinnert sich Spiehs, der diesmal noch mehr überzeugende Argumente einsetzen musste. Handelte es sich bei *Bel Ami 2000 oder Wie verführt man einen Playboy?* doch um ein Projekt, das in Rom, Paris und Tokio entstehen sollte. Drei Hin- und Rückflüge, einer gar über den großen Teich nach Japan, das wollte Alexander um keinen Preis auf sich nehmen. Hilde wird's schon richten, dachte sich Spiehs und behielt recht: »In Japan stand er auf Kriegsfuß mit der einheimischen Küche. Er war der Meinung, rohen Fisch würde er lieber angeln als essen, aber das Team schaffte es, sogar in Tokio Marillenknödel auf seinen Teller zu zaubern.«

Nach diesem letzten gemeinsamen Film sollten sich die Familien Alexander und Spiehs aber auf rein privater Ebene alljährlich am schönen Wörthersee in Kärnten treffen: »In den Sommermonaten sind wir fast wöchentlich zum Essen gewesen. Beruflich hat sich leider nie wieder eine Zusammenarbeit ergeben.«

Peter Alexander näherte sich damals nicht nur gagenmäßig dem Zenit seiner Karriere als Filmschauspieler. Nach *Bel Ami 2000* im Jahr 1966 konnte er aufgrund des sensationellen Vertrages mit Filmemacher Horst Wendlandt auch endlich jenes Versprechen einlösen, das er sich und Hilde nach der schwierigen Geburt von Sohn Michael gegeben hatte: Mehr Familie, weniger Arbeit, nur noch zwei Filme pro Jahr. Es sollten noch weniger werden.

1968 drehte er mit dem singenden Wunderknaben Heintje, heute wieder als Hein Simons bekannt, den Schulklamauk *Zum Teufel mit der Penne*, im Jahr darauf, wegen des großen Erfolges, die Fortsetzung *Hurra, die Schule brennt*, wieder mit Heintje und unter der Regie von Werner Jacobs.

Zu Beginn der Siebzigerjahre, exakt 1972, sollte endgültig

*37 Mit Heintje in »Zum Teufel mit der Penne«, 1968*

die Schlussklappe für den Filmschauspieler Peter Alexander fallen.

Er hatte zusehends weniger Lust, vor der Filmkamera zu stehen. Anstelle der großen Filmateliers gewannen für den Sänger und Entertainer Alexander die Schallplatten- und Fernsehstudios mehr und mehr an Bedeutung. Außerdem hatte im deutschsprachigen Film eine längst zu erwartende Zäsur eingesetzt. Nachkriegszeit und Aufbaujahre waren überwunden, das Fernsehen war etabliert und der reine Unterhaltungsfilm hatte ausgedient, wie auch Regie-Altmeister Franz Antel treffend notierte: »Die Zeit der seichten Komödien im Kino war endgültig vorbei. Ich machte ja bis dahin auch viele Filmchen, über deren künstlerischen Wert man streiten kann. Peter war eben ein Star der leichten Unterhaltung. Er hat zum rechten Zeitpunkt aufgehört.«

Auch Horst Wendlandt wandte sich nach 1972 vom deutschen Filmlustspiel ab und produzierte vorzugsweise in Hollywood. Doch zuvor durfte Peter Alexander ein allerletztes Mal als Filmschauspieler sein komödiantisches Talent an der Seite von Christiane Hörbiger, Theo Lingen und Martin Held in *Hauptsache Ferien* unter Beweis stellen.

Er spielte einen verwitweten Studienrat aus Berlin mit pubertierender Tochter. Der gewinnt in einem Preisausschreiben ein Ferienhaus samt Grundstück in Bayern, doch beim ersten Besuch dort muss er feststellen, dass Horden von Urlaubern das verlassene Grundstück als wilden Campingplatz zweckentfremdet haben und das Haus nur noch eine abbruchreife Ruine ist. Ein Fertighaus soll nun an die Stelle des bröckeligen Gemäuers treten, doch bis das endlich steht, kommen noch viele Probleme auf den neuen Hausbesitzer zu, inklusive der hübschen, ledigen Tochter des Baumeisters.

Regie führte ein anderer berühmter Peter aus Wien: Peter Weck. Der spätere TV-Serienstar und Musical-Tycoon denkt an die Überredungskünste zurück, die er und der Produzent leisten mussten, bis sie Alexander endlich im Team hatten: »Damals hat mich der Horst Wendlandt aufgeregt angerufen und gemeint, dass wir unbedingt persönlich nach Lugano zu Peter fahren müssten, um ihn zu überzeugen, dass er diesen Film auch macht.«

Also nahm man die strapaziöse Bahnfahrt von Wien ins Tessin in Kauf. Am Weg dorthin meinte Wendlandt zum Regisseur: »Die Zeit drängt. Du musst sofort auf den Film zu sprechen kommen, ihm alles erklären und nicht lange herumreden.« Leicht gesagt, denn man wurde zwar äußerst herzlich empfangen, redete über die Kinder, über Neuigkeiten aus Wien, über Kollegen, aber kein Wort über den eigentlichen Grund des Treffens. »Bis ich dann am zweiten Tag, nach einem tollen Abendessen und feinem Rotwein, kurzerhand die Sache thematisiert habe«, erinnert sich Weck.

Dann spielte sich eine für Peter Alexander typische Situation ab: »Ich möchte vorausschicken, dass Peter für den Film, der eine Drehzeit von vier Wochen in Anspruch nahm, die horrende Summe von 400 000 DM (200 000 Euro) bekommen sollte. Zu Recht, denn er war damals der deutschsprachige Superstar, der alles, einfach alles niedergemacht hat mit seinen Filmen und seinen Auftritten.«

Peter Weck wollte in Erwähnung der Gagensumme lediglich das Wesen und den Charakter und vor allem Alexanders Verhältnis zu Geld dokumentieren, denn nach einigen Sätzen über den Inhalt und den Drehort des Films stellte Alexander die Frage: »Ja, wann soll denn das überhaupt stattfinden?« Worauf Weck die logische Antwort gab: »Nun, *Hauptsache Ferien* kann wohl nur im Sommer spielen. Also im Juli und August.«

Alexander blickte verzweifelt zu Ehefrau Hilde und meinte nur: »Schnurrdiburr, da ist ja wieder der ganze Sommer verpatzt!« So viel zu Alexanders Verhältnis zu extrem hohen Gagen: »Nicht einmal für diese Summe wollte sich der Peter den Sommer in Kärnten vermiesen lassen. Doch Hilde sagte knapp und präzis: ›Natürlich drehen wir!‹«

Die ersten beiden Wochen waren Atelieraufnahmen in Berlin, den Rest verbrachte man mit sehr angenehmen Dreharbeiten an einem See in Oberbayern. Die beiden Peter aus Wien – der eine ein zeitlebens kolportierter, der andere ein echter ehemaliger Sängerknabe – verstanden sich prächtig und bewohnten Apartments im nahen Bauernhof von Horst Wendlandt. »In der Freizeit gingen wir gemeinsam los. Der Peter setzte sich an den See zum Angeln, ich ging jagen.« Was Alexander damals, wie auch später, ausmachte, charakterisiert Weck so: »Er ist schon allein durch seine optische Erscheinung auf die Leute übergesprungen. Er hat so die ganze Breite des Publikums bedient. Von seinen Liedern bis hin zur ganzen Struktur seiner Filme. Er hat den Leuten Lust auf sich selbst gemacht und er hatte Lust, die Leute zu unterhalten. Peter war ein hervorragender Kabarettist und Komiker. Er konnte Charaktere nachzeichnen wie kein anderer und göttlich parodieren. Und als Regisseur muss ich sagen: Er konnte meine Regieanweisungen unglaublich gut mit seiner eigenen Art umsetzen.«

Ziemlich forsch und respektlos artete allerdings Wecks Umgang mit Hilde aus und das gleich am ersten Drehtag, als am Set den Anweisungen des Regisseurs auch gleich die von Hilde folgten: »Liebe Hilde, ich kann und will keine Rücksicht auf ein Okay von dir nehmen, sondern ich nehme genau jene Einstellung, von der ich glaube, dass sie gut und richtig ist! Und ich brauche es auch nicht, dass du andauernd am Set bist und dich einmischst. Da sollten wir uns jetzt gleich einigen. Wenn nicht, mach von mir aus du den Film, aber so geht das nicht!«

Hilde hat den nicht gerade zarten Hinweis des Regisseurs verstanden und ließ sich am Set nicht mehr blicken. »Wir waren nicht böse aufeinander. Hilde hat auch immer genau gewusst, was sie will und wie sie es will – das finde ich durchaus sehr gut, aber nicht, wenn ich auf dem Regiestuhl sitze.«

Bei einer Szene an diesem ersten Drehtag ging es konkret um Peters sanften Blick und sein der Filmsituation entsprechendes ungepflegtes Aussehen: »Sie meinte: ›Das Publikum will diesen Reserl-Blick vom Peter.‹ Ich antwortete nur: Aber nicht, wenn er am frühen Morgen aus einem kleinen Zelt herauskraxelt. Da darf die Frisur schon etwas zerstört und da darf auch Laub auf der Kleidung sein!«

So war es dann auch. Hilde hat Wecks Arbeit akzeptiert und ihre Mitarbeit erst wieder bei der Abnahme des Films im Studio angeboten.

Christiane Hörbiger denkt mit Wonne an ihren ersten und einzigen Filmdreh mit Alexander zurück: »Ich habe ja damals hauptsächlich Theater gespielt und war sehr glücklich über dieses Angebot mit Peter Alexander.« Zuvor hatte sie kaum Kontakt zum Landsmann und ein gemeinsames Projekt war kurz vor der Realisierung gescheitert: »Es sollte eine Neuverfilmung vom *Weißen Rössl* geben, für die man mich als Wirtin und Peter natürlich wieder als Leopold verpflichten wollte. Die Idee ist schließlich an den zu komplizierten oder zu teuren Rechten des Verlages gescheitert.«

*38 Zu seinem letzten Spielfilm musste er überredet werden: Mit Christiane Hörbiger in Peter Wecks »Hauptsache Ferien«, 1972.*

Als Kollegen empfand ihn die heutige Grande Dame des Fernsehens als »höchst professionell, das wussten wir auch alle. Er war auch nie mit sich selbst zufrieden, und wir sind nach dem Dreh extra noch einmal in ein Tonstudio nach Berlin gereist, um eine Musikaufnahme zu wiederholen. Er war nicht nur ein sehr charmanter, sondern eben auch ein sehr professioneller Kollege.« Und sie schätzt seine Leistungen richtig ein, wenn sie sagt: »Ich glaube ja nicht, dass er sich als großen Charakterdarsteller gesehen hat, auch nicht im Alter. Er hat genau das erfüllt, was er erfüllen konnte, und kannte seine Grenzen sehr gut. Er wusste, was er erstklassig kann und genau das hat er gemacht: gute, gehobene Unterhaltung.«

Jahre nach der letzten Klappe zu *Hauptsache Ferien* und dem Ende von Alexanders Filmkarriere sollten sowohl Christiane Hörbiger als auch Peter Weck wieder mit ihm zusammenarbeiten. Als Gäste in seiner TV-Show, die ihn noch weitaus populärer und beliebter machen sollte als alle Kinoerfolge zusammen. Eine neue Ära war auch für Peter Alexander angebrochen.

## *Von der großen Leinwand auf den Bildschirm und in die Konzertsäle*

Es war nach der schweren Geburt von Sohn Michael im November 1963, dass Peter Alexander beschlossen hatte, etwas kürzer zu treten. Zwar sollten einige seiner größten Filmerfolge noch vor ihm liegen, aber seine Lust auf das große Kino hatte etwas nachgelassen. In einem Interview meinte er damals: »Ich glaube, dass es für viele Kollegen in unserem Beruf schon schwierig ist, sich vor Augen zu halten, dass man eines Tages nicht mehr auf der großen Leinwand erscheint, weil man schlicht und einfach zu alt ist und keine passenden Altersrollen mehr bekommt. Ich habe damit kein Problem, denn ich würde mich ganz einfach mit anderen Dingen beschäftigen – Lieder komponieren, lesen oder in die Natur hinausgehen zum Angeln. Diesen großen Ruhm brauche ich nicht, um glücklich zu sein.«

Er hatte ja keine Ahnung, was noch auf ihn zukommen sollte. Denn seine Hilde hatte sich schon längst kundig gemacht und erkannt, dass in den Sechzigern das Fernsehen eine immer wichtiger werdende Rolle in den Köpfen der Deutschen und Österreicher spielen würde. Da sollte ihrer Meinung auch »Daddy« eine Hauptrolle zukommen. Während Peter noch mit den Dreharbeiten zu *Charleys Tante* oder *Der Musterknabe* beschäftigt war, feilte sie längst an seiner TV-Karriere, die am 26. Dezember 1963 mit der bunten Nachmittagssendung *Spaziergänge in Wien* ihren Anfang nahm.

Alexander präsentierte im ersten 45minütigen Streifzug seine Heimatstadt in Liedern, Anekdoten und mit seinem ersten Gaststar, der Sopranistin Ingeborg Hallstein. Sketche und Lieder zur jeweiligen Sendungsthematik sollten bis Dezember 1966 seine Spaziergänge viermal begleiten. In seinen noch schwarz-weiß ausgestrahlten ersten TV-Ausflügen – die jeweils auch höchst erfolgreich als Langspielplatten erschienen – schlenderte der Fernsehneuling durch das *Land der Operette und des Films*, und schließlich flimmerten die Eindrücke, die *Ein Wiener in Paris* gewann, auch aus den bundesdeutschen »Glotzen«. Ein Anfang war gemacht.

Zum Jahreswechsel 1966/67 ereilte Peter Alexander schließlich die Initialzündung in der Valente-TV-Show *Catrins Silvesterparty*. Mit dem Song »Das ist der Beat« landete er mitten in den Herzen einer großen TV-Gemeinde. Zwar nur als Gaststar, aber die Kombination des einstigen Filmtraumpaares Caterina und Peter im Duett vor der TV-Kamera begeisterte das Publikum im Wiener Ronacher und zuhause vor den Bildschirmen. Es sollte allerdings noch zwei Jahre, drei Filme und unzählige Plattenaufnahmen dauern, bis Alexander vom Gaststar zum TV-Topstar mit eigener Show und dem Prädikat »Peter der Große« avancieren sollte.

Hilde Alexander hatte jede nur erdenkliche Gelegenheit genutzt, um die große Premiere ihres Schützlings und Ehemannes in einer Personality-Show so gut wie nur irgendwie möglich zu planen. Generalstabsmäßig zog sie für ihren Daddy auf allen Ebenen sämtliche Register: Im Jahr 1969 startete nicht nur der Erfolgsfilm *Hurra, die Schule brennt* – die erste große Deutschlandtournee wurde zur Plattform für die *Peter Alexander Show* im ZDF, und man hatte mit einem damals bahnbrechenden Wechsel der Plattenfirma, von der Polygram zur Ariola, jede Menge künstlerische Freiheit gewonnen.

*39 Das einstige Film-Traumpaar Caterina Valente und Peter Alexander in der Fernsehshow »Catrins Silvesterparty«, 1966*

Wolfgang Rademann, der später mit seinen Serienerfolgen ebenfalls TV-Geschichte schreiben sollte und zu diesem Zeitpunkt Presseverantwortlicher im Hause Alexander war, erinnert sich an die Umstände: »Es war im Jahr 1968, als bei der ARD in Köln die entscheidende Stunde schlug. Peter hatte damals mit der ARD noch einen Vertrag, der ihm jährlich eine verfilmte LP garantierte. Nun kam aber mit dem Wechsel zur Plattenfirma Ariola auch die Chance, für das ZDF zu arbeiten.« Tage- und nächtelang hielt man gemeinsame Brainstormings über die TV-Zukunft und neue Ideen ab, bis man ein passendes Format für den Entertainer gefunden hatte: »Wir hatten die Idee, eine Alexander-Show im Sinne der Amerikaner zu machen. Ich wohnte damals im US-Sektor von Berlin und hatte so die Möglichkeit, AFN-TV zu sehen und erkannte sofort: Der Alexander ist der deutsche Dean Martin. Ich habe die Bestandteile der Dean-Martin-Show auf deutsche Verhältnisse übertragen. Kein Abkupfern eins zu eins, sondern gewisse Dinge auf Alexander zugeschnitten – ob es der Smoking war oder das Einbeziehen des Publikums. Peter hat das toll gefunden und akzeptiert.« Nun begannen im Team die Vorbereitungsarbeiten an dem Projekt, das ein Vierteljahrhundert lang dem deutschen Fernsehen Glanzlichter aufsetzte: »Das wird es nie wieder geben, denn die Showzeit ist vorbei, und es gibt auch nicht mehr die Leute, die das machen können. Es war damals eine ideale Kombination von einem Interpreten wie Alexander, einer Frau wie Hilde, die das alles gemanagt hat, meiner Wenigkeit und den besten Leuten hinter den Kulissen, die es zu dieser Zeit am Markt gab. Es war ein Dreamteam, das deutsche Showgeschichte geschrieben hat!«

Wie üblich bei Alexanders, sichtete man das gesammelte Material, ging die Ideen und Einfälle zur geplanten TV-Show in entspannt gemütlicher Atmosphäre bei einem Glas Rotwein in der Villa in Lugano durch und nützte erstmals die technischen Errungenschaften der noch fernen Elektronikrevolution: »Es war schon eine wunderbare Kombination von Vorschlägen, die alle Beteiligten eingebracht haben. Damals wurde gerade das Videoband erfunden. Ein riesiges Ding im Vergleich zu den heutigen DVDs. Ich hatte das entsprechende Abspielgerät, und der Peter hatte sich in Lugano auch so eins gekauft. So bin ich aus Berlin angereist und habe ihm gezeigt, was ich aufgezeichnet hatte. Ausschnitte aus US-Shows und so weiter, und wir haben dann gemeinsam ausgewählt. So haben wir die *Peter Alexander Show* aus ein bisschen Dean Martin, ein bisschen von anderen Entertainern und viel Eigenem zusammengestellt, umgerührt in einem großen Topf, und so kam es zum Idealprodukt.«

Serviert wurde das TV-Allerlei mit den feinsten Gewürzen und besten Zugaben am 9. März 1969 in der ersten *Peter Alexander präsentiert Spezialitäten*-Show.

Während der Filmschauspieler Peter Alexander seit dem frühen Siebzigerjahren immer seltener vor die Kameras trat, drängte der Sänger und Entertainer vehement auf die großen Konzertbühnen in Deutschland, Österreich und der Schweiz.

Insgesamt rund 170 LPs und über 400 Singles hat der Künstler bis heute eingespielt. Die Anzahl aller verkauften Tonträger lässt sich nur noch im zweistelligen Millionen-Bereich schätzen. Was mit der ersten Platte »Das machen nur die Beine von Dolores« im Jahr 1951 begann, mit »La bella, bella musica« zum Sieg beim deutschen Sängerwettstreit in München 1953 führte, sollte durch seine Film-Schlagerhits wie »Das kleine Beisl«, »Im weißen Rössl«, »Ich zähle täglich meine Sorgen« und viele mehr direkt von der Leinwand in die Hitparaden und da vorzugsweise in die Verkaufscharts transponiert werden. In der Folge konnte er mit gecoverten Evergreens wie »Der letzte Walzer«, »Delilah« oder speziellen Kompilationen zu den Themen Wienerlied und Advents- oder Weihnachtslieder die Verkaufszahlen von Jahr zu Jahr steigern. Im Schnitt verkaufte Peter Alexander von jeder Platte mindestens 500 000 Stück, vom Dauerbrenner »Die kleine Kneipe« beziehungsweise »Das kleine Beisl« bis heute gar über 750 000 Tonträger. Ein neuer Rekord für deutsche Verhältnisse, der sich nebenbei auch mit geschätzten 1500 Liedern in diversen Musikkatalogen unter dem Namen Peter Alexander oder seinem Pseudonym als Texter und Komponist, Peter Neumayer (!), niedergeschlagen hat.

Naheliegend, dass er wieder Lust auf Live-Gastspiele bekam. Er war es ja, der während der langen Filmdrehs das

Feedback seines Publikums am meisten vermisste. Und er erinnerte sich an den Beginn seiner Karriere, als er seine heißgeliebten Bunten Abende gab.

Einzelne Konzerte und Auftritte hatte er in den vorangegangenen Jahren ja immer wieder absolviert, aber eine generalstabsmäßig geplante wochenlange Tournee war selbst für ihn Neuland. Obwohl es bei Alexander vom ersten Tag an immer einer gewissen Grundüberwindung bedurfte, was sein Freund und Produzent Wolfgang Rademann so schildert: »Wer ihn kennt, weiß, dass diese Tourneen ein Geschenk an seine vielen Fans sind, denn allzu gern pflegte er sich nicht diesen Strapazen einer Tournee zu unterziehen. Peter Alexander ist nämlich, das darf ich schon sagen, ein Mensch, der das Leben, das Essen und das Trinken und an allererster Stelle die Familie liebt. Gerade das hebt ihn aber aus der Masse der von Ehrgeiz brennenden Stars heraus, die nur ein Ziel kennen: Karriere um jeden Preis!«

Karriere sollte er trotzdem auch auf der Konzertbühne machen, eine sagenhafte, die man wieder nur in der Dimension des Superlativs beschreiben kann.

Die erste Tournee startete nur wenige Wochen nach dem Dreh zu *Hurra, die Schule brennt* am 25. Februar 1969 in der restlos ausverkauften Hamburger Musikhalle und endete am 3. April mit drei Wiederholungskonzerten in Hamburg und Hannover. Täglich ist Alexander unter musikalischer Begleitung des Orchesters Johannes Fehring vor sein begeistertes Publikum getreten, bis auf eine regelmäßige wöchentliche Ausnahme: »Die Sonntage haben immer nur der Familie gehört, die sind uns immer heilig gewesen.« 5000 begeisterte Fans in Hamburg, 6000 in der Frankfurter Jahrhunderthalle, 4000 in der Rheinhalle in Düsseldorf – somit konnte Ale-

*40 Aus der Wiener Stadthalle übertrug der ORF auch 1993 die »Peter Alexander Show«*

xander gleich bei der ersten Tournee an dreißig Abenden und nach 20 000 zurückgelegten Kilometern weit über 150 000 Menschen erreichen. Jedes der Konzerte war bereits ab Vorverkauf innerhalb längstens zwei Tagen ausverkauft. Ganz ohne Plakate und großartige Werbefeldzüge, allein durch Mundpropaganda. Er war eben der Robbie Williams der Siebziger-, Achtziger- und Neunzigerjahre.

Unter dem von Hilde manifestierten Motto »Willst du gelten, mach dich selten« pausierte der Superstar zwischen den einzelnen Tourneen immer längere Zeit, um anschließend den Rekord der vorangegangenen Konzertserie, was die Anzahl, die Besucher, aber auch das Medienecho betraf, im Handumdrehen zu übertreffen.

1971 kamen zu seinen einundvierzig Auftritten zwischen 2. März und 24. April 338 000 Menschen, und die allerletzte Tournee vom 6. März bis 7. April 1990 musste gleich im darauf folgenden Jahr wegen des großen Erfolges eins zu eins wiederholt werden.

Insgesamt brachte es Peter Alexander also auf sechs ausgedehnte Tourneen, die ihn von Hamburg bis Wien, von Berlin bis Dresden, von Köln bis München zum begehrtesten Live-Künstler des deutschsprachigen Raumes machten. Trotz der Beliebtheit und der Erfolge hat Alexander bis zu seinem allerletzten Auftritt, einer Jubiläumsgala der Bank-Austria vor 10 000 geladenen Gästen in der Wiener Stadthalle im Herbst 1996, nie seine Selbstzweifel ablegen können. So hat er damals Joe Zawinul, die Jazzlegende von Weltruf aus Wien, der im ersten Teil des Programms vor Alexander das Publikum mit einigen Nummern einstimmte und begeisterte, schüchtern vor seinem Auftritt in der Garderobe gefragt: »Du, Joe, sind eigentlich noch Leute draußen, die auf mich warten?«

Und immer wieder hat auch Hilde jene Anekdote erzählt, dass ihr Daddy sie oft vor einem Konzert mit der sorgenvollen Frage gequält hat: »Glaubst du, Schnurrdiburr, die Leute kommen auch? Oder vielleicht haben Sie die Karten nur gekauft, und ich muss womöglich vor leeren Reihen auftreten. Mein Gott, das wäre ja furchtbar!«

»Geh schon raus und red nicht immer so einen Blödsinn!« hörte man dann Hildes eindeutigen Befehl allabendlich im Backstage-Bereich.

Sobald seine Auftrittsmusik ertönte und »der Erfinder des dunklen Anzugs« die Bühne unter tosendem Applaus betrat, setzte jedesmal die Metamorphose ein, die Alexander-Freund Dieter Quester manches Mal miterleben durfte: »Auf der Bühne war Peter für mich ein Mann, der nicht gemeinsam mit

*41 Rudolf Buchbinder: »Peter kann seine Musikalität am Flügel direkt in die Finger umsetzen.«*

mir fischen ging oder mit dem ich wunderbare Urlaube verbrachte. Er war ein völlig anderer. Sobald er auf der Bühne vor seinem Publikum stand, waren sein Leiden, sein Zögern, seine Selbstzweifel und sogar das Lampenfieber wie weggeblasen. Mir ist jedesmal die Gänsehaut gekommen, wenn der Peter da plötzlich zum Felsen in der Brandung wurde. Da hat sich sogar sein Aussehen verändert. Er wirkte strotzend vor Kraft und Energie, um Jahre jünger als noch kurz zuvor in der Garderobe.«

Starpianist Rudolf Buchbinder fallen zum Thema »Alexander live« diese typischen Szenen ein, die er bei vielen Auftritten seines Freundes erleben durfte: »Ich kann den Peter nur immer wieder mit Frank Sinatra, den ich einmal in Amerika erlebt habe, vergleichen: Sinatra kam einfach nur auf die Bühne, hatte noch kein Wort gesagt, aber er war voll präsent.

Ähnlich ist es mit Peters Auftritten. Das zeichnet diese Ausnahme-Entertainer aus, das macht sie zur Legende.«

Auch Schauspielkollegin Christiane Hörbiger zieht neidlos den Hut: »Er hatte bei seinen Konzerten immer diese musikalische Professionalität und doch diesen leicht einschmeichelnden Wiener Ton. Er hatte einen unglaublichen Charme und eine Bühnenpräsenz, die bewundernswert waren. Gepaart mit seinem Humor und dieser Art des direkten Publikumskontaktes erreichte er jeden einzelnen in den gefüllten Hallen, ohne sich aber anzubiedern. Er hat sich seinem Publikum nie an den Hals geworfen und war nie ein Rampenakrobat. Trotzdem hatte er die Menschen vom ersten Moment des Erscheinens auf seiner Seite.«

Hörbiger erinnert sich auch daran, wie sehr er diesem, seinem Publikum verpflichtet war: »In Zürich hat er einmal in der Stadthalle ein Konzert gegeben. Tausende Menschen. Im Anschluss daran hatten wir eine Einladung von Hilde Alexander, aber sie meinte nur warnend, dass Peter nach der Show nicht kommen würde, bevor er nicht den letzten Autogrammwunsch erfüllt hätte. Man kann sich vorstellen, wie lange der Peter da bei zigtausend Besuchern gestanden ist. Trotz der Warterei hat mir das irrsinnig imponiert!«

Das Treffen mit Hörbiger im kleinen Kreis nach einem Konzert zählt übrigens zu den Ausnahmen. Denn normalerweise hatte der gesellschaftsscheue Alexander nach zweieinhalbstündiger Bühnenshow, den obligatorischen vier Zugaben und Tausenden Autogramm-Unterschriften nur einen sehnlichen Wunsch: Ab ins Hotel – ab ins Bett! Parties, Festen und Society-Events wollte Alexander nie beiwohnen –, oft zum Nachsehen von Ehefrau und Managerin Hilde, denn sie wäre ab und zu gerne auch öffentlich auf ihren Daddy stolz gewesen. Doch sie hatte zwar einen Mann, um den sie Millionen beneidet haben, der aber stets nein sagte, beziehungsweise nein sagen ließ, wenn es um Einladungen und Empfänge ging: »Wenn ich ehrlich bin, hätte ich schon öfter unter die Leut' wollen, ich hätte meine Freude dran gehabt und es hat mir schon ein bisschen gefehlt. Aber der Daddy ist halt so, und ich habe ihn nur in den allerseltensten Fällen rumkriegen können.« Einmal haben beide sogar den Wiener Opernball besucht: »Daddy ist in der Loge gesessen, hat hinuntergeschaut auf die Leute und mich dauernd gefragt: Wann gehen wir denn heim?«

Ein weiteres Gräuel im routinemäßigen Tourneestress, vor allem in deutschen Landen, waren für den Superstar stets die Mahlzeiten. Wenn der leidenschaftliche Esser und Genießer Alexander über längere Phasen nicht seinen geliebten Schweinsbraten, sein Gansl mit Rotkraut oder die lockeren Marillenknödel bekam, wurde er beinahe ungenießbar. So kam es, dass er Wochen vor seiner letzten Tournee im Jahr 1990 einen kulinarischen Kundschafter – seinen Chauffeur – vorausschickte, der mit einer kompletten Liste der besten Gasthäuser und Restaurants entlang der Reiseroute zurückkehrte. Alexander war besänftigt und die Tour wurde für ihn auch lukullisch gesehen ein Triumphzug.

Mit dem Parameter der Zuseherzahlen stieg natürlich auch die Gagenhöhe. Hatte Alexander bei den ersten beiden Tourneen nur umgerechnet »lächerliche« 15 000 Euro pro Abend verdient, steigerte Hilde durch geschicktes Verhandeln das tägliche Honorar im Laufe der Jahre von Tournee zu Tournee um sagenhafte zwanzig bis dreißig Prozent. Für die Veranstalter war er damals schon jeden Pfennig oder Groschen wert und wäre selbst nach der Euro-Einführung noch jeden einzelnen Cent wert gewesen. Doch Alexander haben die Millionengagen nie interessiert. Deshalb hat er auch große Galas oder Firmenfeierlichkeiten, die vielen seiner Kollegen zum »Schnellen Geldverdienen« sehr willkommen waren, fast immer abgelehnt. Angebote gab es genug, um für zwei oder drei Lieder, gleichsam im Vorübergehen, 50 000 Euro aufs Konto überwiesen zu bekommen – das wusste auch sein damaliger PR-Mann Rademann: »Sicher, das ist das schnell verdiente große Geld, aber das würde Hilde nie machen, weil sie nicht weiß, wie die technischen Verhältnisse in den Hallen sind. Ob die Lautsprecher gut sind, ob der Moderator was kann und wie wohl eine ungewohnte Band agieren würde. Peter und Hilde Alexander sind Vollprofis, denen Sicherheit über alles geht.«

Es wirkt beinahe wie Ironie des Schicksals, dass Alexander ausgerechnet in seinem Abschiedsjahr 1996 – die letzte TV-Sendung war ausgestrahlt – seinem Grundsatz untreu wurde, als er am 9. September 1996 ein allerletztes Mal eine Konzertbühne betrat. Vielleicht war es ein Kribbeln in der Künstlerseele oder es waren die kolportierten 400 000 Euro Gage, die den Superstar doch zu einem 45-Minuten-Auftritt in der Wiener Stadthalle veranlasst haben. Vielleicht waren es auch die prominenten Kollegen, mit denen sich Alexander bei der Bank-Austria-Gala vor zehntausend Geladenen die Bühne teilen wollte: die Wiener Symphoniker, Jazzlegende Joe Zawinul und Udo Jürgens.

Warum sich der einstige ORF-Informationsintendant und Veranstalter der Supergala, Johannes Kunz, damals ausgerechnet Peter Alexander auf seine Wunschliste gesetzt hatte? »Ich kannte ihn seit Jahren privat und beruflich. Peter Alexander ist und bleibt für mich ein Gesamtkunstwerk nach den besten amerikanischen Standards. Er ist der uneingeschränkte und unangefochtene Entertainer des deutschen

Sprachraums. Darum wollte ich ihn unbedingt noch ein einziges Mal überreden.«

Nach wochenlangen Verhandlungen mit Hilde und unzähligen feinen Abendessen unterzeichnete er den Vertrag. »Plötzlich«, erinnert sich Kunz mit Schrecken, »es war drei Wochen vor der Gala, wir haben nochmals die Einzelheiten durchbesprochen, machten beide, Hilde und Peter, unisono einen Rückzug: ›Du, sei uns nicht bös', aber wir wollen diesen Auftritt doch nicht machen!‹« Nach bangen Tagen hat Kunz Hilde schließlich noch überreden können, und die Megagala mit einem Querschnitt der absoluten Spitzen der österreichischen zeitgenössischen Musikunterhaltung wurde zum Riesenerfolg.

Udo Jürgens, der mehrmals in Peters TV-Shows aufgetreten war und auch privat regelmäßigen Kontakt zur Familie Alexander pflegte, erinnert sich an diesen legendären letzten Auftritt seines Kollegen vor Publikum: »An diesem Abend ist mir klar geworden, dass es kaum einen Kollegen gibt, der so eine professionelle Einstellung zu unserem Job gehabt hat wie der Peter. Er hatte eine schöne, wohlklingende Stimme, zwar keine moderne, aber sie hat es ihm ermöglicht, von der Operette bis zum Schlager ein breites Repertoire zu singen. Das hat man in diesen 45 Minuten komprimiert miterleben können.«

Jürgens erzählt, dass vielleicht sogar er es war, der Alexander Ende der Siebzigerjahre Gusto auf Konzerttourneen gemacht hat: »Der Peter war mehrmals bei mir in Konzerten, war von der Stimmung und dem direkten Kontakt zum Publikum so begeistert und hat damals richtig Lust bekommen, selbst auf Konzerttournee zu gehen. Der Rest ist wohl Legende.«

Was die beiden vor allem in Deutschland höchst erfolgreichen musikalischen Landsmänner in den Augen von Jürgens unterscheidet: »Ich habe meine Begeisterung und persönliche Neigung für Jazz oder Rock immer in meinen Liedern anklingen lassen, aber leider hat Peter das stets unterdrückt. Das wollte er nicht. Das war wohl vor allem der Einfluss von Hilde, die oft in Gesprächen meinte: ›Wir machen nichts, womit wir kein großes Publikum erreichen!‹ Peter folgte diesem Rat, und so war es dann auch bei den TV-Shows: Ein Künstler ohne zuvor abgetestete Breitenwirkung hatte darin keine Chance. Ich muss zugeben, sie hatte da schon recht, und für Peter war es der richtige Weg, wie sich ja jedesmal aufs Neue bestätigen sollte.«

Auch was die Lieder seines Kollegen anlangt, hätte sich Jürgens manchmal mehr Engagement und kritischere Texte gewünscht: »Peters Lieder haben sich leider nicht so sehr an die Jugend, sondern an ein breites älteres Publikum gerichtet. Ich habe diese Fangemeinde immer als die schweigende Mehrheit bezeichnet. Die Jugend und das Rock/Pop-Publikum hätte er, meiner Meinung nach, auch leicht auf seine Seite ziehen können, aber das hat ihn leider nie interessiert.«

Peter Alexander wollte auf der Bühne und in seinen Liedern nie ein Weltverbesserer sein und sich auch nicht, nach dem Vorbild anderer Künstler, öffentlich für Umweltschutz oder gegen Missstände äußern. Die Vorwürfe des fehlenden Engagements wehrte er stets gekonnt ab: »Ich sage Ihnen etwas: Eine meiner erfolgreichsten Platten war *Peter Alexander im Land der Operette*. Ich mag diese Platte immer noch sehr, aber ich weiß natürlich so gut wieder jeder andere, dass dieses verheißungsvolle Land mit all den Wäschermadeln, den Offizieren und der Glückseligkeit nicht existiert. Die Realität sieht leider anders aus. Ich weiß aber auch, dass Millionen von Menschen, gerade in dieser Zeit, und da schließe ich mich nicht aus, gerne einmal die Augen schließen, um ein-

*42 Gemeinsamer Auftritt mit Udo Jürgens*

fach nur zu träumen. Ist das nicht unser gutes Recht? Also stehe ich zu meinen Liedern, denn würde ich es nicht tun, würden die Leute das merken, und dann hätte ich sicherlich nicht diesen Erfolg. Die breite Masse ist nicht dumm, man sollte sie nicht so oft unterschätzen.«

Weniger souverän war Alexander vor seinem letzten Auftritt, was auch an Jürgens nicht unbemerkt vorbeigehen sollte: »Er kam zu mir in die Garderobe, hatte diesen unglaublich leidenden Dackelblick und klagte: ›Ich habe keine Lust. Ich kann meine Texte nicht mehr. Es gibt nichts Schlimmeres, als da jetzt raus zu müssen.‹ Er jammerte so lange, bis ihn die Hilde förmlich auf die Bühne zerrte.«

Auch die damalige Co-Präsentatorin von Dietmar Schönherr, die ORF-Moderatorin Carolyn Aigner, erinnert sich an Alexanders Worte, als sie ihm kurz vor seinem Auftritt hinter der Bühne über den Weg lief: »Junge Dame, so schön und so ruhig wie Sie möchte ich gerne einmal sein. Das habe ich in fünfzig Bühnenjahren nicht geschafft.«

Alexanders Nervosität und seine Panik vor jedem Live-Auftritt analysiert Jürgens ganz plausibel: »Er hatte immer dieses Lampenfieber, weil er nicht richtig wollte. Jeder von uns ist nervös, aber Peter hatte damals keine große Lust auf die Bühne. In Gesprächen hat sich immer wieder herausgestellt, dass er auch oft keine Lust für den Beruf verspürte. Er hat es dann zwar mit absoluter Begeisterung und Professionalität gemacht, wenn er endlich auf der Bühne war, aber er hatte vorher keine Triebfeder. Ich habe da eine ganz andere Mentalität als der Peter. Vielleicht liegt es auch daran, dass ich meine Musik, meine Lieder alle selbst komponiert habe. Das ist für mich das Höchste, auch heute mit über siebzig noch!«

Als Freund hat der Kärntner den Wahl-Kärntner immer geliebt und als Kollegen geschätzt: »Es gab kaum etwas Witzigeres, als mit Peter und seiner Hilde beim Heurigen zu sein. Auch nach seinem letzten Auftritt hatten wir in entspannter Atmosphäre jede Menge Spaß.«

Nach diesem Abend in der Wiener Stadthalle bekam Peter Alexander die Frage gestellt, ob der überwältigende Applaus und die Standing Ovations des Publikums ihn denn nicht wieder süchtig gemacht hätten. Seine kryptische Antwort lautete: »Wenn ich spüre, dass in mir so etwas aufkommt, dann gehe ich sofort wieder auf Tournee!«

Alexander hat dieses Verlangen offensichtlich nie mehr verspürt. Der 9. September 1996 blieb der Tag, an dem er in seinem Leben zum allerletzten Mal ein aufrichtiges »Dankeschön, es war bezaubernd, danke schön« an ein Live-Publikum richtete.

## *Fernsehstar und Quotenkaiser*

Mit Peter Alexanders erster eigenständiger Hauptabendshow begann ein neues, nie dagewesenes und nie wieder zu übertreffendes Kapitel Fernsehgeschichte im deutschen Sprachraum. Ein Vierteljahrhundert der Superquoten, ausgelöst und garantiert einzig durch den Namen Peter Alexander. Die ideal auf ihn zugeschnittene Mischung aus Gesang, Entertainment, Gesprächen und Parodien führte ihn von nun an geradewegs in den Olymp der TV-Unterhaltung.

Den Reigen seiner Gäste eröffneten die Publikumslieblinge Marika Rökk und Rudolf Schock. Sie trugen dazu bei, dass eine ganze TV-Nation vor die Fernsehapparate gelockt wurde. »Gleich die erste Sendung hat gigantisch eingeschlagen, wie eine Bombe. Wir hatten 70 Prozent Marktanteil«, erinnert sich Produzent Rademann an das Traumergebnis, das Alexander in den folgenden Jahren noch mehrmals in den Schatten stellen sollte. Ein neuer TV-Quoten-Kaiser war geboren.

»Drei Shows pro Jahr sind zuviel. Du musst dich rarer machen. Die Leute müssen hungrig nach dir werden«, lautete Hildes wohlmeinender Ratschlag nach dem ersten erfolgreichen TV-Show-Jahr 1969. In den schönen Sommermonaten konnte selbst ein Peter Alexander die Topquoten nicht halten, und so reduzierte man in Folge die TV-Innovation auf zwei Shows pro Jahr. Wieder eine weise Richtungskorrektur der Manager-Ehefrau und ganz im Sinne von Peter: »Ich kann die Leute verstehen. Im Sommer geht man doch raus an die frische Luft und sitzt nicht vor der Glotze. Auch ich bin viel lieber am See gewesen und habe geangelt, als in den stickigen Studios und Hallen rund um die Uhr zu proben und werken.«

Es war ein Konzept, das abermals aufgehen sollte. Von 1969 bis 1972 flimmerten insgesamt sieben *Spezialitäten*-Shows in die Wohnzimmer der Fernsehgemeinde. Zelebritäten aus allen Lagern der U- und E-Unterhaltung garantierten ein breites Spektrum an Zuseherschaft. Von Roy Black über Anneliese Rothenberger, Caterina Valente bis Johannes Heesters, sie alle kamen gerne zu »Peter dem Großen« in die Show. Doch Hilde Alexander hatte längst neue Pläne mit ihrem Daddy.

Nach dem siebenten *Spezialitäten*-Streich folgte eine weitere TV-Premiere, vor der selbst US-Superstars wie Frank Sinatra oder Sammy Davis jr. respektvoll zurückgeschreckt waren. Das von Hilde Alexander erdachte Konzept: Eine One-Man-Show, im Format eines abendfüllenden Konzerts und in einer Länge von neunzig Minuten für das Fernsehen zu adaptieren.

»Du bist ja verrückt, das schaffe ich nie. Selbst Sinatra hat seine Konzerte immer nur fünfzig Minuten im TV gezeigt. So lange halten mich die Leute bestimmt nicht aus«, zweifelte Peter, als Hilde ihn mit der Idee konfrontierte.

»Ich habe Wochen gebraucht, bis ich ihn vom Gegenteil überzeugen konnte. Ich legte ihm Briefe von Leuten vor, die es geradezu verlangten. Ich sprach mit den Herren vom Fernsehen und alle waren sie von der Idee begeistert. Dann stimmte Daddy endlich zu. Aber die Zweifel ist er bis nach der Show nie richtig losgeworden«, erinnerte sich Hilde Alexander an ihre Sisyphusarbeit in Überzeugungskunst.

Nach einer Woche intensiver Probenarbeit war es dann soweit, und die Sporthalle in Köln bis auf den letzten Platz aus-

*43 Show-Begegnungen mit Anneliese Rothenberger …*

*44 … und Johannes Heesters*

verkauft. Alexander eröffnete den Abend mit dem Begrüßungslied »Ich glaub', ich hab' den herrlichsten Beruf der Welt«. Das Publikum tobte, der Funke war auf die 5000 Besucher übergesprungen und löste geradezu einen Flächenbrand der Begeisterung aus. Hilde hatte sich, wie immer bei TV-Aufzeichnungen, neben den Regisseur in den Übertragungswagen begeben und hielt ihrem Daddy die Daumen, nicht ohne ihren legendären Glücksbringer zu drücken, einen kleinen Stoff-Teddybären, den sie einmal von Peter bekommen hatte. Und sie verriet, dass auch ihr Mann überall, natürlich auch bei seinen Auftritten, einen Talisman bei sich hatte, ohne den sie ihn nicht auf die Bühne oder vor eine Kamera ließ: »Er trägt immer ein kleines Lederetui mit den ersten Babysöckchen der Kinder und mit einem schon total zerfallenen Telegramm mit sich, in dem ihm seinerzeit auch schriftlich die Geburt von Tochter Susi mit geteilt wurde – damals hat der Peter ja in Südfrankreich gedreht. Er hat dieses winzige alte Etui immer bei sich, wie eben andere Menschen einen Schlüsselbund oder eine Geldbörse. Lächerliche Kleinigkeiten, aber für Daddy und mich bedeuten sie sehr viel – und bisher hat's immer geholfen!«

Sicherlich ist der Erfolg in der Kölner Sporthalle nicht ausschließlich auf die Glücksbringer der Alexanders zurückzuführen, aber einen gewissen Anteil an der gelungenen TV-Übertragung haben sie wohl gehabt: Am 31. März 1973 wurde unter dem Titel *Peter Alexander – Ein Abend, ein Mann und seine Musik* die One-Man-Konzertshow gesendet. »Wir haben uns die Ausstrahlung zuhause in Wien angesehen. Zu diesem Zeitpunkt war ja alles schon gelaufen. Und wir wussten, dass es ein großartiger Erfolg geworden war. Trotzdem, und das ist wieder so typisch Daddy, hat er immer noch gezweifelt und seine Hände waren vor Aufregung eiskalt«, erzählte Hilde.

Des Protagonisten Kommentar vor dem Bildschirm: »Jetzt wird sich zeigen, ob das alles beim Fernsehpublikum genauso ankommt wie bei den Leuten in der Halle in Köln.«

Es kam an, denn in Österreich, Deutschland und der Schweiz saßen an diesem Abend über 46 Millionen Zuseher vor der Flimmerkiste und bejubelten ihren Peter Alexander aus der Ferne.

Alexanders Popularität sollte noch weiter ins Astronomische steigen. Den absoluten und bis heute nie mehr erreichten Rekord konnte er am 2. Dezember 1973 verbuchen: Mit der Adventsshow *Peter Alexander's Wunschkonzert* hatte er nahezu 80 Prozent Marktanteil in Deutschland. »Naja, es gab eben damals nicht so eine Programmvielfalt. Aber ein bisschen stolz bin ich schon, denn das waren mindestens zwei *Villacher Fasching* und zwei *Wetten, dass ...?* auf einmal«, gibt sich der TV-Superstar gewohnt bescheiden. Produzent Rademann schwärmt heute noch: »Der Rekord war an diesem autofreien Sonntag 79 Prozent Seherbeteiligung, das ist bis heute Rekord und deutsch-österreichische Fernsehgeschichte. Die Straßen waren leergefegt, mehr als Zweidrittel saßen vor den Fernsehgeräten. Das wird und kann es nie wieder geben.«

Peter Neumayer aus Wien hatte mittlerweile als Peter Alexander erreicht, was keinem Entertainer im deutschen Sprachraum je wieder gelingen sollte. Seine Popularität schien grenzenlos respektive sprengte alle bisher dagewesenen Grenzen: Er war laut Umfragen mit einem Bekanntheitsgrad von 97 Prozent populärer als der deutsche Bundeskanzler, obwohl ihn der einstige ORF-Programmintendant Ernst Wolfram Marboe damals wie heute so beschreibt: »Peter Alexander ist das Österreichischste des Österreichischen!« Vielleicht machte ihn gerade das so beliebt und begehrt im deutschen Nachbarland.

Peter Alexander war laut Umfragen sogar bekannter als Porsche, VW oder Mercedes – er hat sämtliche Automarken an Popularität hinter sich gelassen. 89 Prozent der Befragten erklärten, dass er ihnen sympathisch sei und sie ihn mochten. 80 Prozent waren von seinem Charme hingerissen. Und 58 Prozent der männlichen Umfrageteilnehmer zeigten sich eifersüchtig und meinten gar, dass Alexander, der stets nur Augen für seine Schnurrdiburr hatte, ihrer Liebsten ausgesprochen gut gefiele und er ihnen somit gefährlich werden könnte.

Der Triumphzug ging nun, demoskopisch gestärkt, weiter: Zwischen 1973 und 1978 begeisterte der Wiener Publikumsliebling mit zwölf *Spezialitäten*-Shows, einem *Wunschkonzert*, einer Gala zugunsten der Deutschen Krebshilfe mit dem Titel *Treffpunkt Herz*, dem musikalischen Streifzug durch seine Heimatstadt mit Publikumsliebling Paul Hörbiger in der TV-Sendung *Peter Alexander's Wiener G'schichten*, einem weiteren Solokonzert aus der Sporthalle Köln und einem interkontinentalen TV-Event, auf den Alexander besonders stolz ist.

Weder Flugangst noch Stress sollten ihn von dieser Show abhalten: Am 2. Dezember 1976 meldete er sich aus dem Hauptquartier von Mickey Mouse in Florida mit der Megashow *Peter Alexander präsentiert Walt Disney's Welt*. Ein Wiener Entertainer inmitten von Donald Duck, Mary Poppins und Magic Castle. Ein Traum wurde für Alexander wahr: »Also, da bin ich heute noch immer sehr stolz, denn um diese Show haben sich damals auch Frank Sinatra und Sammy Davis jr. beworben. Disney ist ja bekanntlich sehr streng und die Verantwortlichen dort haben sich wahrscheinlich gedacht, dass Sinatra, Davis und Dean Martin eben dieses teuflische

*45 Mit Mickey Mouse in Disney World, 1976*

Dreigespann aus Las Vegas sind und so haben sie eher Abstand von den Dreien genommen. Sie haben sich dann ein paar Shows von mir kommen lassen und ich, der Peter Alexander aus Wien, durfte dann diese riesige Show machen. Ein Erlebnis – ein Traum war in Erfüllung gegangen.«

Der Name Peter Alexander hatte in den Achtzigerjahren ebenso wie in der ersten Hälfte der Neunziger im deutschsprachigen Fernsehen einen magischen Klang. An die Stelle der *Spezialitäten*-Shows traten nun die *Wir gratulieren*-Abende – eine bunte musikalische Mischung mit nationalen und internationalen Gästen zu einem jeweiligen Themenschwerpunkt. Ob »175 Jahre Lokomotive«, »110 Jahre Gartenzwerg« oder der 65. Geburtstag von Idol Frank Sinatra, Alexander reüssierte auch mit dem Konzept der Jubiläen und Jubilare. Weniger Musik, mehr Talk mit den Gästen und vor allem die unerreichten Parodien und Sketche rückten mehr und mehr in den Mittelpunkt seiner Sendung. Zwischendurch ein telegen verpacktes *Danke, Robert Stolz*, eine weitere 90minütige Konzertgala, diesmal aus der Dortmunder Westfalenhalle, *Ein Tag in Wien* mit Freund und Kollege Günter Pfitzmann sowie Christiane Hörbiger, zwei Geburtstagsshows in eigener Sache zum Sechzigsten und als letzte große ZDF-Show am 14. November 1990, nach unglaublicher und für viele unerträglicher dreijähriger TV-Abstinenz, die deutschdeutsche Wiedervereinigungs-Sendung *Ein Herz für Berlin*. Eine Hymne auf 70 Jahre deutsche Unterhaltung, ein Gipfeltreffen der Stars wurde vor der Kulisse des Brandenburger Tors im Ostberliner Friedrichstadt-Palast abgebrannt: Wencke Myrhe, Gunther Emmerlich, Günter Pfitzmann, Paul Kuhn, Walter Plathe sind nur einige der prominenten Namen. Absoluter Höhepunkt, auch für Alexander selbst, war aber der Auftritt des 89jährigen Heinz Rühmann: »Mit dieser Legende, diesem so hochverehrten Kollegen das Lied ›Ich brech' die Herzen der stolzesten Frauen‹ zu singen, das war schon ein ganz besonderes Gustostückerl in meiner Karriere.«

Eine neue TV-Epoche war angebrochen, und nach dieser großen Berlin-Show sollten sich auch die erfolgreichen

*46 Showszene in »Wir gratulieren: 110 Jahre Gartenzwerg«*

Wege von Peter Alexander und Produzent Wolfgang Rademann trennen: »Wir haben nach dem *Musikantenstadel* im Jahr 1990 die zweite TV-Show nach der Wiedervereinigung im Friedrichstadt-Palast gemacht und bemerkt, diese Zeit geht zu Ende. Ich hatte mit Alexander immer den richtigen Riecher. In Amerika war damals schon die Zeit der großen TV-Shows vorbei. Sinatra, Sammy Davis jr. etc. – alle Shows gingen den Bach runter. Spätestens zwei, drei Jahre später wäre dieser Trend auch zu uns gekommen. Ich habe gesagt: Schluss, bevor die Leute uns nicht mehr sehen wollen! Peter hat dann noch einige ORF-Shows gemacht, aber das waren mehr Hallenshows. Meine Ära der *Peter Alexander Show* ging 1990 zu Ende. Aber nicht, weil es das Publikum so wollte, sondern weil wir es so entschieden hatten.«

In Alexanders Heimatstadt, genauer gesagt am Wiener Küniglberg, der ORF-Zentrale und somit dem medialen Zentrum der Republik, liefen zu diesem Zeitpunkt schon die Vorbereitungen in Sachen Peter Alexander auf Hochtouren. Man wollte den Hauptabendkönig und das Zugpferd der TV-Unterhaltung keinesfalls in der Fernsehversenkung verschwinden lassen. Ernst Wolfram Marboe hatte einen Plan, den er – wieder mit dem ZDF als Coproduzenten – realisieren wollte: »Es war an der Zeit für eine Heimholung nach Wien, und ich habe dem ZDF den Vorschlag gemacht: Wir liefern euch einmal pro Jahr das Neujahrskonzert und den Peter Alexander aus Wien.«

Die Mächtigen beim ZDF haben nicht lange gezögert, und so sollte es von 1991 bis 1995 jeweils im Weihnachtsprogramm zu weiteren fünf abendfüllenden und quotebringenden TV-Shows kommen. Man titulierte die Sendungen schlicht und einfach mit *Die Peter Alexander Show* und hatte einen der renommiertesten TV-Stars als Gastgeber, Protagonisten und Ghostwriter seiner eigenen Show in Personalunion verpflichten können.

Erste Erfahrungen mit einer ganz großen TV-Sendung aus Wien und Peter Alexander als Zugpferd hatte man beim ORF ja bereits einige Jahre zuvor machen können.

Am 17. Mai 1987 wurde in der österreichischen Hauptstadt das Austria Center, ein gigantisches Kongress- und Veranstaltungszentrum direkt neben der UNO-City, dem Sitz der Vereinten Nationen in Wien, pompös eröffnet. Eine dementsprechende TV-Show sollte damals die Welt mit einbeziehen. Der Moderator dieser Show war Peter Alexander.

Laut ORF-Unterhaltungschef Dieter Böttger haben sich die Verhandlungen bis zum Sensationsauftritt über ein Jahr hingezogen: »Wir haben geschätzte 1500 Euro in Abendessen mit deftigen Speisen und viel Barolo investiert, bevor Hilde und Peter endgültig zugesagt haben. Es war jeden Cent wert!«

Die Jubelsendung mit international hochkarätigen Stargästen von Jerry Lewis über José Carreras und Placido Domingo bis hin zu Agnes Baltsa, Barry Manilow und den Wiener Symphonikern wurde in insgesamt zweiunddreißig Länder weltweit übertragen. Kein Wunder, dass Alexanders Lampenfieber und seine Nervosität ins Unermessliche gestiegen sind: »Der Umstand von einer Milliarde Menschen – das muss man sich doch einmal vorstellen – hätte andere Künstler bestimmt stimuliert. Bei mir hat es das Gegenteil ausgelöst und mich mit meinem Lampenfieber gleich vollends aus dem Konzept geworfen.«

Da es sich, zumindest im deutschsprachigen Raum, um eine Live-Sendung handelte, konnte der Gastgeber des Abends seinen Auftritt erstmals nicht durch seine »Proberitis« zur Perfektion führen: »Natürlich haben wir viele Tage geprobt, aber der Architekt hatte mir da so eine Showtreppe gebaut. Das war keine Treppe, das war die Eigernordwand. Ich habe sie während der Proben nur noch als Blutgerüst bezeichnet und mich dreimal bekreuzigt, bevor ich sie erklommen habe.«

Bei der Live-Show hat Peter Alexander schließlich wieder schweißgebadet vor diesem »Blutgerüst« gestanden. Umringt von den Wiener Sängerknaben. »Ich werde nie heil da rauf und runter kommen«, stöhnte er mit verzweifeltem Blick nach oben. Plötzlich berührte ihn ein Sängerknabe, der dem großen Vorbild die Nervosität ansah, an der Hand und meinte nur: »Herr Alexander, Sie brauchen doch nicht nervös zu sein. Sie sind so gut, scheißen Sie sich doch nicht an!«

Alexander erinnert sich noch heute gerne an diese recht direkten Worte: »Der Ausspruch des kleinen blonden Buben hat mir so geholfen, dass ich die Treppe hinauf bin, als ob sie überhaupt nicht existiert hätte. Ich hatte keine Angst mehr und werde dem Wiener Sängerknaben dafür ewig dankbar sein!«

Nicht nur ein kleiner Sängerknabe sorgte in den geschätzten 600 Fernsehauftritten, eigene Shows und Gastauftritte von Peter Alexander mit einbezogen, für Lacher und Amüsement vor und hinter den Kulissen. »Für alle Künstler war es zu den Zeiten dieser großartigen Show sozusagen der Ritterschlag, bei Peter im TV auftreten zu dürfen, denn für mich war er der größte Entertainer, den Europa je hatte«, erinnert sich Dagmar Koller, die Musicaldiva aus Wien, die einmal als »Lady Di«-Double mit dem Meister das Duett »Tea for two« vor einem Millionenpublikum sang und spielte. Gerne wäre sie noch öfter als Gaststar in Alexanders Show aufgetreten, aber da gab es ein kleines Problem: »Jeder Künstler hat ja bekanntlich eine gute und eine schlechte Seite für die Kamera. Nun ist es bei mir die rechte und bei Peter auch. Seine Hilde war der Meinung, dass das nicht geht, weil natürlich jeder von seiner Butterseite abgelichtet werden wollte. So kam es leider nicht mehr zu einem Auftritt in der Show.«

Gänzlich verwehrt wurde ein Auftritt dem Wiener Universalgenie André Heller. Er sollte in der Sendung über Projekte und neue Ideen parlieren, hatte sich aber zuvor bei einem Radiointerview im Ton vergriffen. »Peter Alexander und seine Schlagermusik sollte man in Apotheken als Brechmittel verkaufen!« verkündete das Genie aus der Donaumetropole keck.

Alexanders Reaktion: »Eigentlich wollte ich dem Heller damals eine Watschen geben. Aber in meinen Augen ist er halt nur ein armer Narr, ein begabtes, jedoch morbides Talent, das einen prominenten Aufhänger braucht, um in die Zeitung zu kommen. Mir kommt immer vor, er will den Hamlet und die Ophelia gleichzeitig spielen.« Der Showauftritt war damit geplatzt, aber Jahre später hat man sich angeblich ausgesprochen und versöhnt.

Ein anderer prominenter Kollege aus Wien hat es ebenfalls nicht ins Scheinwerferlicht der Show geschafft, obwohl er in den Programmzeitschriften als einer der Lieblingskollegen von Alexander angekündigt wurde: Otto Schenk. Der Schauspieler, Regisseur und einstige Direktor des Theaters in der Josefstadt machte einen kurzfristigen Rückzieher. »Mein Gott, der Otti, na da war ich überrascht und enttäuscht«, blendete der Gastgeber zurück zu den Proben am Vorabend der TV-Show in der Wiener Stadthalle. Schenk sollte mit Alexander einen Sketch spielen. Er betrat die Bühne und geriet beim Anblick der ungewohnt vielen leeren Reihen plötzlich in Panik. Obwohl er bereits vor Tausenden Menschen aufgetreten war und jährlich unzählige Solo- und Leseabende absolvierte, fragte er beklommen: »Wie viel Leute werden da morgen sein? Über dreitausend? Lasst's mi außi! Ich mach das nicht!«

»Aber Otti, das kannst du doch nicht machen. Du stehst doch auf allen Plakaten!« Alexander konnte die Welt nicht mehr verstehen.

»Nein, lasst mich da raus. Erzähl den Leuten, ich hätte mich schwer verletzt, erfinde irgendetwas, aber das mach' ich nicht! Ich zahle dir auch sämtliche Kosten des Ausfalls.«

Während Peter leicht indigniert über die Reaktion des unwilligen Gastes war, reagierte Hilde gelassen und unbeeindruckt: »Daddy, lass ihn gehen. Das macht gar nichts, wir sind ohnehin mit der Sendung zu lang.«

Otto Schenk wurde nie wieder für die Show angefragt.

Johannes Heesters durfte hingegen mehrmals bei Alexander das Tanzbein und den Spazierstock vor laufenden Kameras schwingen. »Ich habe den Jopie einmal gefragt, ob es denn in seiner Familie noch andere begabte Künstler gäbe.«

Heesters' Antwort: »Ja, mein Bruder. Mit dem habe ich sogar schon als Knabe im Kirchenchor für Aufsehen gesorgt.« Auf Alexanders Frage, wie alt denn der Bruder sei: »Nun, so genau wissen wir das nicht. Aber er ist auf jeden Fall älter als ich, noch sehr rüstig und fährt täglich mit dem Fahrrad. Ich bin ein klein wenig neidisch auf ihn und würde ihm manchmal gerne meinen Spazierstock in die Radspeichen werfen, weil er wesentlich fitter ist als ich.«

An den letzten Auftritt des damals 90jährigen Urgesteins denkt Alexander nur mit verhaltenem Schrecken zurück. ORF-Redaktionsleiter Günther Huber auch: »Es war bei der ersten Aufzeichnung in der Wiener Stadthalle. Heesters kam auf die Bühne und wurde von Alexander euphorisch begrüßt. Plötzlich, zum Gelächter aller, kam von ihm für alle hörbar die Frage: ›Wer bist du denn?‹ Alexander, leicht verzweifelt: ›Jopie, ich bin's, der Peter, wir haben doch gemeinsam schon so viel gemacht. Erinnerst du dich nicht an *Hochzeitsnacht im Paradies* im Bürgertheater oder die Auftritte in meiner Show?‹ – ›Nein, ich kenne dich nicht. Wer bist du?‹«

Das Rätsel wurde nach der Aufnahme von Heesters-Schwiegersohn und Bühnenarchitekt Pit Fischer glaubwürdig aufgelöst: »Der Jopie war vor diesem Auftritt außergewöhnlich nervös und hatte in der Kantine ein bis zwei über den Durst getrunken.«

Bei der zweiten Aufzeichnung am nächsten Abend warf man ein beobachtendes Auge auf den betagten Charmeur, und es klappte alles wie am Schnürchen.

*47 Im Wienerlied vereint: Mit Paul Hörbiger*

Der große Volksschauspieler Paul Hörbiger, auch ein Liebhaber der guten Küche, vor allem, wenn sie mit genügend Knoblauch angereichert war, erinnerte sich in seinen Memoiren ebenfalls an einen lustigen Auftritt in der Show respektive an die Vorbesprechung in der Villa der Alexanders: »Meine Knoblauchleidenschaft muss wohl auch meinem Freund Peter Alexander zu Ohren gekommen sein. Ich war bei ihm und seiner Hilde zum Abendessen eingeladen und roch schon aus größter Entfernung – herrlichen Knoblauch! In meiner gewohnt taktlosen Art zu scherzen sagte ich gleich am Eingang: ›Oje, in diesem Haus stinkt's ja fürchterlich nach Knoblauch.‹«

Hilde hörte das mit Entsetzen. Eiligst wurden alle Fenster im Haus geöffnet und der schmorende Knoblauchbraten entschärft.

»Einige Tage später hatten wir die gemeinsame Fernsehaufzeichnung. Ich überreichte Peters Garderobier ein in Packpapier gewickeltes Körberl voll mit Knoblauch zum Weiterleiten.«

Hilde fragte: »Von wem ist das?«

Der Garderobier antwortete auftragsgemäß: »Das hat ein unbekannter Verehrer für Herrn Alexander abgegeben.«

Zu dieser Zeit war allerdings die RAF mit ihren terroristischen Anschlägen in aller Munde, und die Sicherheitsvorkehrungen bei öffentlichen Veranstaltungen waren sehr streng. So musste der arme Garderobier in sicherer Entfernung von Alexander nebst Hilde das Paket öffnen.

»Dann kam mein Knoblauch zum Vorschein, und die Alexanders lachten und wussten natürlich gleich, von wem dieser Blödsinn nur stammen konnte. Wir haben später noch oft darüber gelacht.«

Jahre später sollte es mit Udo Jürgens zu einer weiteren Knoblauchszene kommen: »Es war bei den Proben zur Show. Ich musste mit Peter ein Duett singen, aber der hatte sich in der Pause von einem ganz hervorragenden Italiener in Wien eine Pizza bestellt. Leider eine mit sehr viel Knoblauch drauf. Da wir uns während der Szene auf der Bühne sehr nahe gekommen sind, hatte ich ständig diesen unangenehmen Knoblauchgeruch in der Nase. Der Peter hat es ja nicht bemerkt. Sagen wollte ich auch nichts.«

Also hatte sich Udo Jürgens für den nächsten Tag am Abend der Aufzeichnung einen Streich ausgedacht: »Das mit dem Knoblauchgeruch wollte ich ihm heimzahlen. So habe ich mir kurz vor dem Auftritt auch eine Pizza bestellt, mit noch mehr Knoblauch drauf, und ziemlich schnell aufgegessen.«

Was am Vortag bei Alexander nur seinem Freund Udo im direkten Kontakt aufgefallen war, bekam nun das komplette Umfeld von Jürgens sehr intensiv zu spüren: »Ich habe wirklich gestunken, und alle rundherum haben mich schon mitleidig angesehen.« Jürgens beschloss, mit Mundsprays des beißenden Geruchs Herr zu werden, aber »kurz vor der Aufnahme habe ich in den Spiegel geschaut und mit Entsetzen bemerkt, dass dieser Spray meine Zunge völlig blau verfärbt hatte. Eine Katastrophe, die ich dann mit Zahnpasta im letzten Moment beseitigen konnte. Dieser Schuss gegen Peter war wohl nach hinten losgegangen, denn er hat von der ganzen Knoblauch-Racheaktion überhaupt nichts mitbekommen.«

Gutes Essen spielte ja sowohl im beruflichen als auch im privaten Leben des Peter Alexander immer eine wichtige Rolle. Bei Studioaufnahmen konnte man ihn schon mit einem guten Frühstück für den Rest des Tages in beste Laune versetzen. Nach Proben für die jährliche Fernsehshow ging es in Wien stets zum Feiern im kleinsten Kreise in ein gutbürgerliches Nobelgasthaus, Alexanders Lieblingswirt Eckel im 19. Bezirk. So auch bei der allerletzten *Alexander Show* im Dezember 1995.

Ein Hauch von Las Vegas wehte durch die Wiener Stadthalle, als Peter seinen Top-Wunschgast, US-Superstar Liza Minnelli, begrüßen durfte. Liza und Alexander waren sich schon einmal im Jahr 1988 bei der Verleihung der Goldenen Kamera in Berlin begegnet und für ihn war damals schon klar: »Die Frau ist ein Wahnsinn, eine begnadete Entertainerin. Sie muss in meine Show. Das ist eine Frau, die weiß, was sie will.«

Daraus machte Minnelli bei ihrem 48stündigen Wien-Aufenthalt auch kein Hehl: Sie übernahm die Regie im Tonstudio, erklärte in der Halle in einem Schnellsiedekurs ihrem

*48/49 Prominente Gäste in der »Peter Alexander Show«: Mit Operndiva Montserrat Caballé und (rechts) mit US-Star Liza Minnelli, 1995*

Gastgeber sämtliche von ihr gewünschten Tanzschritte und ließ sich auch für das Ballett in Windeseile eine komplett neue Choreographie einfallen. Selbst Hilde musste damals neidlos feststellen: »Die Frau hat einen Schwung drauf, da kann sich jeder in diesem Land, ach was sag ich, in ganz Europa eine riesige Schnitte abschneiden.«

Die Diva wiederum schmeichelte ihrem Gastgeber mit dem Kompliment: »Ich habe vor Jahren in Badgastein einen Galaabend bestritten und auf meinem Hotelzimmer am Abend mit der Fernbedienung herumgezappt. Zufällig habe ich ein Programm mit Peter Alexander empfangen. Verstanden habe ich kein Wort, aber gefallen hat mir der Bursche schon damals. Er arbeitet so perfekt und professionell wie wir in Vegas oder Hollywood.«

Nach »New York, New York« und dem deutsch-englischen Duett mit Alexander »There is no business like showbusiness« war die Sendung um einen internationalen Auftritt und der Stargast um satte 140 000 Euro reicher. Man verfügte sich zum gemütlichen After-Show-Teil ins besagte Gasthaus Eckel. »Die Liza wollte dort unbedingt etwas sehr Wienerisches essen, also habe ich ihr ein Schnitzel bestellt«, entsinnt sich Alexander an die gemütliche Runde. Und dann passierte das für den Gourmet Unbegreifliche: »Hat die Minnelli doch wirklich über das wunderbare Wienerschnitzel samt Kartoffelsalat eine halbe Flasche Ketchup geschüttet. Das gute Schnitzel war blutrot und wirklich unansehlich. Mir ist das Herz stehen geblieben, aber ihr hat's geschmeckt.«

Während der Vorbereitungen zu dieser letzten Show ereignete sich eine weitere amüsante und dem Publikum verborgen gebliebene Szene. Neben Liza Minnelli schmückte auch die stimm- und körpergewaltige Operndiva Montserrat Caballé die prominent besetzte Gästeliste. »Ich wollte ja mit ihr eine Arie singen, aber die Frau Caballé ließ es sich nicht nehmen, mit mir um die Wette zu jodeln«, wundert sich Alexander noch im Nachhinein. Gesagt, getan – in den Rosenhügel-Studios wurden wie immer die Tonaufzeichnungen für die TV-Show gemacht. Bei der ersten Begegnung mit der fülligen Primadonna aus Spanien passierte es: Peter Alexander begrüßte den Opernstar, wandte sich zu seinem Aufnahmeleiter und scherzte hinter vorgehaltener Hand: »Na servus, da kann man ja ein ganzes Butterbrot essen, während man einmal um die Caballé herumgeht.«

Was Alexander zu diesem Zeitpunkt nicht wusste: Señora Caballé spricht fließend Deutsch und konnte jedes Wort verstehen. Wutentbrannt verließ sie das Studio und zog sich beleidigt in ihre Garderobe zurück. Mit viel Wiener Charme und einem Strauß Rosen konnte Alexander schließlich seinen Fauxpas ausbügeln.

Mit Tom Jones gab es ein stimmgewaltiges Wettsingen, wer denn bei »Delilah« die höheren Töne besser erklimmen könnte. Caterina Valente durfte sich einmal während der Proben vor Publikum anhören, dass sie besser koche als singe: »Am liebsten würde ich Caterina als meine Köchin engagieren, denn ihre Carbonara ist die beste der Welt. Aber das werde ich mir nie leisten können!«

Valente darauf liebevoll: »Wenn der Peter das sagt, klingt es so charmant. Ein anderer hätte wahrscheinlich eine Ohrfeige von mir bekommen.«

Auch Hilde, bei jeder Show auf Schritt und Tritt an Peters Seite, erinnerte sich an einen besonders spaßigen Freudschen Versprecher ihres Daddy. Unter tosendem Applaus versuchte Alexander die richtigen Worte für eine Überleitung zum

Thema Film zu finden. Laut Skript sollte er sagen: »Drei Filme habe ich in Frauenkleidern gemacht«, aber ungewollt kam dabei heraus: »Drei Kinder habe ich in Frauenkleidern gemacht.« Worauf Hilde spontan zum Mikrophon griff und lachend entgegnete: »Ach so, eines davon hast du mir aber bis jetzt unterschlagen!«

Peter Alexander war in all den Jahren seiner TV-Karriere ein Mann, der seine Kreise unaufhaltsam gezogen hat – ganz oben in der Gunst des Publikums, der Kollegen und der Fernsehverantwortlichen. Unbeirrt von Moden und Zeitläuften, war er stets der perfekte Gentleman. Und da bekanntlich Vorsicht auch die Mutter einer Porzellan-Karriere ist, wollte Hilde Alexander nie vom erfolgreichen Kurs abweichen: »Risiko? Finger weg! Wir wissen, was die Leute wollen. Die wollen die Showtreppe, das schöne Orchester, a bisserl wienerisch-internationalen Glamour, Sketche und einen blendend aussehenden Daddy!« Ein Konzept, das über ein Vierteljahrhundert voll aufgegangen ist.

Das galt auch für den Kleidungsstil des Entertainers. Alexander gilt geradezu als Erfinder des dunklen Anzugs auf der großen TV-Bühne und dachte immer nur mit Entsetzen an seinen im übrigen hochgeschätzten Kollegen Thomas Gottschalk, der schon zu seinen Zeiten als Paradiesvogel vor sein Publikum getreten ist. Hilde dazu: »Der Daddy im Tigerleiberl? Furchtbar, die Leute würden ja narrisch werden. Also das wird es niemals geben!«

Rank und schlank, im schwarzen oder dunkelblauen Abendanzug oder gar im festlichen Smoking hat man ihn über die Jahrzehnte auf dem Bildschirm lieben gelernt. Doch da Peter Alexander nie zu jener beneidenswerten Gattung von Menschen gehörte, denen die schlanke Taille sozusagen in den Schoß gefallen ist, musste er sich vor jeder Show dem konsequenten Kampf gegen die Kilos stellen, damit am Bildschirm sein Idealgewicht von zirka fünfundachtzig Kilogramm attraktiv gleichmäßig auf seine 1,85 Meter verteilt war. »Ich esse halt für mein Leben gern und gut und hatte daher immer Kummer mit meiner Linie, beruflichen sozusagen.« Leidvolle Konsequenz der alltäglichen Schlemmerei: »Immer vor Shows oder Tourneen muss ich Gewicht machen wie ein Boxer vor dem großen Kampf. Da lebe ich in Askese wie ein Mönch. Statt einem Glaserl Bier nur Wasser. Statt der köstlichen Marillenknödel oder dem knusprigen Gansl und Schweinsbraten gibt's mageres Fleisch – und von allem nur die Hälfte.«

Die Eingeweihten wussten von dem Ritual, das alljährlich die unfreiwillige Hungerkur begleitete: Alexander hatte stets zwei identische, aber unterschiedlich große Anzüge in seinem Garderobenschrank. Der eine wurde von ihm bei den Vorabdrehs der Parodien und Zuspieler getragen, der andere, zwei Nummern kleinere, musste am Abend der Show passen. Nicht nur verbal wurde er in seiner Fastenzeit von Hilde unterstützt, die sich jedesmal der Hungerkur anschloss. Äußeres Zeichen für deren Gelingen war immer ein hellbraunes Lederkleid, vom Team schlicht »Etuikleid« genannt. Wenn Hilde dieses Kleid am Vorabend der Show trug, war allen klar, dass sie mindestens fünf Kilo abgenommen hatte.

Peter Weck, der die Gewichtsproblematik sehr gut nachvollziehen kann, erinnert sich: »Wir haben uns einmal im Wellness Center von Willy Dungl in Gars am Kamp getroffen und beide versucht, unsere Körper in Schuss zu bekommen. Wir waren nebeneinander in einem Pool in einem Lederstreckgerüst aufgehängt und hatten Gewichte an den Beinen.

*50 »Seinerzeit«: Der Entertainer mit seiner Karikatur von Erich Sokol, ORF 31. Dezember 1989*

Ein komischer Anblick. Peter hing da so arm neben mir und meinte nur: ›Jetzt müssten uns die Fans sehen!‹ Seither gibt es, immer wenn wir einander treffen, das geflügelte Wort: ›Wann geht's wieder in die Dungl-Kammer?‹«

Das alles sollte Alexander gut überstehen, denn immerhin hungerte er mit Blick in die Zukunft: »In der Zeit bin ich zwar kurzfristig zum Masochisten geworden, und wenn der Magen so richtig geknurrt hat, sagte ich mir immer: Herrlich, jetzt ist wieder ein Kilo runter. Aber meine einzigen Gedanken waren an die Zeit danach, denn nach getaner Arbeit begann ich wieder zu schlemmen. All diese herrlichen Dickmacher!«

Als Privatperson in Jeans, Hemd und Wolljacke waren dem Hungerkünstler im Rest des Jahres ein paar Kilo zuviel völlig egal: »Das war mir wurscht, denn wenn ich all diese Leute auf der Straße oder in bunten Magazinen gesehen habe, die sich kaputthungern, nur um das ganze Jahr über ihre Stromlinienform zu halten, habe ich mir gedacht: Mein Gott, was sind das für arme Menschen, und wie gut geht es mir.«

Mentale Unterstützung und Übereinstimmung kam da auch von seiner Schnurrdiburr: »Wenn ich mir die Frauen so ansehe, die sich kasteien, nur damit sie Größe 38 tragen können neben der Freundin mit Größe 42, da kann ich wirklich nur lachen.«

Auch in diesem Punkt waren sich die Alexanders stets einig: Lieber ein paar Kilo mehr, aber glücklich!

Show-Stars sind gerade in den vergangenen zwei Jahrzehnten rascher zuschanden gegangen als leichtverderbliche Genussmittel – entsprechend verhält es sich mit ihrem Ablaufdatum. Sie kommen, gehen und verschwinden unbemerkt in der Versenkung der Bedeutungslosigkeit. Die paar, die allen

*51 Showmaster-Treffen: Mit Rudi Carrell, Peter Frankenfeld und Hans Joachim Kulenkampff*

Schnellllebigkeiten trotzen, sind dann die Kaiser einer mehr als inflationsgeschüttelten Branche. Im deutschsprachigen Show-Raum ist eigentlich nur ein einziger Name übrig geblieben, der für sich beanspruchen darf, all die Qualitäten eines Kaisers in sich zu vereinen: Peter Alexander.

Er ist sich über ein halbes Jahrhundert treu geblieben und aufgrund seines Könnens, seines Charmes und seiner Popularität immer noch der höchstdekorierte Unterhaltungskünstler deutscher Zunge. Abgesehen von unzähligen, besser gesagt nicht mehr zählbaren Gold- und Platinverleihungen für seine Erfolge als Gesangsstar, darf er sechzig Auszeichnungen von edelmetallenen Bambis bis Löwen, von goldenen Mikrophonen bis honorigen Staatsehrenzeichen und -ringen sein eigen nennen. In gewohnt bescheidener Art liebt er sie zwar und hält sie alle in Ehren, aber nur für sich, denn öffentlich will der Ausgezeichnete nicht damit protzen: »Mein Gott, all diese Auszeichnungen und Ehrungen! Ich finde sie wunderbar und bin sehr stolz darauf. Überall habe ich sie, aber ich bin nicht so eitel, dass ich sie so aufstelle, dass sie gleich jeder sieht. Da sind ja Riesendinger dabei, und ein Preis sieht gar aus wie eine Bratpfanne ohne Stiel, trotzdem ist er schön.«

Begonnen hatte für Alexander der nicht enden wollende Reigen der Auszeichnungen ja bei dem Sängerwettstreit in München. Das war ein Erlebnis, das für den Hochdekorierten auch nach über einem halben Jahrhundert immer noch in Gedanken präsent ist: »Als ich 1953 als totaler Außenseiter den ersten Preis machte, da ist mir hinter den Kulissen etwas passiert: Ich bin gestolpert und direkt vor den Beinen von Hans Albers, der da herumsaß, gelandet. Eine wichtige Wende in meinem Leben. Der Preis und der Albers.«

Die allererste wichtige Branchenauszeichnung kam relativ spät: Erst 1966 erkannte man das enorme Talent des Wieners und überreichte ihm das »Goldene Mikrophon« als bestem europäischen Unterhaltungsstar. Von nun an ging es nur noch bergauf. Insgesamt fünfzehn Mal wurden ihm die begehrtesten Preise der deutschen U-Branche überreicht. Vier »Goldene Kameras«, unzählige Schallplattenpreise neben den Gold- und Platinverleihungen, zwei »Romys« und zehn »Bambis« kann Alexander im Regal glänzen lassen. Zu letzteren hat er ein ganz besonderes Verhältnis, ist er doch einer der wenigen, die auch das Platin-Rehlein und eines fürs Lebenswerk erhalten haben: »Bambi ist für mich ein Reh mit unbegrenzter Schonzeit, obwohl so intensiv Jagd auf dieses Tier gemacht wird. Mein Wildreservat mit all den Rehlein befindet sich bei mir zuhause in der Bücherwand und wird sehr, sehr oft bewundert. Ein schöner Anblick, da ich ja die Natur liebe.«

*52 Offizielle Ehrung für zwei große Künstler, die auch privat gute Freunde sind: Rudolf Buchbinder und Peter Alexander*

Aber auch seiner Hilde, ohne die ihm wahrscheinlich nicht so viele Rehe zugelaufen wären, hat er bei der letzten Bambi-Verleihung dankend bedacht: »Das Beste, der Rehrücken, gehört dir, Schnurrdiburr.«

Darüber hinaus gab es jede Menge Ehrungen, die Peter Alexander sehr wichtig sind – jene aus seinem Heimatland, wie das »Große Ehrenzeichen für Verdienste um die Republik Österreich« oder die honorigste Auszeichnung seiner Heimatstadt, der »Goldene Ehrenring der Stadt Wien«, überreicht von Bürgermeister Helmut Zilk. »Ich liebe meine Heimatstadt und bin ein Wiener mit Herz und Seele. Ich habe nie ein Hehl daraus gemacht und bin stolz darauf – das ist eine der schönsten Auszeichnungen und somit der schönste Frühlingsbeginn meines Lebens«, erklärte Alexander damals im März 1985.

Schon Jahre zuvor hatte der Wiener Bürgermeister Felix Slavik in einem Brief anlässlich der Konzert-Tournee 1973 Hilde und Peter Alexander seine Wertschätzung zum Ausdruck gebracht: »Ich erachte es als meine Pflicht, Ihnen, Herr Alexander, namens ihrer Vaterstadt dafür zu danken, dass Sie Ihre Liebe zu Wien in so zu Herzen gehender Art und Weise bekennen und für Wien damit viele neue Freunde gewinnen.«

Prof. Dr. Helmut Zilk, Ehemann von Dagmar Koller und wohl prominentester Bürgermeister in der Geschichte Wiens, zum Phänomen Alexander: »Für die Bundeshauptstadt, aber auch für Österreich war er immer der große Botschafter im deutschsprachigen Raum, ja in ganz Europa. Der singende Künder seiner Heimat. Ein wirklicher Glücksfall. Und wenn jemand diesen Ring als Ehrerbietung in diesem schnelllebigen Metier verdient hat, dann der Peter. Ein großartiger Künstler und ein guter Freund.«

Viel Lob, viel Ehr, aber der bescheidene Alexander selbst bekannte einmal auf die Frage, was denn das Besondere eines guten Entertainers sei: »Das, was jeden guten Handwerker auszeichnet: Gewissenhaftigkeit und Liebe zu seiner Arbeit. Leicht ist es nicht immer gefallen, nach einem dreistündigen Konzert oder einer abendfüllenden TV-Show geduldig Autogramme zu schreiben, bis der letzte Verehrer die Halle oder das Studio verlassen hat. Aber es ist schön!«

## *Eine TV-Ära geht zu Ende*

Schön war es schon, für Peter Alexander, für das Publikum und auch für die TV-Anstalten: Trotz der schier unüberschaubaren Sendervielfalt via Kabel und Satellit, trotz des aufkommenden Reality-Wahnsinns und der Schnelllebigkeit in diesem Gewerbe konnte die neue *Peter Alexander Show* weiter reüssieren. Zwischen 1991 und 1995 verbuchte der Entertainer mit seiner Show bei Produktionskosten von – heute umgerechnet – knapp zwei Millionen Euro im Schnitt sensationelle 17 Millionen Seher in Deutschland, Österreich und der Schweiz. Immer noch gaben sich die Superstars der Showbranche bei ihm die Klinke in die Hand. Ob Richard Chamberlain, Grace Bumbry, Agnes Baltsa, Liza Minnelli oder *Dallas*-Bösewicht JR Ewing alias Larry Hagman – der seit über vier Jahrzehnten konkurrenzlose Entertainer konnte in jeder Sendung mit Weltstars geradezu prunken.

Doch selbst als sein einziger eigener Stargast wäre »Peter der Große« hauptabendfüllend gewesen: Es waren nicht nur seine Lieder, seine Stimme oder die Zelebritäten, sondern vor allem seine köstlichen Parodien, die seine Fangemeinde in zunehmende Euphorie versetzten. Vom *Musikantenstadel*-Moik über die plötzliche »Samenklauaktion« um Tennisstar Boris Becker bis hin zu den *Golden Girls* oder einem der absoluten Highlights, der Parodie auf das krisengeschüttelte britische Königshaus, Alexander nahm Tagesaktuelles gekonnt auf die Schippe, aber er persiflierte immer mit Stil,

*53/54 »Seine Parodien waren nie vulgär. Sie waren so gut, weil er die Menschen liebte«: Autor Claudio Honsal vor einer Photomontage der »Golden Girls« alias Peter Alexander und (rechts) der Entertainer als Queen Elizabeth in seiner Lieblingsparodie »Die Royals«, ORF 1994*

Charme und Witz, was das Zeug hielt. »Seine Parodien waren nie vulgär, verletzend oder platt. Er hatte die Grandezza des österreichischen Humors und überzeugte mit seiner hohen Begabung und viel Mutterwitz. Die Parodien waren so gut, weil er die Menschen liebte. Peter hat die Metamorphose des Schauspielers im Medium Fernsehen wie kein zweiter verstanden«, schwärmt ORF-Intendant Ernst Wolfram Marboe heute noch.

Selbst die Vorbereitungsarbeiten für seine Parodien seien zwar in höchst professioneller Alexander-Manier abgelaufen, aber immer eine Freude für das gesamte Team gewesen, erinnert sich ORF-Unterhaltungschef Dieter Böttger an die letzten gemeinsamen Shows: »Er hat natürlich selbst am Buch mitgeschrieben. Auch die Texte der zu parodierenden Personen stammten von Hilde und Peter. Schon bei den ersten Tref-

fen im Sommer am Wörthersee hat Peter die Dialoge auswendig gekonnt, und es war ein Vergnügen, wenn er ohne Kulisse, allein auf der Terrasse, in die verschiedensten Rollen geschlüpft ist. Schade, dass es das nicht mehr gibt.«

Wenn die Sketchtexte von Hans Hubberten, Michael Kunze oder Curth Flatow stammten, brauchte Alexander selbst nicht viel zum Drehbuch beizutragen. Seine Lieblingsparodie waren »Die Royals«, bei der er Queen, Queen-Mom, Charles und Lady Di gleichzeitig mit hochkomplizierter Bluebox-Fernsehtechnik und stundenlanger Bearbeitung seines Äußeren in der Maske verkörperte: »Ich muss sagen, die tun mir wirklich leid. Es ist fürchterlich, was sich da abspielte. Früher wäre das undenkbar gewesen, so einen Sketch zu machen, und jetzt hat sich sogar die englische Presse für meine Parodie interessiert. Die Royals wären wahrscheinlich froh, wenn sie so wären wie in meiner Parodie. Das ist ja beinahe eine nette Familie. Schrecklich, diese ganzen Affären mit den Tampons und so. Wenn man aus so einem Stall ist, darf das nicht passieren.«

Bei seinem letzten TV-Auftritt in der Personality-Talkshow *Lebens-Künstler*, moderiert von Alexanders hochgeschätztem Freund und Wiens Ex-Bürgermeister Helmut Zilk, meinte er zum gesendeten Parodienausschnitt betroffen: »Es ist ganz schlimm. Natürlich war das damals lustig, aber was seither geschehen ist, der Tod von Lady Di, all die schlimmen Dinge und Skandale bei den Royals nachher! Man wusste ja auch schon gar nicht mehr, wen man parodieren sollte, die Realität holt jeden Komiker ein. Es ist eine furchtbare Welt, in der wir leben.«

Hatte Alexander schon nach der dritten neuen Show im Jahr 1993 an Hilde den flehentlichen Appell gerichtet: »Schnurrdiburr, lass uns aufhören!« und von Hilde Alexander die humorige Antwort bekommen: »Na gut, Daddy, dann ziehen wir eben wieder in den Gemeindebau!«, so wurde der Superstar immer skeptischer, was weitere TV-Shows anlangte. Auch die Liste der Wunschgäste wurde mit den Jahren immer spärlicher, denn womit waren Minnelli, Caballé, Falco & Co. noch zu übertreffen: »Mein Gott, man könnte irgendwelche Eintagsfliegen wie einen Guildo Horn oder ähnliche einladen, aber von denen hört man doch bis zur nächsten Weihnachtsshow schon wieder nichts mehr. Die Branche und die hochgespielten vermeintlichen Stars sind doch so schnelllebig. Mein Traum wäre immer die Barbra Streisand gewesen, aber die macht halt nichts in Europa. Auch Michael Douglas hätte ich mir gut vorstellen können, mit oder ohne seine Frau. Was deutschsprachige Stars betrifft, ist die Zeit der großen Karrieren vorbei. Die Leute können einfach zu wenig. Wer kann schon auf einer Bühne mit großem Orchester zwei Stunden live singen? Nur wenige, wie ein Udo Jürgens, aber die hatten wir schon alle.« Die Traumgäste, das legendäre »Rat Pack«, bestehend aus Frank Sina-

*55/56 Mit zwei prominenten »Denver Clan«-Darstellern: John Forsythe und Joan Collins sowie (unten) »Dornenvögel«-Star Richard Chamberlain in der »Peter Alexander Show«, ORF 1993/94*

tra, Dean Martin und Sammy Davis jr., sind der Reihe nach weggestorben und sein All-Time-Hero Sinatra allein hatte ja öfters, wenn auch sehr höflich, abgelehnt.

Ähnlich verhielt sich »Peter der Große« selbst, als ihn Thomas Gottschalk immer wieder für *Wetten, dass …?* verpflichten wollte – vergebens: »Ich habe den Thomas wirklich immer verehrt und er ist eine der wenigen Ausnahmeerscheinungen in diesem Geschäft, aber bei ihm sind doch immer nur Gäste, die ein neues Produkt, eine neue Platte, einen neuen Film präsentieren wollen. Da pass ich doch gar nicht rein«, erklärte der Künstler zur Jahrtausendwende.

Peter Alexander in einer Talkshow begrüßen zu dürfen, das wäre wohl über Jahrzehnte der Traum und Quotenbringer für Kerner, Beckmann, Schmidt und Co. gewesen, doch Hilde hatte schon aus Prinzip immer abgewunken: »In Talkshows geht man nicht. Das ist ein Vorführen, und es wird einem letztendlich nur das Wort im Munde verdreht. Das hat Daddy nicht notwendig.«

Doch auch was die immer schlechter werdenden Bücher der eigenen Show anlangt, war Hilde Alexander sehr deutlich: »Sehen Sie sich das doch an. Das sind keine Bücher, das ist reiner Schrott!«

Egal, ob Show, Film oder Werbung, es war nach seinem 70. Geburtstag 1996 nicht mehr die Welt des Peter Alexander. Schon gar nicht war es die Medienwelt: »Die TV-Landschaft hat sich sehr verändert und damit auch das Niveau. Die Versklavung durch die Einschaltquoten ist doch der Tod jeder Qualität. Wenn Sie hören würden, was mir die Leute beim Fischen so erzählen und das Volk über das Fernsehen denkt – vernichtende Urteile!«

Vernichtende Urteile und harsche Kritik über jenes Medium, das ihn groß gemacht hat, konnte man in den Jahren

*57 In seiner ORF-Sendung »Was sind schon 70 Jahre«, 1996*

nach seinem Rückzug auch aus dem Munde Alexanders hören: »Das Fernsehen und da natürlich die privaten Sender werden immer ordinärer, immer brutaler und immer dümmer. Actionfilme sind mittlerweile Gebrauchsanweisungen für Kriminelle. Jedes Kind hat in seinem Zimmer heute schon einen Fernseher und sieht diese Rambos und all diese Nackerten. Früher hatten wir noch Spaß in der Showbranche und haben herzhaft viel gelacht. Heute wird nicht mehr gelacht, da geht es nur noch um Geld, Geld und wieder Geld!«

Der große Entertainer war zwar damals und ist immer noch Kult, und es gibt kaum jugendliche TV-Konsumenten, die nicht genauso wie ihre Eltern nach alten Alexander-Filmen im Nachmittagsprogramm lechzen. Es kam auch zwischenzeitlich immer wieder zu TV- und Filmangeboten, aber Hilde musste Jahr für Jahr gebetsmühlenartig wiederholen: »Anstelle von Drehbüchern kriegen wir Mist geliefert. Und eine übereilte Show mit dem Peter zu machen? Nein, danke, ohne uns.«

Obwohl der Ex-ORF-Mann Marboe heute noch meint: »Einen Peter Alexander zu Lebzeiten brachliegen zu lassen, ist ein Verbrechen. Das deutschsprachige Fernsehen hätte die verdammte Pflicht gehabt, so jemand mit guten, ja den besten Konzepten zu halten. Im ganzen Geschäft fehlt menschliche Wärme. Peter ist einer zum Liebhaben, vielleicht brauchen wir das nicht mehr. Es ist eine menschliche Eigenschaft, dass man das erst zu schätzen beginnt, wenn man es nicht mehr hat und es endgültig weg ist.«

Andere Kollegen können sehr wohl verstehen, warum Alexander nach seiner Geburtstagssendung am 29. Juni 1996, *Was sind schon 70 Jahre,* den Bildschirm für immer verlassen hat. Wolfgang Rademann zum Beispiel meint heute: »Peter hat diesen Entschluss freiwillig getroffen. Er wurde ja nicht vom Publikum abgewählt. Seine Entscheidung, nicht mehr aufzutreten, war richtig und wird von mir heute noch unterstützt. Wenn man Menschen nach langer Absenz wieder vor die Kamera bringt, kommt doch immer die Reaktion: Wie sieht denn die oder der jetzt aus? Wenn jemand fortlaufend, wie ein Horst Tappert als Derrick oder eine Heide Keller im *Traumschiff,* auftritt, altert das Publikum mit, das ist in Ordnung. Aber wenn jemand so viele Jahre wie Alexander nicht da war und dann plötzlich wiederkommt, das ist dann schlimm!«

Kollege Peter Weck meint: »Ich glaube, es hat ihn nach seiner TV-Ära der Mut verlassen, etwas anderes, Neues, also zum Beispiel eine TV-Serie, zu starten. Immer hatte er das Gefühl, dass er damit etwas kaputtmachen würde, wenn er nicht

*58/59 Der Meisterparodist Peter Alexander als Robert Lembke und Inge Meysel*

ankommt. Peter ist lieber bei dem geblieben, was er tausendprozentig kann. Wenn man als Künstler, Schauspieler selbst spürt, dass man über einen Punkt hinweg ist und in ein gewisses Alter kommt, dann trifft man wohl diese Entscheidung. Er wollte seine Zeit nicht über Gebühr verlängern, das verstehe ich. Das Gehabte kann ihm niemand wegnehmen!«

Auch Christiane Hörbiger erinnert sich zwar mit Wehmut, aber viel Verständnis an seinen letzten großen TV-Auftritt: »Ich bin überzeugt, dass es von Peter eine weise Entscheidung war, abzutreten. Er gehörte nicht zu den Kollegen, die, wenn sie keine Projekte mehr haben, in absolute Traurigkeit und Melancholie verfallen und dann auch noch der Familie auf die Nerven gehen.«

»Peter der Große« meinte im Rückblick auf seine Geburtstagsshow und auf die Frage, ob es denn Sehnsucht nach dem

Scheinwerferlicht gäbe: »Ich bin richtig froh darüber, dass es so ist, wie es ist. Ich bin nicht der Typ, der unbedingt auf der Bühne stehen und dort auch sterben will, obwohl es schon ein starker Abgang wäre. Ich wurde eher unfreiwillig gezwungen, nicht mehr am Bildschirm zu sein. Ich wollte ja immer etwas Schönes machen, aber es gab all die Jahre weder gute Bücher noch Verträge mit Stars, die auftreten sollten. Es ist in Kooperation mit den Sendern nie etwas Vernünftiges zustande gekommen. Im Endeffekt ist ja dann nicht der Sender schuld, wenn etwas misslingt, sondern immer der, der den Kopf ins Bild hält – also ich! Ich habe so viele Jahre etwas sehr Schönes aufgebaut, warum sollte ich das mit schlechten Konzepten demontieren und mich so selbst von meinem Sockel stoßen? Da lass ich's lieber.«

## *Freunde fürs Leben und neue Begegnungen im Alter*

Gab es seinerzeit mehrere einflussreiche Künstler, die sich als Entdecker des jungen Peter Alexander fühlten und bezeichneten, so war er natürlich, wie es üblich ist in dieser schillernden Branche, in den Jahren des Erfolges umgeben von »guten Freunden«. Doch gerade mit dem Begriff Freundschaft ist »Peter der Große« immer sehr korrekt und sparsam umgegangen. In einem Interview sagte er einmal: »Freunde zu haben ist eines der wertvollsten Dinge, die uns das Leben schenken kann. Ein Mensch ohne Freunde ist arm und wenn er noch soviel Geld hat. Vor die Wahl gestellt, auf eines verzichten zu müssen, auf das Geld, das ich mir über die Jahre hart erarbeitet habe, oder auf meine Freunde, würde ich keine Sekunde zögern, auf Reichtum und Ruhm zu verzichten und mich für die Freunde zu entscheiden.« Allerdings nur für wenige, denn Alexander kann diejenigen, die er als seine wahren Freunde bezeichnet, an einer Hand abzählen. Und nachdenklich bemerkte er: »Wenn man so Bilanz zieht, muss ich mit Bedauern und Schmerz feststellen, dass viele schon gegangen sind. Man muss eben akzeptieren, dass man sich schon auf der Direttissima befindet.«

Über die Jahre haben Kollegen immer wieder berichtet, dass er ein »scheuer, introvertierter Mensch« sei und die Stunden abseits der Arbeit eher zurückgezogen mit seiner Hilde verbrachte. »Er hatte immer Angst, dass man ihn benützen will, dass man sich durch ihn Vorteile in der Branche verschaffen möchte, und war daher sehr zurückhaltend. Nicht mir gegenüber, denn wir hatten ein sehr, sehr gutes Verhältnis auch abseits des Drehs, aber viele andere klagten über seine gewollte und gewählte Distanz«, erinnert sich Filmpartnerin Waltraut Haas.

Mit Caterina Valente, Gunther Philipp oder Oskar Sima hatte Alexander – das betonte er auch immer wieder in Gesprächen – ein »sehr inniges und freundschaftliches Verhältnis«. Alle anderen Kollegen waren ihm zwar »lieb, wert und teuer«, aber das Wort Freundschaft kam da nur selten über seine Lippen.

Ganz anders verhielt es sich mit »echten« Freundschaften, die eher per Zufall entstanden. So zum Beispiel die zu dem Wiener Unternehmer und Rennfahrer Dieter Quester.

Heute wohnen die beiden knapp 400 Meter Luftlinie voneinander entfernt im Nobelbezirk Grinzing. Damals, im Jahr 1975, begegneten einander die beiden ganz zufällig beim Weihnachtsbaum-Einkauf auf der Billrothstraße im 19. Bezirk. »Er war mit Hilde unterwegs, und wir hatten offensichtlich ein und denselben Baum im Visier«, erinnert sich Quester an die schicksalsträchtige Begegnung im vorweihnachtlichen Trubel.

Quester war zu dieser Zeit ein erfolgreicher Formel-2- und Tourenwagen-Pilot. Der motorsportbegeisterte Alexander erkannte ihn und sprach ihn an: »Wir plauderten zuerst über den Rennsport, und der Peter war sehr interessiert und angetan. Dann kam unser gemeinsames Hobby zur Sprache, und Peter war Feuer und Flamme: Ich erzählte ihm, dass ich leidenschaftlicher Angler bin.«

Das Eis war gebrochen und man tauschte die Telefonnummern aus. »Damals hatte ich bestimmt nicht damit gerechnet, dass sich daraus eine Lebensfreundschaft entwickeln könnte.

Unabhängig vom Altersunterschied bin ich doch vom ganzen Wesen her völlig anders als der Peter.« Quester beschreibt seinen Freund heute noch als ruhigen, introvertierten, zurückhaltenden Menschen, der im höchsten Maße sensibel ist.

»Freundschaft lässt sich nicht erzwingen, aber sie lässt sich schützen und pflegen wie eine junge Pflanze. Dann beginnt sie nämlich zu wachsen und zu gedeihen und vermittelt uns ein Glücksgefühl, das ein Leben erst richtig lebenswert macht«, sinnierte Alexander weiter im Gespräch über Freundschaft und was sie ihm bedeutet.

Dieses Glücksgefühl sollten Quester und Alexander künftig gemeinsam erleben: »Es hat sich eine tiefe Vertrautheit entwickelt, die zur Folge hatte, dass wir einmal in Kanada und zweimal in Kenia auf Urlaub zum Fischen waren. Das macht man nicht mit Leuten, zu denen man keine wirklich herzliche Beziehung hat«, stellt Quester klar.

Also frönten sie zusammen ihrem Hobby, dem Angelsport. Einer Leidenschaft, die unter Anglern als Gesamtkunstwerk gesehen wird und über die Hilde einmal meinte: »Dem Peter wäre es am liebsten, wenn er während der ganzen Angelsaison nicht zu arbeiten brauchte. Er ist laut vieler kompetenter Kollegen ein Künstler mit der Fliegenrute. Peter war immer ehrgeizig, aber führte nie einen Krieg mit dem Fisch. Was ihm auch sehr wichtig war: die Natur und die Erholung vom Berufsstress.«

Ende der Achtziger konnte Quester seinen Freund überreden, mit ihm zu einem Angeltrip nach Kenia zu fahren. »In der Freundschaft war es immer so, dass ich der treibende Motor war. Ähnlich wie im Berufsleben, da war es die Hilde. Er hätte doch nie gesagt: ›Mach ma das oder das.‹«

Hilde stimmte, was Freund Quester gehörig wunderte, diesem Abenteuer zu, wollte aber lieber in der schmucken Villa in Lugano bleiben. »Der Peter war überhaupt nicht abzuschätzen.

Er ging ein Risiko in einem fremden, wilden Land ein und setzte sich gegen Hilde durch. Und wir machten eine Reise, die wirklich keine Kaffeefahrt war. Hilde musste damit rechnen, dass sie ihren Peter nicht unversehrt zurückbekommt.«

Zwei Wochen ging man also frauenlos auf Erkundungstour nach Kenia – Peters zweiter Aufenthalt am schwarzen Kontinent. In diesen Tagen machte Quester erstmals Bekanntschaft mit der zwiespältigen Persönlichkeit seines Freundes: »Er hatte eine ganz eigene Sensibilität: Einerseits ist er, fast ängstlich, überhaupt keine Risiken eingegangen – andererseits hat er Situationen heraufbeschworen, in denen mich sogar der Mut verlassen hätte.«

Eine davon ereignete sich im tiefsten Busch während einer Jeep-Fahrt durch das völlig naturbelassene Gelände. Noch dazu im Grenzgebiet zu Tansania, wo es damals noch ziemlich gefährlich war. Quester erinnert sich: »Plötzlich riss Peter an der Handbremse und meinte: ›Dieter, bleib kurz stehen. Ich habe da etwas gesehen!‹« Alexander hat kurzerhand den Jeep verlassen und im Gebüsch herumgestochert. »Er hat seelenruhig mit einem Stöckchen eine grüne Mamba aus dem Busch gelockt und sie beobachtet. Peter hat sich überhaupt nichts dabei gedacht, mit einer der giftigsten Schlangen überhaupt herumzuspielen.«

Eine ähnlich liebevolle Affinität zu Giftschlangen bewies er ein paar Jahre später auf der zweiten Keniareise der Freunde: »Da hat er einen Bau von einer Puffotter ausgemacht, sich davor hingestellt und beobachtet, wie das Tier seine Beute runterwürgte. Ich hätte da mindestens zwanzig Meter Abstand gewählt. Den Peter haben solche Situationen immer gereizt.«

Drei Dinge waren in den Augen von Quester maßgeblich für die Freundschaft mit Alexander. »Peter wusste genau: Der braucht nichts von mir, der will nichts von mir und auf den

*60 Mit Freund Dieter Quester beim gemeinsamen Freizeitsport, dem Angeln*

kann ich mich immer verlassen. Das waren die drei Säulen, auf denen für Peter eine Freundschaft beruhte.«

Eine weitere gemeinsame Reise führte die Freunde nach Kanada. Auch Questers minderjähriger Sohn war mit von der Angelpartie: »Da war plötzlich der dreifache Altersunterschied, und auch das war mit Peter überhaupt kein Problem.« Man hat gemeinsam in einem Zelt in der Wildnis von British Columbia kampiert und war auf nächtlicher Tuchfühlung mit gefährlichen Bären. Man war Lachsfischen und freute sich über fette Beute. Doch nach zwei Wochen kam plötzlich der Moment, an dem Peter Sehnsucht nach seiner Schnurrdiburr und einem vernünftigen Essen bekam. »Er hat gejammert und gejammert: ›Dieter, lass uns doch zurückfahren‹«, erinnert sich Quester. Also machte man sich auf den Weg zum kleinen Flughafen.

Die Drei hatten Pech, denn die Tickets nach Toronto waren erst in drei Tagen gültig, und es gab keine Möglichkeit, die Heimreise früher anzutreten. Quester hatte sich geirrt, und Alexander ist beinahe zusammengebrochen: »Ich werde einen Privatjet mieten, der uns nach Wien bringt!« Große Verwunderung bei Quester, denn: »Der Peter hat auf unseren Reisen oder auch sonst nie die Business-Class oder gar die erste Klasse benützt. Plötzlich wollte er einen sündteuren Privatjet mieten. Da sieht man, wie sehr er an seiner Hilde und seinem Zuhause gehangen hat.«

Verzweifelt hat Alexander seine Frau in Wien angerufen. Zu guter Letzt hat sich der vom Heimweh Geplagte aber doch noch beruhigt: »Ich habe dann schnell drei wirklich gute Restaurants ausgesucht, und dann war er wieder versöhnt. Egal, was passierte, mit einem guten Papperl und einem Glaserl von feinem Rotwein konnten man den Peter immer umstimmen.«

Ebenfalls in Kanada ereignete sich eine Sport-Premiere, die zur Eintagsfliege werden sollte: »Ich habe den Peter zum Joggen überredet. Fünf Kilometer sind wir durch die Wälder gelaufen. Das war aber das erste und einzige Mal in drei Jahrzehnten, dass ich ihn zum Sport überreden konnte. Er war kein direkter Gegner der körperlichen Betätigung, hat aber auch nie etwas dafür getan. Ein bisschen Schwimmen, Tauchen hat er geliebt, aber sonst galt eher ›No sports‹, außer dem Angeln.«

Dieter Questers zweiter Passion, dem Autorennsport, ist Freund Peter eher skeptisch gegenüber gestanden, zumindest was eine aktive Beteiligung anlangte. Stets war er informiert über die Rennergebnisse seines Freundes, wusste in der Formel 1 bestens Bescheid und schnupperte mehrmals den Benzingeruch als Zuseher in der Quester-Box von Monza bis zum

Salzburgring. »Er war sehr interessiert und ein Bewunderer von dem, was ich da leistete. Aber er hat immer im Vordergrund die Gefahr gesehen. Am Salzburgring habe ich ihn einmal in einem Tourenwagen als Beifahrer mitgenommen. Nach drei Runden habe ich bemerkt, dass er sehr gerne wieder aussteigen würde. Den Vorschlag, doch einmal selbst am Steuer zu sitzen, hat er sehr dankend abgelehnt.«

In all den Jahren hat Dieter Quester einen sehr tiefen und intimen Einblick in Beziehung und Ehe von Hilde und Peter Alexander bekommen. Er konnte, wie kaum ein anderer, Hildes Kaltschnäuzigkeit, ihren Geschäftssinn, aber auch die enge Verbundenheit der beiden aus nächster Nähe miterleben: »Die Hilde hat schon ein sehr strammes Regiment geführt, aber der Peter brauchte das immer. Diese Beziehung basierte auf einer gegenseitigen Abhängigkeit. Hilde war für Peter in jeder Situation ein Auffangnetz. Sie hat ihm alle Steine aus dem Weg geräumt. Sie konnte alles perfekt, was er nie gekonnt hätte, wie Verträge auszuhandeln oder mit den Medien zu agieren. Trotzdem ist es immer eine große, tiefe Liebe von ihm und von ihr aus gewesen. Für mich ist jeder öffentliche Auftritt von Peter wie der Gang auf dem Seil gewesen, und Hilde war die Balancestange. Ohne sie hätte er diesen Drahtseilakt nie geschafft.«

Doch Alexander hat sich manchmal auch gegen seine Hilde aufgelehnt, obwohl er nie – außer in seiner bewegten Jugend – ein spontaner Mensch gewesen ist. »Manchmal wollte er gezielt ausbrechen und irgendeine Blödheit machen, die unter keinen normalen Umständen und schon gar nicht mit dem Wissen von Hilde in Frage gekommen wäre«, weiß Quester und erzählt eine dieser seltenen Begebenheiten: »Ein österreichisches Magazin richtete an mich die Anfrage, ob ich nicht gemeinsam mit Peter Alexander für ein Foto-Shooting auf

Motocross-Maschinen durch den Wienerwald fahren würde. Ich erzählte ihm davon und er sagte spontan zu. Ich auf meiner KTM, er auf einer BMW, so zogen wir durchs Gelände. Er hatte, obwohl er das noch nie gemacht hatte, solchen Spaß an dieser sehr gefährlichen Aktion, dass er gar nicht mehr aufhören wollte. Noch dazu stand er unmittelbar vor Fernseh-Dreharbeiten. Na, die Hilde ist verfallen, als sie davon erfahren hat. Aber das war er eben auch, mein Freund Peter.«

Quester hat den Künstler im Freund immer geschätzt, aber als bedingungslosen Fan würde er sich selbst nicht bezeichnen: »Nicht jedes Lied von Peter war auch meines. Wir haben zwar zuhause immer seine Weihnachtsplatten gespielt und auch seine Filme gesehen, aber so ehrlich bin ich da schon, dass ich hauptsächlich zu Konzerten gegangen bin, weil er mein Freund ist und ich einen Menschen auf der großen Bühne sehen wollte, den ich unfrisiert und in der Trainingshose kenne. Ich habe eben die ganz große Ehre, zwei Peter Alexander kennen zu dürfen.«

Den einen, den Künstler, bewundert er, weil er sich Jahrzehnte auf dem höchsten Gipfel der Popularität gehalten hat: »Mehr als ein halbes Leben. Da gibt es heute vielleicht noch den Udo Jürgens, aber auch nicht so, wie das beim Peter war. Die Leute sind dem Peter ja wie dem Rattenfänger von Hameln über Jahrzehnte nachgelaufen. Das muss man erst einmal schaffen, das ist schon mehr als bewundernswert.«

Den anderen, den Freund, bewundert er, weil er immer loyal war, weil man sich auf ihn verlassen konnte, mit ihm immer Spaß hatte und er das Berufliche und Private stets strikt trennte: »Es wäre ihm nie eingefallen, über den Beruf zu reden. Man hat geplaudert über Auftritte, Filme, aber nie gezielt. Da wäre ich der falsche Partner gewesen und das wäre mir auch vor der Hilde peinlich gewesen. Sie hat mich als

Freund immer voll akzeptiert, und wir hatten ein sehr inniges Verhältnis.«

Alexanders Einstellung zu Reichtum und Geld beschreibt Quester so: »Geld war ihm immer egal. Er war und ist ein sparsamer Mensch, der mit einem Auto über zwanzig Jahre fährt und es immer noch liebt. Allein, wenn ich an sein uraltes Mercedes-Coupé denke, das hat er heute noch. Luxus haben beide nie nach außen getragen, das haben sie gehasst. Der einzige wirkliche Luxus war die Prachtvilla in Lugano, aber selbst die war eine clevere Geldanlage und wurde um ein Vielfaches verkauft.«

Hilde war der Finanzchef und hat gut und geschickt investiert. Auch in das Haus in Grinzing, das die Freunde seit zwei Jahrzehnten auch zu unmittelbaren Nachbarn macht. Dazu fällt Dieter Quester, abgesehen von den unzähligen köstlichen Abendessen und den anschließenden Jazz-Sessions bis in die frühen Morgenstunden, noch eine Anekdote ein, die den ängstlichen, scheuen Freund zeigt: Die Jugendstilvilla steht inmitten eines Parks. Mittendrin ein Swimmingpool, in dem Peter jeden Morgen seine Längen schwimmt. Gleich hinter dem Grundstück befinden sich etwas erhöht Reihenhäuser. Peter hatte nun immer panische Angst, dass Fans, Reporter oder andere ihn beobachten oder gar in seiner geheiligten Schwimmstunde stören könnten. »Du, Dieter, wenn ich da schwimme und dann steigt plötzlich jemand über den Zaun!« Oft hatte er diese Gedanken, dass man in seine abgeschirmte Privatsphäre eindringen könnte.

Quester beruhigte ihn, denn grundsätzlich hatte Peter nie Angst vor Entführungen und hätte auch zu keiner Zeit daran gedacht, Bodyguards zu engagieren. Da Quester das wusste, dachte er sich einen »Scherz« aus: »Ich habe mir eines Morgens eine Maske aufgesetzt, bin über den Zaun gestiegen und habe Peter erschreckt.«

Der erstarrte beim Verlassen des Pools und war minutenlang sprachlos. Beinahe hätte er um Hilfe gerufen und die Polizei alarmiert, hätte sich Quester nicht unter lautem Gelächter zu erkennen gegeben. »Dieter, das hätte ich mir gleich denken können, dass du das bist. Wem sonst fällt so etwas ein.«

Ernsthaft böse konnte Alexander seinem Freund nicht sein, dazu hatte er in seiner eigenen Jugend selbst zu viele Lausbubenstreiche ausgeheckt. »Man konnte dem Peter schon immer wieder Streiche spielen, denn er ist ein Mensch, der vorrangig an das Gute in seinem Gegenüber glaubt und nie eine böse Absicht vermutet.«

Das mag auch ein Grund dafür sein, dass es zwischen den beiden in all den Jahren nie zu einer gravierenden Meinungsverschiedenheit oder gar zum Streit gekommen ist. Bis auf ein einziges Mal, so erinnert sich Quester: »Es war eine lächerliche Sache beim Hochseefischen bei unserem zweiten Keniatrip. Wir hatten vier Angelruten ausgesteckt und uns, damit es nicht zu anstrengend wurde in der Hitze auf hoher See, geeinigt, dass jeder von uns eine Stunde lang alle Angeln beaufsichtigte. Peter ist am Boot eingeschlafen. Just in dieser Zeit haben die Fische gebissen. Als er wieder wach war, hat er doch glatt und vehement behauptet, das wäre jetzt seine Stunde gewesen und die Fische gehörten ihm. Wir haben dann am Abend kein Wort mehr miteinander gewechselt. Am nächsten Morgen, beim Frühstück, haben wir darüber wieder gelacht.«

Kein Streit und Tausende gemeinsame Angelausflüge prägten die Jahre der Freundschaft: »So eine Leidenschaft, Begeisterung und Freude an der Sache habe ich bei einem Menschen noch nie erlebt. Peter hatte Tage und Wochen, wo er wirklich jeden Tag zum Fischen gefahren ist. Gut, es war ja auch sein einziges Hobby neben der Spielzeug-Eisenbahn. Ich glaube, einen zweiten Angler wie Peter gibt es nicht auf dieser Welt.«

Umso trauriger und ernster wird Questers Stimme, wenn er an die schwere Zeit im Jahr 2003 denkt: »Ich hätte mir nie vorstellen können, dass sich mit dem Tod von Hilde Peters Leben so gravierend ändern würde. Es war viele Monate total freudlos. Dass man einem Partner, den man unendlich geliebt hat, nachtrauert, das kann ich sehr gut verstehen. Aber dass man selbst sein liebstes Hobby, das Angeln, völlig aufgibt, das kapiere ich nicht.«

Seit Hildes Tod lebt Peter Alexander sehr zurückgezogen und will selbst auf Drängen seines Freundes Dieter nicht mehr zum Fischen gehen: »Es muss bei Peter im Gehirn ein Kippschalter umgelegt worden sein, der diese Lethargie ausgelöst hat. Er ist doch völlig gesund, hat Geld und könnte das Leben wieder genießen.«

Und so hat sich Dieter Quester vorgenommen, seinen Freund Peter Alexander ins Leben zurückzuholen – am liebsten mit einer Angelrute in der Hand. »Ich bin zuversichtlich, bald stehen wir wieder gemeinsam am Fischwasser. Gute Freunde kann bekanntlich niemand und nichts trennen.«

»Er selbst behauptet immer und immer wieder, dass ich einer seiner besten Freunde sei«, erzählt Rudolf Buchbinder voller Stolz. Der weltberühmte Pianist aus Wien darf sich zum intimsten Freundeskreis von Peter Alexander zählen. Und wie auch bei Dieter Quester basiert diese innige Verbindung hauptsächlich auf dem Fundament: »Ich will nichts von ihm und er nichts von mir! Es gibt keinen beruflichen Neid, und wir haben wunderschöne gemeinsame Stunden verlebt, in denen wir uns immer wohl gefühlt haben.«

Zwar kann sich der E-Künstler nicht mehr genau an Tag oder Jahr der ersten Begegnung mit dem U-Künstler erinnern, aber knappe drei Jahrzehnte muss es wohl schon her sein.

Eine Begebenheit, die sich ganz zu Beginn dieser Freundschaft ereignet hat, wird er allerdings nie vergessen: Buchbinder hatte Hilde und Peter zu einem Konzert nach Kärnten eingeladen. Beethovens *Mondscheinsonate* stand auf dem Programm in der romantischen Stiftskirche von Ossiach. Es war Nacht und Vollmond. »Plötzlich, während des Konzertes, ist das Licht in der Kirche komplett ausgefallen. Ich habe weitergespielt, und die Stimmung war wunderschön«, erzählt Buchbinder und hat auch an Peter Alexanders Worte nach dem Konzert noch genau in der Erinnerung: »Warum hast du nur das Licht wieder einschalten lassen? Diese Stimmung in der dunklen Kirche bei Vollmond und der *Mondscheinsonate* werde ich wohl nie wieder so erleben dürfen. Das nächste Mal sorgst du bitte wieder für einen Kurzschluss!«

Obwohl man beruflich zwei völlig unterschiedliche künstlerische Wege ging, traf man sich immer wieder an einem Instrument, das sowohl Buchbinder als auch Alexander perfekt beherrschen. Der eine als professioneller Konzertpianist von Weltrang, der andere als Autodidakt – der er ja auch als Sänger war –, der sich zum Perfektionisten emporgespielt hat, was Buchbinder gehörigen Respekt abverlangt: »Das Erstaunliche am Peter ist, dass er diese Musikalität, die er in sich trägt, direkt in seine Finger umsetzen kann. Er spielt nicht normal Klavier, macht unvorhersehbare harmonische Wendungen, die aber trotzdem stimmen. Peter improvisiert auf eine Art und Weise, die nicht nachvollziehbar und eigentlich völlig unlogisch ist. Er bewegt sich am Klavier völlig außerhalb jeder Norm und beherrscht die außergewöhnlichsten Harmonien ohne jede falsche Note.«

*61 Hilde und Peter Alexander mit ihren Kindern Susanne und Michael sowie Ehepaar Buchbinder*

Nie hat Alexander seinen Freund um musikalischen Rat gebeten, nie wäre er auf die Idee gekommen, Nachhilfeunterricht bei Rudi zu nehmen: »Er hat es auch überhaupt nicht nötig. Er ist wirklich perfekt!«

So spielte man bei jeder sich nur bietenden Gelegenheit vierhändig auf einem Flügel, einander gegenüber auf zwei Flügeln, oder Peter Alexander setzte sich bei Buchbinders allein ans Klavier und phantasierte stundenlang vor sich hin: »Oft ist er aufgestanden, zum Flügel gegangen und hat zumeist Evergreens in seiner ganz speziellen Bearbeitung oder seine eigenen Schlager intoniert.«

Von der Klassik hat Alexander stets die Finger gelassen, die gab es für ihn ausschließlich auf Platte – bis auf ein einziges Mal, so erinnert sich Buchbinder: »Ich bin in einer seiner TV-Shows zum Thema Wien aufgetreten, und wir haben gemeinsam auf zwei Flügeln den ersten Satz eines Beethoven-Klavierkonzertes gespielt. Recht passabel, muss ich sagen.«

Bei Gesellschaften in der Villa des Pianisten, ebenfalls im noblen 19. Bezirk unweit von Alexanders Anwesen gelegen, ging zu fortgeschrittener Stunde stets die Post ab: »Ich hatte vor meiner klassischen Karriere viele Auftritte in einem Jazzkeller, als Student mit Gleichgesinnten, gleich ums Eck von Schuberts Geburtshaus. Oft haben der Peter und ich, bis es hell wurde, bei mir zuhause gejazzt, dass gerade so die Fetzen geflogen sind meistens zur Freude der anderen Gäste.«

Eine weitere Parallele der beiden so unterschiedlichen Künstler ist die langjährige glückliche Ehe, die auf beiden Seiten ohne jeglichen Skandal verlaufen ist. »Ich bin auch schon über vierzig Jahre mit meiner Frau verheiratet. Und das, glaube ich, war immer mit ein Grund, warum wir uns mit Hilde und Peter so gut verstanden haben.« Buchbinder fügt hinzu: »Und auch wir haben zwei Kinder, die ebenfalls auf die Namen Susi und Michael hören. Das habe ich aber erst erfahren, als wir Peter kennengelernt haben. So ein Zufall oder doch keiner?«

Lange bevor Rudolf Buchbinder und Peter Alexander Freunde wurden, war dem Klaviervirtuosen natürlich schon der Entertainer ein Begriff. »Es gab doch kaum jemanden, der den Peter Alexander damals nicht kannte. Er ist und bleibt eine Ikone der Unterhaltung. So weit kann man allerdings nur mit Qualität kommen. Ich würde ihn durchaus mit seinem großen Vorbild Frank Sinatra vergleichen. Das kann man ohne Vorbehalt.«

Kleine Vorbehalte hat der Pianist, wenn er an den Kinostar Alexander zurückdenkt: »Über den einen oder anderen Film kann man streiten. Sie waren wohl doch etwas flach, aber gerade in der damaligen Zeit war diese Art der Unterhaltung ganz, ganz wichtig.«

Buchbinder schwärmt weiter: »Peter ist ein Multitalent. Ein begnadeter, wenn auch nicht gelernter Pianist. Er hat eine ausgezeichnete Stimme und ist ein toller Schauspieler. Nebenbei ist er einer der besten Parodisten und Komiker, die ich je erleben durfte.« Er erinnert sich an Abende, an denen Alexander die Runden stundenlang unterhalten hat, wenn nur ein Stichwort wie etwa »Oskar Sima« oder »Hans Moser« fiel. Es waren unkomplizierte Abende, die oft bis acht Uhr morgens gedauert haben. Unzählige Silvesterfeste hat man gemeinsam in Buchbinders Villa verbracht und durchgelacht bis ins neue Jahr. »Es waren meistens fünfzig Leute, die meine Frau und ich eingeladen haben. Künstler wie Arik Brauer, Otti Schenk, Helmuth Lohner und natürlich Peter und Hilde.«

Was Alexander an diesen Abenden mindestens ebenso schätzte wie die entspannte, ausgelassene Stimmung, waren für den bekennenden Gourmet die Kochkünste von Frau Buchbinder. »Der Rudi kann ja beinahe so gut Klavier spielen wie seine Frau kochen«, hat er einmal verkündet. Im Anschluss an das Dinner wurde jedesmal musiziert, gejazzt und parodiert.

Darüber hinaus fallen Buchbinder noch andere Qualitäten des Freundes ein: »Er kann unglaublich gut schreiben, ich denke dabei an viele Briefe an seine Freunde. Mir hat er immer wieder selbstgeschriebene Gedichte mitgebracht, in denen er seine Gefühle in wunderbare Worte kleidete.«

Auch sonst hat Buchbinder die höchste Ehrfurcht vor Alexander: »Man sollte seinen Intellekt ja nicht unterschätzen. Der Peter ist einer der belesensten Menschen, die ich kenne. Er kann Wagner genauso fehlerlos rezitieren wie die großen Dichter. Man kann mit ihm auf höchstem Niveau politisieren. Er ist in jedem Bereich, einfach auf jedem Gebiet ein Wissender.«

Privates kam trotz der langjährigen Freundschaft kaum zur Sprache. Berufliches schon gar nicht. »Peter ist nicht der Typ, der sein Herz ausschüttet. Er ist eben ein typischer Krebs vom Sternzeichen her. Ich weiß nur eines: Ohne seine Hilde hätte er es nie so weit gebracht. Das war ein gegenseitiges Brauchen und eine gegenseitige Liebe, die einzigartig war. Die Hilde hat ihn immer bestens abgeschirmt. Wenn man ihr den Vorwurf eines Schutzschildes macht, so ist das etwas unfair. Peter hat sie doch vorgeschoben, um mit keinem Problem direkt konfrontiert zu werden. Er war da kein Einzelfall. Es gibt viele bekannte und berühmte Männer, deren Frau sich vor sie stellte, um alles abzublocken, was unangenehm hätte werden könnte.«

Bei Konzerten oder TV-Shows, sofern sie in Wien stattgefunden haben, sah man Familie Buchbinder stets in der ersten Reihe sitzen. Ähnlich verhielt es sich bei Buchbinders klassischen Konzerten mit den Alexanders. Ein weiteres verbindendes Glied in diesem Zusammenhang war das Lampenfieber. »Je älter man wird, desto schlimmer wird es. Man ist sich selbst der schärfste Kritiker, man setzt sich die Latte immer höher. Genau das habe ich oft und oft mit dem Peter durchgesprochen, aber Mittel haben wir beide keines dagegen gefunden. Gibt's auch nicht.«

Buchbinder vergleicht den Entertainer Alexander mit einem Dirigenten, der sein Orchester und auch das Publikum im Griff haben muss: »Es sind die Persönlichkeit und das Können, die solche Menschen auszeichnen.«

Warum das plötzliche Aus des Künstlers Peter Alexander kam, kann der Freund Buchbinder sehr gut verstehen: »Es ist doch erstaunlich, wie lange er das überhaupt mitgemacht hat. All die Jahrzehnte das Filmen, das Singen, die TV-Shows und die langen Konzertreisen. Wenn man einmal nur eine dieser

Tourneen über mehrere Wochen erlebt hat – ständig nur aus dem Koffer leben und auf der Autobahn unterwegs sein –, dann weiß man, welche Anstrengungen man da auf sich nimmt, welche Energien man da verbraucht. Es kommt dann irgendwann der Punkt, an dem man nur mehr verlieren kann. Den hat er rechtzeitig erkannt. Der Entschluss von ihm und Hilde, aufzuhören, war sehr weise. Und sein Abtritt bei der letzten TV-Show in Wien oder beim allerletzten Konzert in der Wiener Stadthalle war einfach phantastisch. Er war auf der Bühne ein ganz Großer und er ist es ebenso als Freund.«

Seit dem Tod von Hilde Alexander fällt es auch Rudolf Buchbinder schwer, seinen Freund zu motivieren. »Er hat sich erst kürzlich ein neues Pianino gekauft und beginnt allmählich wieder zu jammen. Er ist kerngesund und es geht ihm gut. Er ist auf einem guten Weg, und ich werde ihm dabei helfen.«

In Zeiten des zumeist investigativen Journalismus kommt es nur noch selten vor, dass zwischen Künstlern und Reportern enge Beziehungen entstehen. Früher war auch das ganz anders. Das beste Beispiel dafür, dass aus einer ursprünglich rein beruflichen Verbindung, noch dazu zwischen einem Star und einem Journalisten, Freundschaft werden kann, haben Peter Alexander und Wolfgang Rademann bewiesen.

»Sind wohl knapp vier Jahrzehnte, dass ich den Peter jetzt kenne«, erzählt der Urberliner Rademann, der Erfolgsproduzent und Erfinder von TV-Straßenfegern wie *Traumschiff* oder *Schwarzwaldklinik*. Er hatte in den Sechzigerjahren als Journalist bei verschiedenen großen deutschen Zeitungen alle Stars aus Film, Funk und Fernsehen im Visier, und so kam auch die erste Begegnung mit Alexander zustande: »Ich habe

Peter für die ›BZ‹ und auch die ›Bravo‹ interviewt. So haben wir uns kennengelernt.«

Schlechte Erinnerungen hat der Star an den Reporter nicht, denn: »Es war eine andere Zeit. Damals sind die Medien mit ihren Opfern noch nicht so brutal und schamlos umgegangen, wie das heute der Fall ist. Man hat zusammengearbeitet und nicht nur Schmutzwäsche gewaschen.«

Der eigentliche Beginn der engen Kooperation zwischen Alexander und Rademann sollte dann Ende der Sechziger sein und kam durch einen glücklichen Zufall zustande: »Der entscheidende Moment in meinem Leben war die Begegnung mit Eric van Aro, dem inzwischen verstorbenen Ehemann von Caterina Valente. Hilde Alexander hatte zu diesem Zeitpunkt einen Wechsel der Plattenfirma vor, von der Deutschen Grammophon zur Ariola. Und da hatte sie zum ersten Mal in ihrem Leben einen eigenen Pressechef. Eric van Aro und ich waren befreundet, weil ich ein Jahr lang auch für die Valente die Presse gemacht habe, der wiederum war mit den Alexanders befreundet, und so wurde ich empfohlen, für Peter Alexander die Pressearbeit zu übernehmen«, erinnert sich Rademann an die große Herausforderung, die zum Riesenerfolg führen sollte. Die Zusammenarbeit mit Hilde ist besser als ursprünglich angenommen verlaufen, und Peter fühlte sich sehr wohl, neben seiner Ehefrau nun auch noch einen Medienprofi an seiner Seite zu haben.

Rademann hatte die Karriere seines neuen Chefs natürlich schon zuvor bis ins kleinste Detail mitverfolgt und eine bahnbrechende Idee: Peter Alexander, der beliebte Schauspieler und Sänger, sollte schnellstmöglich auch ein TV-Star werden. Nach langem Hin und Her mit Hilde und dem Team war 1968 die entscheidende Idee für die *Peter Alexander Show* geboren, die in weiterer Folge alle Einschaltquoten-Rekorde brechen sollte und bis heute die Quoten-Charts im deutschen TV-Raum anführt. Der Produzent der ersten *Peter Alexander präsentiert Spezialitäten*-Sendung am 9. März 1969 hieß Wolfgang Rademann. Die Erfolgsstory, die ein Vierteljahrhundert andauern sollte, nahm ihren Anfang.

Eine weitere Premiere, auf die der einstige Journalist Rademann sehr stolz ist, gab es zu feiern: »Ich habe ja damals als Produzent die Atelier- und Studiotüren erstmals für die Yellow Press geöffnet. Bis dato waren immer nur ›Stern‹, ›Quick‹, ›Spiegel‹ die Vertreter der gewünschten Presse. Da habe ich angemerkt, dass die Leser dieser Medien doch nicht unser Publikum seien. Die gucken doch nicht unsere Filme und Shows. Das waren die Leser von ›Bravo‹ und ›Bild‹! Es gibt heute noch Chefredakteure, die mir für diese Yellow-Press-Öffnung einen Lorbeerkranz umhängen.«

Schon damals war die Beziehung zwischen dem Wiener und dem Berliner viel mehr als nur eine Arbeitsgemeinschaft. Die gegenseitige Sympathie, die beiderseitige Kompetenz und der gemeinsame Erfolg schmiedeten das neue Erfolgsduo immer inniger aneinander. »Das Tolle am Peter war, dass er immer wusste, wo seine Grenzen sind. Er wollte nie etwas, was er nicht konnte, und ist nie unter seinen Wert gegangen. Die meisten Künstler wissen das nicht.«

Rademann erinnert sich noch gut an die monatelangen Vorbereitungen der TV-Shows und die obligaten, immer wiederkehrenden Worte von Peter: »Gut, Wolfgang. Daraus kann ich etwas machen, und daraus machen wir etwas ganz Tolles!« In der ersten Kreativphase zur Show sei er zwar immer etwas schwach gewesen, aber mit der Zeit und nach ein paar guten Abendessen habe sich der Protagonist schließlich immer tausendprozentig eingebracht: »Es war wie eine Recherche. Man warf ihm Futter hin und dann erst machte er.

Er war immer ein unprätentiöser Künstler, der genau wusste, was ihm lag und was nicht. Er war auch durch Eitelkeiten nicht zu killen. Wenn man ihm sagte: ›Du siehst ja da aus wie der Sinatra!‹, meinte er nur trocken: ›Ich bin aber nicht Sinatra!‹«

Im Jahr 1990 trennten sich zwar die beruflichen Wege, aber seitdem kam Rademann, sooft es seine Zeit zuließ, auf Kurzbesuch nach Wien. »Oder wir sahen uns im Sommer am schönen Wörthersee. Da ging es immer heiß her, wenn Peter an seinem Flügel saß und jazzte und wir über alte Zeiten plauderten.«

Warum Peter Alexander seine Jazz-Passion nie im TV ausleben durfte, kann der Freund auch ganz plausibel erklären: »Er ist ein hervorragender Jazz-Pianist, das wissen nur wenige. Immer wenn wir angeklopft haben und diese seine Passion in eine Show einbauen wollten, hat er abgelehnt: ›Das wollen die Leute von mir nicht hören!‹ Er hat nie die Eitelkeit besessen, zu zeigen, dass er noch wesentlich mehr konnte, als er bei einem Auftritt gab. Ideal, wenn ein Künstler nicht durch falsche Eitelkeit Fehler begeht.«

Und noch etwas fällt Rademann auf: »Peter hat sich im Laufe der Jahre überhaupt nicht verändert. Beruflich hat er seine absolute Professionalität beibehalten. Privat ist er der beste Freund geblieben. Er wurde nie überheblich. Er ist nie über seine Grenzen hinausgegangen und hat nie angefangen zu spinnen.« Auch einer der Gründe, warum sich diese Freundschaft so stark entwickelt hat.

Schmerzlich bedauert hat Rademann natürlich auch den Verlust von Hilde Alexander, die ihm in all den Jahren ebenfalls ans Herz gewachsen war. Umso stolzer und gerührter ist der Erfolgsproduzent darüber, dass sich Peter am 16. Jänner 2005 erstmals nach seiner selbst gewählten Isolation, acht-

*62 Beste Freunde seit Jahrzehnten: Peter Alexander und Wolfgang Rademann*

zehn Monate nach dem Tod von Hilde am 29. März 2003, zumindest via Bildschirm an die Öffentlichkeit gewandt hat. Der Grund war eine große ZDF-TV-Gala anlässlich des siebzigsten Geburtstags von Rademann.

Es war sein bislang letzter TV-Auftritt, doch die Freundschaft der beiden Stars aus unterschiedlichen Lagern wird wohl ewig währen, und Rademann wird noch viele private Zwischenstopps in Wien oder Kärnten einlegen.

»Die junge Generation, an der mir bestimmt nicht alles gefällt, hat uns Älteren, Erfahreneren wohl eines voraus: Die Selbstverständlichkeit, mit der sie Freundschaften schließt und, ohne es richtig zu bemerken, auch hegt. Die jungen Menschen sind gar nicht so kalt, materialistisch und gleichgültig, wie man sie manchmal sehen will. Vielleicht haben sie gerade heute viel mehr Sehnsucht nach Geborgenheit und Freundschaft als wir, die wir in unserer Jugend von der Kriegs- und Nachkriegszeit geformt worden sind«, meinte Peter Alexander einmal in einer Mußestunde über die Werte der heutigen Jugend und deren Einstellung zu Freundschaft.

Glücklicherweise hat es sich nach dem Tod der geliebten Hilde ergeben, dass zwei junge Wiener die selbst errichtete Schweigemauer der Unterhaltungsikone durchbrechen konnten und seither eine freundschaftliche Beziehung der etwas anderen Art zu Alexander pflegen.

»Wenn einer das machen darf, dann der Gernot. Der ist wirklich gut«, hat Alexander vor Jahren schon einmal geäußert. Vorangegangen war die Frage: »Herr Alexander, wie finden Sie es, wenn Sie von Viktor Gernot parodiert werden?«

Was verbindet nun jenen Viktor Gernot, der im Jahr des dritten *Graf Bobby*-Films, also 1965, im oberösterreichischen Enns das Licht der Welt erblickte, mit dem an Jahren doppelt so alten Peter Alexander? Zum einen die Liebe zur Musik: Gernot ist ein über die österreichischen Grenzen hinaus bekannter Musicaldarsteller. Er liebt Jazz und ist als langjähriges Mitglied der Gruppe »Die Hektiker« Kabarettist und Komiker mit Herz und Seele. Andererseits gehört er seit Jahren zum fixen Ensemble des Wiener Simpl, das bekanntlich auch eine wesentliche Rolle in der Karriere von Alexander spielte.

War es für Peter Alexander damals ein Hans Moser oder ein Paul Hörbiger, die er parodierte, so gehört »Peter der Große« zum festen Bestandteil im Programm des Viktor Gernot. Exzellent, wie sogar Gunther Philipp einmal anmerkte: »Herr Gernot, wenn man die Augen im Zuschauerraum schließt, glaubt man ja wirklich, der Peter steht auf der Bühne. Aber was noch viel schlimmer ist, wenn man sie wieder aufmacht, meint man das immer noch. Sie sehen ja auch noch aus wie der Alexander. Schämen Sie sich eigentlich nicht?«

Dass eine gewisse Ähnlichkeit vorhanden war, konnte Peter Alexander schon in den Neunzigern feststellen, damals als Gernots Brötchengeber. »Ich habe bei den *Alexander Shows* im Chor gearbeitet und ihn sehr bewundert. Diese Stimme, dieses Auftreten, diese Professionalität!« erinnert sich Gernot an den ersten persönlichen Kontakt zu dem Entertainer.

Der sollte Jahre später auf privater Ebene fortgesetzt werden. »Ich habe einfach angefragt, ob wir Herrn Alexander einmal besuchen könnten.« Mit »wir« meint Gernot seinen Freund und Kollegen Michael Niavarani, ebenfalls Schauspieler, Kabarett-Partner und seit einigen Jahren künstlerischer Leiter und somit Chef des Simpl.

»Kommen Sie mich doch einmal besuchen. Würde mich interessieren, was jetzt so läuft in der Szene«, lautete die überraschende telefonische Antwort aus dem Munde von »Peter dem Großen«.

Seither trifft man sich regelmäßig in der Villa des Meisters, plaudert, kocht und musiziert. »Beim ersten Mal war es wie im Film. Plötzlich sitzt du einer Legende gegenüber, von der du früher die Plattensammlung bei deiner Oma rauf und runter gehört hast. Wir waren auch so nervös, als ob wir zu einem Vorsprechen gegangen wären«, erinnert sich Niavarani, geboren 1968, im Jahr des Peter-Alexander-Kinohits *Zum Teufel mit der Penne.*

Auch privat wirkte der Künstler nach mehreren Begegnungen auf die neuen Freunde so lustig und amüsant, aber ebenso souverän und überzeugend wie in seinen alten Filmen. Und sein trockener Humor hat die beiden jungen Kollegen ebenfalls sehr beeindruckt: »Er hat uns einmal gefragt, ob es denn im Simpl immer noch üblich sei, dass man in Ermangelung einer Toilette ins Waschbecken pinkeln muss«, erzählt Niavarani.

Das Gesprächsspektrum der geselligen Abende reicht von der Politik über die TV- und Filmbranche bis hin zu kulinarischen Themen. »Er ist voll informiert über unsere Arbeit und weiß auch, was all die anderen Kollegen machen. Es entstehen jedesmal lange Diskussionen über neue Spielfilme, Kabarettprogramme oder TV-Shows«, schildert Viktor Gernot, der im wirklichen Leben Gernot Jedlicka heißt, aber seinen Künstlernamen mittlerweile in den Pass eintragen hat lassen und somit eine weitere Gemeinsamkeit mit Alexander hat. Bei den Treffen darf auch Gernots Gitarre nie fehlen: »Zu fortgeschrittener Stunde setzt sich Alexander ans Klavier, und ich greife zu meiner Gitarre und wir machen richtig jazzige Hausmusik.«

Aber noch etwas eint das Freundestrio: die Vorliebe für gutes Essen. So schwingt man bei jedem Besuch auch den Kochlöffel. Gleich bei der zweiten Einladung wurde der in Wien geborene Perser Niavarani zum Küchenchef und servierte Deftiges aus seiner Heimat: »Ich habe die doch sehr aufwändigen Speisen zuhause vorbereitet und in großen Töpfen zu Alexander transportiert. Die einzelnen Speisen waren ihm zwar fremd, aber es hat ihm ganz gut geschmeckt. Er war sehr begeistert von den exotischen Gewürzen, aber trotzdem hat er sich am meisten auf die Schokotorte am Ende des Mahles gefreut.«

Peter Alexander, der altersmäßig ihr Vater sein könnte, übt auch große Vorbildfunktion auf die jungen Künstler aus. Viktor Gernot erinnert sich an eine Beobachtung seines Vorbildes in der Wiener Stadthalle. Alexander saß mitten im Probenstress, unscheinbar in eine Wolljacke gehüllt, auf einem

*63 Neue Freunde: Das Schauspieler- und »Simpl«-Kabarettisten-Duo Viktor Gernot (links) und Michael Niavarani*

Stuhl und betrachtete das Geschehen, als der Inspizient kam und ihn auf die Bühne bat. »Magischerweise ist in diesen Körper, der immer noch in der Strickjacke war, eine spürbare und sichtbare Energie eingefahren, und da stand der Peter Alexander, der Gott des Entertainments, der wie eine Kerze von beiden Seiten hell brannte und leuchtete. Das gibt es ganz selten in dieser Branche. Das machte ihn zu dem, was er immer noch ist.«

Trotz der kurzen Freundschaft mit den beiden zeigte Alexander keine Scheu, die Sprache auch auf die nach wie vor omnipräsente Hilde zu lenken. »Ich denke«, meint Gernot, »das ist eine immerwährende Liebe. Alexander pflegt das Ritual, sich zu einer bestimmten Stunde des Tages lange zurückzuziehen und sich der Erinnerung und den Gedanken an seine Hilde zu widmen. Sie ist ja auch im Haus mit allem verbunden und man spürt diese Symbiose. Es war ganz furchtbar, dass sein Lebensmensch vor ihm gegangen ist. Ich weiß nicht, ob man sagen kann, er hätte es überwunden, aber es geht ihm gut und er leistet eben seine Trauerarbeit. Diese gegangene Liebe ist eine Lücke, die sich nie schließen wird.«

Auch über den Rückzug aus dem Showgeschäft und der Öffentlichkeit hat man oft geredet in den gemeinsamen Stunden. »Ich glaube, er genießt seine Pension. Als Normalsterblicher geht man ja auch mit sechzig oder fünfundsechzig in den Ruhestand, und genau den hat er sich eben etwas später genommen. Sehr verdient«, weiß Gernot. Sehnsucht nach der Bühne verspürt er keine mehr: »Er hat wunderschöne Erinnerungen an das halbe Jahrhundert im Rampenlicht, und so soll es auch bleiben. Und jeder hat seine Vorstellungen von Peter Alexander eben als singenden, tanzenden Herzensbrecher. Ich verstehe, dass er mit achtzig diesem Bild nicht entsprechen kann und darum will er auch nicht mehr an die Öffentlichkeit. Die Welt im deutschsprachigen Raum will nicht akzeptieren, dass er jetzt der private Alexander mit achtzig ist und davor hat er etwas Angst.«

»Niemand ist zu alt für neue Freundschaft. Ich kenne viele alte Menschen, die noch in reifen Jahren Kontakte geknüpft haben, die ihr Leben bereicherten, die ihm wieder mehr Sinn geben konnten. Das ist ein Trost für jeden von uns, der manchmal fürchtet, er könnte im Alter allein sein«, sinnierte Alexander vor vielen Jahren mit Blick in die Zukunft. Mit Viktor Gernot und Michael Niavarani hat er diese neuen Kontakte geknüpft und neue Freunde gefunden.

## *Die Sonne seines Lebens*

Daddy, das haben wir alles nicht nötig. Da machen wir lieber nichts« –, tönte Hilde Alexander gut hörbar nach den allerletzten TV-Verhandlungen gegen Ende des Jahrtausends. Peter Alexander war selten so erfreut über eine Entscheidung, die aus dem Munde seiner Schnurrdiburr gekommen war, denn auch er hatte den alljährlichen Frust über schlechte Drehbücher, dumme Gags und seitenweise kompliziertte Verträge satt – obwohl er sich in all den Jahrzehnten seiner Karriere mit solchen weltlichen Dingen nie beschäftigen hat müssen. Umringen heute jeden erfolgreichen Künstler ganze Teams von Experten, Managern und Betreuern, die ihn zu dem machen, was er ist oder sein sollte, so galt bei Alexander stets das Sprichwort, das bei ihm und seiner Frau Gültigkeit hatte wie bei keinem zweiten Künstler in diesem Metier: »Hinter jedem erfolgreichen Mann steht eine starke Frau.«

Die Erfolgsgeschichte von Alexander war auch immer die Geschichte einer erfolgreichen Frau, die dennoch keine Karriere-Frau in eigener Sache war. Einundfünfzig Jahre lang hat Hilde Alexander ihren Peter geliebt, begleitet und als Powerfrau zu dem gemacht, wofür er heute noch steht: zur lebenden Legende. Für ihn mag sie die »Liebe des Lebens« gewesen sein. Für Hilde war er »der Mann, für den sie liebte und für den sie lebte«. Ein Umstand, der ihm schon in den frühen Jahren seiner Karriere stets bewusst war: »Hätte ich meine

Frau nicht gehabt, wäre ich längst Aushilfskellner in einer Fischbude oder bei einem Wiener Würstelstand. Da bin ich sicher. Ohne Hilde wäre ich nichts!«

All das, was zufällig bei einem Silvesterabend 1950 zaghaft und keineswegs beidseitig begonnen hatte, sollte sich zur erfolgreichsten Künstlerbeziehung samt glücklicher Ehe im deutschsprachigen Raum, wenn nicht in ganz Europa entwickeln. Alexander-Freund Rademann: »Die Hilde, die war einzigartig. Sie hat immer wieder in all den Jahrzehnten von großen Kollegen, Sängern, Schauspielern Angebote bekommen, auch sie zu managen. Sie hat immer abgelehnt mit der Begründung: ›So ein Zugpferd wie der Peter bist du nicht!« Die Hilde wusste ganz genau, dass sie mit dem Peter das beste Pferd im Stall hatte. Sie hat nie den Fehler gemacht, noch einen anderen zu engagieren.«

Obwohl sie Dieter Quester, Freund der Familie und Kenner der Verhältnisse, manchmal als »kaltschnäuzig und hart« erlebt hat, bestätigt er, dass Peter ohne Hilde niemals diesen Erfolg gehabt hätte.

Es war eine Symbiose mit klassischer Rollenverteilung: Hilde war nach außen hin die Böse. Peter war der Gute, der künstlerische Freigeist, an den nichts Negatives herandringen durfte und konnte. Ein beruflich in allen Situationen funktionierendes Paar, das gegenüber vielen anderen Zweckverbänden zeitlebens auch noch den Bonus einer sehr glücklichen Ehe hatte.

Anlässlich des zehnten Hochzeitstages im September 1962 hatte Alexander erstmals versucht, das Geheimnis der glücklichen Ehe öffentlich zu lüften: »Wissen Sie, an oberster Stelle in unserer Ehe steht ein ganz wichtiger Punkt: Meine Frau ist zugleich mein Manager. Das ist eine solch wichtige und umfangreiche Arbeit, dass ich es gar nicht ausdrücken kann, wie

64 *»Schnurrdiburr« Hilde und »Daddy« Peter Alexander*

dankbar ich bin, eine solche wunderbare und verständnisvolle Frau gefunden zu haben. Sie nimmt mir praktisch mein halbes Leben ab. Ich brauche mich um geschäftliche Dinge überhaupt nicht zu kümmern. Ich weiß gerade noch, was ich verdiene, wie hoch meine Gagen sind und was ich an Steuern zahle – aber das schon nicht mehr so genau. Ich glaube, wenn ich all das alleine machen müsste, wäre ich längst in der Irrenanstalt gelandet. Egal, was passiert ist, wir haben in unserer Ehe immer wieder zu jener Basis gefunden, die uns so glücklich gemacht hat und weiterhin machen wird: Vertrauen und Liebe!«

Dass Hilde Hagen kurz nach der Eheschließung ihrem einstigen Traumberuf, der Schauspielerei, für immer Lebewohl sagte, begründete sie damals so: »Ich habe meinen Beruf zuerst mit einem weinenden und einem lachenden Auge aufgegeben. Schließlich hängt man doch an seinem Beruf. Aber in einer guten Ehe muss man schon zu Zugeständnissen bereit sein. Meistens geht es doch schief, wenn beide Partner als Künstler – noch dazu im gleichen Metier – Karriere machen wollen. Nur einer kann es wirklich schaffen, aber das kostet viel Kraft, und da ist es schon besser, wenn ihm der andere dabei hilft. Vier Augen sehen mehr als zwei, sagten wir zu Beginn unserer Ehe – und das war gut so. Wir sind heute, nach zehn Jahren, noch genauso glücklich wie am Anfang.«

»Ohne Hilde wäre Peter wie ein Blatt im Wind«, bemerkte einmal Helmut Zacharias, Nachbar der Alexanders am noblen Luganer See. Ohne Hilde hätte Peter auch nicht so viel verdient, wie sie selbst immer betonte. Legendär in diesem Zusammenhang ist jene Situation in den Sechzigern, als Alexander noch nicht so sehr bekannt war. Da hatte ihm ein deutscher Produzent einen vermeintlichen Traumvertrag geboten: zwei Filme pro Jahr. 70 000 DM (knapp 36 000 Euro) pro Film. Peter jubelte anfänglich, doch Hilde sagte dem Produzenten mit folgender weiser Begründung ab: »Nein, wir machen das nicht. Bei Ihnen ist Vico Torriani die Nummer eins. Mein Mann ist aber kein zweiter Sieger!« Der Vertrag kam nicht zustande, und Hilde behielt wieder einmal recht, denn kurze Zeit später machte die Filmfirma Pleite, und Torriani saß lange Zeit ohne Angebote da.

Ohne Hilde hätte es auch die luxuriöse Villa in der Schweiz nicht gegeben. Denn es war die geschäftstüchtige Hilde Alexander, die 1959 aus steuerlichen Gründen die Übersiedlung von Wien in die Schweiz organisierte und eines der wunderbarsten Grundstücke am Luganer See bis 1987 zum neuen Domizil machte. Und es war Hilde, die die Traumvilla »La Sorgente« in Morcote plante, einrichtete und zu einem einzigartigen Juwel in der prominent bewohnten Nachbarschaft von Gert Fröbe über Helmut Zacharias bis Caterina Valente gestaltete. Ganz nebenbei war sie es auch, die die Villa nach achtzehn Jahren zum fünffachen Kaufpreis wieder veräußerte. Auch die wunderbare Sommerresidenz der Alexanders in Krumpendorf, direkt am Wörthersee-Ufer, und die beiden Villen im Wiener Nobelbezirk Döbling waren – wie all die anderen Geldanlagen – Hildes Verdienst. »Ich habe mich dafür nie interessiert«, wehrte Alexander in Interviews stets ab. Eine Taktik, wie der Ex-ORF-Intendant und Veranstalter des letzten Alexander-Konzertes in der Wiener Stadthalle, Johannes Kunz, zu wissen glaubt: »Ich denke, das war eine ausgezeichnete Taktik, denn hinter den Kulissen hat der Peter sehr wohl etwas zu sagen gehabt und er hat auch die Entscheidungen getroffen.« Zu all dem konnte Hilde immer nur erklären: »Wenn mein Mann bei jedem Auftritt in Höchstform sein soll, muss ich ihm alle geschäftlichen Dinge vom Halse halten.«

Allerdings nur, wenn sie nicht erfolgversprechend waren, denn Hilde schaffte es über Jahrzehnte, ihren Daddy immer wieder für neue Projekte zu begeistern. Sie war zeitlebens der Beweis dafür, wie ein Star lernen konnte, sich bei seiner Karriere voll und ganz auf seine Frau zu verlassen. Denn wenn Peter Alexander am Luganer See oder am Wörthersee alleine war, dann versetzte er sich in Gedanken in seinen Traumberuf, denn der war immer Fischer: »Darum braucht der Daddy auch sein Hobby, das Angeln. Hätte er diesen Ausgleich nicht gehabt, dann hätte er den Wahnsinn und die Strapazen dieser mörderischen Branche nicht aushalten können«, erklärte Hilde einmal.

Strapazen, die sie auch ihren beiden Kindern, Susanne und Michael, nicht zumuten wollte. Vor allem Tochter Susi hatte in Jugendjahren oft den Wunsch, in die Fußstapfen des Vaters zu treten und träumte ebenfalls von einer großen Showkarriere. Die Stimme wäre durchaus vorhanden gewesen, aber nicht das Einverständnis ihrer Eltern. Mit sechzehn Jahren startete sie ihren ersten Versuch in der Öffentlichkeit, als sie in der Aula der Uni Wien, ohne Vater und Mutter zu informieren, mit einer Rockband aufgetreten ist. Hilde meinte damals: »Sie wird doch immer nur an ihrem Vater gemessen. Das ist das Los von Kindern aus prominenten und erfolgreichen Familien.« Und Peter erklärte: »Das ist ein teuflischer Kreis, dieses Gewerbe. Ohne Glück und ohne cleveren Partner gehst du unter. Ich möchte nicht, dass sie auch in diesem Beruf tätig ist.«

Die Erziehung der Kinder war zwischen Filmaufnahmen und Tourneestress immer die Aufgabe von Hilde: »Es war immer so, dass die beiden vor dem Daddy den meisten Respekt hatten. Aber er hat sie ungern bestraft, auch wenn es wirklich sein musste. Ich hab' dann manchmal zu ihm gesagt: ›Daddy, jetzt musst du mit ihnen schimpfen, ich halt das nicht mehr aus.‹ Dann sagte er: ›Ich? Ich will nicht immer, mach du das!‹ Aber bei mir half es nicht so gut wie bei ihm.«

Ein Starleben ohne Allüren, ein Eheleben ohne Skandale. Im Jahr 2001, also kurz vor seinem 50. Hochzeitstag, wurde Peter Alexander wieder zur Institution Ehe und seiner Einstellung dazu befragt – es hatte sich nicht viel verändert. Damals meinte der güldene Ehejubilar: »Obwohl die Ehe ein schwerer Eingriff in das Leben eines Menschen ist, ist sie sicher immer noch die beste Form des Zusammenlebens. Und eine Ehe kann nur dauerhaft sein, wenn man mit der Zeit eine Einheit wird. Es gibt – aus welchen Gründen auch immer – viele Pflichtheiraten. Meine Heirat war eine Liebesheirat und daher funktioniert sie immer noch.«

Ganz ohne Eifersucht? Sie ist ein Phänomen, das in über fünfzig Ehejahren nie zum Problem des Paares wurde:

*65 Familie Alexander im heimischen Swimmingpool*

»Grundsätzlich bin ich schon eifersüchtig, aber bei Peter hatte ich das nie nötig. Er interessierte sich nicht für andere Frauen. Außerdem hätte er auch keine Gelegenheit dazu gehabt, ich war ja ständig in seiner Nähe. Nicht weil ich auf ihn aufpassen muss, sondern weil er es will.«

Peter Alexander scheute zwar stets die Öffentlichkeit, fühlte sich aber in gleichem Maße seinen Fans und Bewunderern verpflichtet und bekam tonnenweise Fanpost, zumeist von weiblichen Verehrerinnen: »Ja, und das stört mich auch gar nicht. Ich bekomme Berge von Briefen, auch Liebesbriefe. Und während meiner letzten Tournee ist in der Dortmunder Westfalenhalle eine junge Frau um die Dreißig zu meiner Frau gekommen, in der Hand ein Bild von ihrem Ehemann – nur in der Badehose – und hat meiner Frau doch glatt den Vorschlag gemacht: ›Passen S' auf, Frau Hilde, Sie sind schon so lange mit dem Peter verheiratet, tauschen wir doch einmal für vier Wochen unsere Männer.‹« Ein Angebot, das nur ein paar Jahre später in den verschiedensten Reality-Formaten mit TV-Größen wie Thomas Gottschalk zur bitteren Fernseh-Realität werden sollte. Ein Ansinnen, das Alexander natürlich charmant, aber bestimmt stets ablehnte: »Naja, in solch einer Situation setze ich mein schönstes Oberlehrerlächeln auf und versuche sie zu trösten. Ich erinnere mich, einmal ist eine ganz Unerbittliche sogar tagelang vor unserem Haus in Lugano auf einer Palme über der Gartenmauer gesessen. Plötzlich haben sie ihre Kräfte verlassen und sie ist abgestürzt. Wir mussten sogar die Rettung holen. Da kann man schon von krankhaftem Fanatismus reden!«

Ebenso wie Eifersucht waren auch die Begriffe Geld, Reichtum oder Vermögen bei den Alexanders nie wesentliche Themen. An Luxus leistete man sich anfangs die Villa im Tessin, später das Haus am Wörthersee. Man machte keine Reisen und behängte sich nicht mit teurem Schmuck. Gut, Essen und Trinken pflegte man täglich. Freunde und angenehme Abende mit ihnen oder mit seiner Frau und den Kindern allein zuhause, das war das Leben, das dem Superstar Freude bereitete. Keine Parties, keine Einladungen, dafür viel Ruhe, Zeit für Musik, Gespräche und das Angeln in der schönen Natur.

Hilde war auch die Schatzmeisterin des Alexander-Imperiums: »Bei uns gibt es nur einen Topf. Ich nehme mir vom Konto, was ich will. Peter kennt aber den Stand, obwohl er sich nicht sonderlich dafür interessiert.«

Was Peter Alexander in den Jahren seit seinem Rückzug aus der Öffentlichkeit allerdings immer mehr interessiert und beschäftigt hat, war die triste Lage in einer aus den Fugen geratenen Welt. Sie passte nicht mehr zur Traumwelt, für die er einstens gestanden und die ihn groß gemacht hatte. Dass ein einzelner Künstler mit mahnenden Worten dagegen ankämpfen könnte, hat Alexander nie für möglich gehalten: »Mich machen all diese Dinge auf der Welt krank und wahnsinnig deprimiert, aber ich glaube nicht, dass ich als Künstler etwas tun kann. Die Politiker machen doch ohnehin, was sie wollen.« Weder Protestlisten oder Petitionen, versehen mit prominenten Namen, noch in Liedern aufgezeigte Missstände, wie sie von Kollegen, wie zum Beispiel Udo Jürgens, öffentlich thematisiert werden, würden helfen: »Hat denn der Udo in all den Jahren mit seinen wundervollen und oft sehr kritischen Liedern irgendetwas erreicht? Nicht das Geringste. Wenn sich die Politiker etwas in den Kopf gesetzt haben, dann passiert es auch. Da geht es ja schließlich um viel Geld. Mir schwindeln sie alle zuviel. Sie versprechen alles vor den Wahlen und halten tun sie nichts. Das macht mich so nervös und zornig und deshalb habe ich immer jedem nein gesagt, der wollte, dass ich für ihn Reklame mache. Und da waren einige lukrative Angebote. Wenn ich heute anfange, politisch zu argumentieren, habe ich höchstens Spott davon. Man würde doch nur sagen: ›Aha, jetzt reist er mit der Masche.‹«

Mit zunehmendem Alter zeigte sich Alexander immer glücklicher darüber, dass er genau in »seiner« Zeit lebte und seine Karriere hatte, und zwar mit sinnvollen Idealen: »Die Zeit, die ich erleben durfte, war eine bessere. Ich möchte nicht in der Zukunft leben müssen. Was der Menschheit heute fehlt, ist vielleicht eine Nachkriegszeit. Es ging uns zwar damals nicht gut, aber die Welt war einfach besser. Heute ist es kalt, oberflächlich, ordinär, und alles fällt der Profitgier zum Opfer – eine Welt ohne Moral. Ein Tabu nach dem anderen fällt. Wenn man den Fernsehapparat nur aufdreht – allein, was in der Werbung passiert! Es ist weder ästhetisch, noch erotisch, sondern nur noch schrecklich.«

*66 Daheim mit Tochter Susi und ORF-Programmdirektorin Kathi Zechner, 2001*

Nach 600 TV-Auftritten, 500 Platten und 39 abendfüllenden Spielfilmen gehört »Peter der Große« zu der immer seltener werdenden Spezies der Stars, ja der Superstars im deutschen Sprachraum. Auch dieses Startum hat sich zum Schlechten gewandelt: »Wenn man von den unglaublichen Summen, die heute international geboten werden, absieht, lebte es sich als sogenannter Star früher wesentlich besser als heute. Auch früher haben sich die Fans bei mir aufgeführt, die Bühne gestürmt. Aber privat ist man unangetastet geblieben.«

Privates sollte auch bei Peter Alexander stets privat bleiben. So versuchten er und Hilde, das Familienleben und die beiden Kinder immer aus dem Rummel um den Superstar so gut es nur ging herauszuhalten. Heute leben die beiden Nachkommen in Wien. Tochter Susanne ist seit 2005 verheiratet

*67 In der ORF-Sendung »Lebens-Künstler« plauderte Gastgeber Helmut Zilk im Dezember 1998 mit Peter Alexander.*

und arbeitet unter ihrem Künstlernamen SAN (Susanne Alexander Neumayer) erfolgreich als Malerin und Skulpturenkünstlerin. Sohn Michael hat dem Vater zwei Enkel, Lena und Philipp, geschenkt und lebt seit der Scheidung von Ehefrau Raffaela allein in Wien als Unternehmer.

Dass es Kinder von berühmten Eltern nicht immer leicht haben, bestätigt Tochter Susanne: »Als ich jung war, war es teilweise eine Belastung, weil man das als Kind noch nicht so versteht und zum Teil auch gehänselt wird. So etwa wie: ›Naja, dein Papa ist ja dieser Schnulzensänger.‹ Nur bin ich dann eben darauf gekommen, dass das nichts mit dem Talent meines Vaters zu tun hatte, sondern teilweise auch reiner Neid war oder die Leute einfach nicht damit umgehen konnten. Da habe ich mich dann gekränkt, aber das hat schnell aufgehört. Ich stehe nicht unbedingt auf alle Lieder, die mein Vater gesungen hat. Aber er als Künstler? Sensationell!«

Alexanders Abschied von der Konzertbühne feierten rund zehntausend Menschen am 27. September 1996 in der Wiener Stadthalle. Seinen letzten großen TV-Auftritt hatte der Quotenkönig in Helmut Zilks *Lebens-Künstler* im ORF am 20. Dezember 1998. Seither lebt er als Entertainer-Pensionist mit langer Vergangenheit und viel Erlebtem in seiner Villa in Wien. Ob er den Showzirkus je vermisst hat, beantwortete er 2002 noch so: »Ja und nein. Ich habe fünfzig Jahre ganz schön gearbeitet, da freut man sich schon über etwas Ruhe. Ich erlebe seit meinem Abschied endlich wieder richtige Sommer ohne Vorbereitungen für TV-Shows. Ich kann angeln gehen, mit meiner Eisenbahn spielen oder einfach nur lesen.« Und oft dachte er in diesen Tagen am Wörthersee beim Fischen am Bootssteg oder beim Sonnenuntergang auf der Terrasse an die hektischen Zeiten zurück, als Pensionist und Privatmann, dessen Künstlerherz aber immer noch schlägt: »Eine Künstlerseele verkümmert nicht. Das Radfahren oder Schwimmen verlernt man ja auch nicht.« Versäumt hätte er nichts in seinem Leben, meinte er bilanzierend, außer vielleicht: »Naja, was ich gerne gemacht hätte, wäre Jazz gewesen. Aber in Österreich oder Deutschland ist einfach nicht das Publikum für diese Art von Musik gewesen. Ich jamme aber heute noch, wenn wir Gäste haben oder ich alleine am Klavier sitze. Der Friedrich Gulda, der war ein großer Meister und hat das durchgezogen, wovon ich immer nur geträumt habe. Aber sonst wüsste ich wirklich nichts, was ich in meinem Leben versäumt habe.«

Eine glückliche, eine zufriedene Bilanz, die »Peter der Große« damals gezogen hat. Keine Endzeitstimmung und kaum Gedanken an den Abschied für immer: »Noch verkrafte ich es. Endlife-Crisis habe ich noch keine. Ich bin gesund, guter Dinge und habe ein erfülltes Leben hinter mir.

Man rechnet und denkt halt nicht mehr in Jahren, wie mit vierzig oder fünfzig, sondern in Monaten oder Tagen.« Nur bei einem Gedanken wurde ihm das Künstlerherz sehr schwer: »Ich habe schreckliche Angst, dass das Schicksal meine Frau und mich auseinanderreißt. Ich hoffe, ich bin der erste, der geht, sonst bin ich verloren. Es vergeht fast kein Tag, an dem ich nicht daran denke.« Und dann kam noch eine Liebeserklärung aus dem Munde des großen Entertainers – eine poetische, wie man sie schöner kaum in Worte fassen kann: »Ich bin ja vom Sternzeichen nur ein Krebs, aber die Liebe meiner Hilde hat mich zum Hummer gemacht.«

»Das Glück ist immer zu mir gekommen und das Schicksal war auf meiner Seite«, meinte der Meister der Bescheidenheit, der nur auf der Bühne ein verschwenderisches Leben führte, für sein Publikum, das für ihn das beste Publikum der Welt war. Ein einziges Mal in seinem erfüllten Leben sollte ihm das Geschick nicht gnädig sein: Am 29. März 2003 wurde ihm seine Schnurrdiburr für immer genommen. Hilde Alexander, die Ehefrau, die Mutter, die Managerin, aber vor allem die große Liebe verstarb nach langem Leiden im Wiener Allgemeinen Krankenhaus an einer Herzschwäche.

Wochen-, ja monatelang hat Peter Alexander seinen Lebensmenschen tagtäglich in der Klinik besucht, täglich Blumen gebracht. Freunde meinen gar, Hilde hätte ihn darauf vorbereitet, auf das Abschiednehmen, auf das Alleinsein: »Hilde hatte über ein Jahr vor ihrem Tod einen Oberschenkelhalsbruch erlitten, sie war gestürzt. Während ihres Klinikaufenthaltes in Kärnten und auch im Wiener AKH machte sie sehr gute Genesungsfortschritte, wusste aber, wie es um sie stand. Sie wollte gar nicht mehr nachhause. Sie wollte, dass alle nahen Angehörigen in Ruhe von ihr Abschied nehmen können. Sie wollte vor allem, dass Peter lernte, alleine zu leben, ohne sie zurecht zu kommen.«

Seit dem Tod von Peter Alexanders geliebter Frau ranken sich Mythen, Gerüchte und Schauermärchen um den Zustand des Jahrtausend-Entertainers, der seither alleine mit seiner treuen Haushälterin in der Döblinger Villa leben muss. Umsorgt von den Kindern und Enkelkindern, getröstet von Hunderten Fanbriefen und seinen guten Freunden. Freiwillig abgeriegelt von der Öffentlichkeit. Nur noch selten verlässt er den wunderbaren Park, der sein Haus umgibt. Wenn, dann nur um seine Schnurrdiburr auf dem nahen Döblinger Friedhof zu besuchen, mit ihr zu reden. Vielleicht ein tröstlicher Gedanke, dass sie das Grab mit der schlichten Inschrift »Hilde Neumayer«, in unmittelbarer Nähe der Ruhestätten von Gustav Mahler und Paul Hörbiger, vor fünfundzwanzig Jahren gemeinsam ausgesucht haben. Damals hat man sich noch Gedanken über den Sonnenstand gemacht – heute denkt Peter Alexander hier über die Sonne seines Lebens nach.

Es ginge ihm gut, er habe drei Jahre nach seinem schwersten Verlust wieder Lebensmut gefasst und sitze auch schon wieder am Klavier, komponiere, singe und rede viel über seine Hilde, weiß Freund Viktor Gernot.

Freunde empfängt er wieder gerne und immer öfter, nur von den Medien, die immer wieder seine Trauer und seine Ruhe stören, will der große Mann der Unterhaltung nichts mehr wissen.

Eine einzige Ausnahme machte der Großmeister der Unterhaltung am 16. Jänner 2005, achtzehn Monate nach Hildes Tod. In der ZDF-Geburtstagsgala anlässlich des Siebzigsten von Freund Wolfgang Rademann überraschte Alexander den Jubilar und ein Millionenpublikum mit einer

*68 Am Wörthersee*

berührenden Video-Botschaft. Aufgenommen im Arbeitszimmer seiner Wiener Villa, produziert von Tochter Susi mit einer kleinen Videokamera. Ganz ohne Scheinwerfer, Glamour und Aufwand, aber mit einem zuversichtlichen Lächeln im Gesicht, meinte Alexander in seiner Glückwunschbotschaft: »Wann komme ich noch einmal so einfach und schnell ins Fernsehen?« Ein kurzer Blick nach oben und ein Geburtstagsgruß von seiner Schnurrdiburr, die in seinem Herzen immer weiterleben wird.

Ein ganz Großer der Unterhaltung hat nach einem erfüllten Künstlerleben die Showbühne verlassen und bittet um Verständnis: »Ich habe über fünfzig Jahre meinen Beruf sehr ernst genommen, jetzt nehme ich meine Pension sehr ernst.«

»Peter der Große« hat es verdient, dass man den Wunsch von Peter Alexander Neumayer akzeptiert.

*69 »Herzlichen Glückwunsch!« für Peter Alexander zum 80. Geburtstag: Cover der Jubiläums-Doppel-CD, 2006*

# *Anhang*

## *Filmographie* (PA = Peter Alexander)

1952 ***Verlorene Melodie.*** Regie: Eduard Borsody. Darsteller: Elfie Mayerhofer, Robert Lindner, Fritz Muliar und PA

***Königin der Arena.*** Regie: Rolf Meyer. Darsteller: Maria Litto, Hans Söhnker, Grethe Weiser, Camilla Horn, Jan Hendriks, Paul Kemp und PA

1953 ***Die süßesten Früchte.*** Regie: Franz Antel. Darsteller: Wolf Albach-Retty, Hannelore Bollmann, Maria Holst, Katharina Mayberg, Joe Stöckel, Oskar Sima, Gunther Philipp, Rudolf Platte sowie Leila Negra und PA

***Glück muss man haben /Drei, von denen man spricht.*** Regie: Axel von Ambesser. Darsteller: Bruni Löbel, Wolfgang Lukschy, Axel von Ambesser, Erik Frey, Helmut Qualtinger, Ernst Waldbrunn, Paul Kemp und PA

1954 ***Verliebte Leute.*** Regie: Franz Antel. Darsteller: PA, Hannelore Bollmann, Peter Pasetti, Ilse Peternell, Rudolf Platte, Hans Moser, Oskar Sima

***Die große Star-Parade.*** Regie: Paul Martin. Darsteller: Adrian Hoven, Renate Holm, Gunther Philipp und als Gäste PA, Sonja Ziemann, Caterina Valente, Cornelia Froboess

1955 ***Liebe, Tanz und 1000 Schlager.*** Regie: Paul Martin. Darsteller: PA, Caterina Valente, Rudolf Platte, Silvio Francesco, Hubert von Meyerinck

1956 ***Musikparade.*** Regie: Géza von Cziffra. Darsteller: PA, Georg Thomalla, Bibi Johns, Ruth Stephan, Chariklia Baxevanos

***Bonjour, Kathrin.*** Regie: Karl Anton. Darsteller: PA, Caterina Valente, Dietmar Schönherr, Hans Joachim Kulenkampff

*Ein Mann muss nicht immer schön sein.* Regie: Hans Quest. Darsteller: PA, Inge Egger, Susi Nicoletti, Brigitte Grothum, Christiane Maybach, Inge Meysel

1957 *Liebe, Jazz und Übermut.* Regie: Erik Ode. Darsteller: PA, Bibi Johns, Roland Kaiser, Ida Krottendorf, Erik Ode, Nora Minor, Hugo Lindinger, June Richmond

*Das haut hin.* Regie: Géza von Cziffra. Darsteller: PA, Grethe Weiser, Wolfgang Lukschy, Gunther Philipp, Margit Nünke, Hans Olden

1958 *Münchhausen in Afrika.* Regie: Werner Jacobs. Darsteller: PA, Gunther Philipp, Anita Gutwell, Roland Kaiser, Franz Muxeneder

*Wehe, wenn sie losgelassen.* Regie: Géza von Cziffra. Darsteller: PA, Bibi Johns, Brigitte Mira, Josef Egger, Ruth Stephan, Hans Borsody, Lucie Englisch

*So ein Millionär hat's schwer.* Regie: Géza von Cziffra. Darsteller: PA, Germaine Damar, Heinz Erhardt, Loni Heuser, Ernst Waldbrunn

1959 *Peter schießt den Vogel ab.* Regie: Géza von Cziffra. Darsteller: PA, Germaine Damar, Maria Sebaldt, Oskar Sima

*Schlag auf Schlag.* Regie: Géza von Cziffra. Darsteller: PA, Mara Lane, Wolfgang Wahl, Ingrid Andree, Ralf Wolter, Ruth Stephan, Brigitte Mira, Bum Krüger

*Ich bin kein Casanova.* Regie: Géza von Cziffra. Darsteller: PA, Gerlinde Locker, Heinz Conrads, Oskar Sima, Uschi Siebert

*Salem Aleikum.* Regie: Géza von Cziffra. Darsteller: PA, Germaine Damar, Rudolf Platte, Oskar Sima

1960 *Kriminaltango.* Regie: Géza von Cziffra. Darsteller: PA, Vivi Bach, Peter Carsten, Susi Nicoletti, Fritz Muliar

*Ich zähle täglich meine Sorgen.* Regie: Paul Martin. Darsteller: PA, Ingeborg Schöner, Gunther Philipp, Loni Heuser, Paul Esser

*Im weißen Rössl.* Regie: Werner Jacobs. Darsteller: PA, Waltraut Haas, Gunther Philipp, Karin Dor, Adrian Hoven, Werner Finck, Rudolf Carl

1961 *Saison in Salzburg.* Regie: Franz Joseph Gottlieb. Darsteller: PA, Waltraut Haas, Gunther Philipp, Ingeborg Schöner, Beppo Brem, Sissi Löwinger, Gunnar Möller, Loni Heuser, Peter Vogel

*Die Abenteuer des Grafen Bobby.* Regie: Géza von Cziffra. Darsteller: PA, Gunther Philipp, Vivi Bach, Oskar Sima, Boy Gobert, Susi Nicoletti, Adrienne Gessner, Hubert von Meyerinck, Fritz Muliar

1962 *Die Fledermaus.* Regie: Géza von Cziffra. Darsteller: PA, Marianne Koch, Marika Rökk, Willy Millowitsch, Gunther Philipp, Hans Moser, Oskar Sima, Susi Nicoletti, Boy Gobert, Rudolf Carl

*Die lustige Witwe.* Regie: Werner Jacobs. Darsteller: PA, Karin Hübner, Geneviève Cluny, Gunther Philipp, Ernst Waldbrunn, Dario Moreno, Peter Machac

*Hochzeitsnacht im Paradies.* Regie: Paul Martin. Darsteller: PA, Marika Rökk, Waltraut Haas, Gunther Philipp, Fred Liewehr, Rudolf Carl, Hubert von Meyerinck, Alice und Ellen Kessler

*Das süße Leben des Grafen Bobby.* Regie: Géza von Cziffra. Darsteller: PA, Gunther Philipp, Ingeborg Schöner, Margitta Scherr, Oskar Sima, Fritz Muliar, Rolf Olsen, Krista Stadler, Peter Machac

1963 *Charleys Tante.* Regie: Géza von Cziffra. Darsteller: PA, Maria Sebaldt, Peter Vogel, Eike Pulver, Marlene Rahn, Alfred Böhm

*Der Musterknabe.* Regie: Werner Jacobs. Darsteller: PA, Cornelia Froboess, Gunther Philipp, Gusti Wolf, Adrienne Gessner, Theo Lingen, Franz Stoß, Rudolf Carl, Peter Machac

*Schwejk's Flegeljahre.* Regie: Wolfgang Liebeneiner. Darsteller: PA, Rudolf Prack, Gunther Philipp, Lotte Ledl, Hannelore Auer, Susi Nicoletti, Erwin Strahl, Franz Muxeneder, Rolf Kutschera, Oskar Wegrostek

1964 *Hilfe, meine Braut klaut.* Regie: Werner Jacobs. Darsteller: PA, Cornelia Froboess, Gunther Philipp, Elfriede Irrall, Guggi Löwinger, Fred Liewehr, Rudolf Carl, Kurt Heintel, Rudolf Vogel

1965 *Das Liebeskarussell.* Regie: Axel von Ambesser, Alfred Weidenmann, Rolf Thiele. Darsteller: PA (in der Episode »Lolita«), Curd Jürgens, Nadja Tiller, Gert Fröbe, Heinz Rühmann, Friedrich von Thun, Blanche Aubry, Catherine Deneuve, Anita Ekberg, Johanna von Koczian, Ivan Desny, Hans Leibelt, Ingeberg Wall, Richard Münch, Axel von Ambesser

*... und so was muss um 8 ins Bett.* Regie: Werner Jacobs. Darsteller: PA, Gitte, Ingeborg Schöner, Loni Heuser, Gunther Philipp, Peter Gerhard, Lotte Lang

*Graf Bobby, der Schrecken des Wilden Westens.* Regie: Paul Martin. Darsteller: PA, Gunther Philipp, Olga Schoberova, Hanne Wieder, Elisabeth Markus

1966 *Bel Ami 2000 oder Wie verführt man einen Playboy?* Regie: Michael Pfleghar. Darsteller: PA, Antonella Lualdi, Helga Anders, Christiane Rücker

1968 *Zum Teufel mit der Penne/Die Lümmel von der ersten Bank.* Regie: Werner Jacobs. Darsteller: PA, Heintje, Hansi Kraus, Hannelore Elsner, Theo Lingen, Willy Millowitsch

1969 *Hurra, die Schule brennt.* Regie: Werner Jacobs. Darsteller: PA, Heintje, Theo Lingen, Harald Juhnke, Gerlinde Locker, Werner Finck

1972 *Hauptsache Ferien.* Regie: Peter Weck. Darsteller: PA, Christiane Hörbiger, Theo Lingen, Martin Held, Blandine Ebinger, Bruno Hübner, Marietta Schupp, Regina Claus

## *Nummer-1-Erfolge in der deutschen Single-Hitparade*

1955 »Der Mond hält seine Wacht«, »Eventuell«
1956 »Ich weiß, was dir fehlt«
1967 »Verbotene Träume«, »Der letzte Walzer«
1968 »Delilah«
1969 »Liebesleid«

sowie insgesamt 27 Top-Ten-Erfolge in der deutschen Single-Hitparade

## *Weitere bekannte Lieder*

1951 »Das machen nur die Beine von Dolores«
1952 »Die süßesten Früchte«
1956 »Komm ein bisschen mit nach Italien«
1957 »Das ganze Haus ist schief«, »Mamitschka«
1958 »Mandolinen und Mondschein«
1960 »Ich zähle täglich meine Sorgen«
1962 »Der Badewannentango«
1965 »Schenk mir ein Bild von dir als Souvenir«, »Das Wunder bist du«
1966 »Was Frauen träumen«, »Seide und Samt«
1967 »Komm und bedien dich bei mir«
1970 »Hier ist ein Mensch«
1973 »Steck dir deine Sorgen an den Hut«, »Unser tägliches Brot ist die Liebe«
1974 »Ich schau dir so gern in die Augen«, »Pedro«
1975 »Der Bauer, der Esel und sein Sohn«, »Liebe ist nur für Verliebte da«
1976 »Das kleine Beisl«, »Die kleine Kneipe« (komponiert von Pierre Kartner), »Pass gut auf dich auf, mein Kind«
1977 »An der Himmelstür«
1978 »Die Firma«, »Feierabend«
1979 »Und manchmal weinst du sicher ein paar Tränen«, »Schwarzes Gold«
1980 »Genieß dein Leben«, »Denk doch auch mal an dich«
1981 »Der Papa wird's schon richten«
1982 »Immer auf die Kleinen«
1983 »Liebst du mich...«
1984 »Goodbye my love, verzeih my love« (Duett mit Mireille Mathieu)
1986 »Mexico mi amor« (zusammen mit der Fußball-Nationalmannschaft zur WM 1986 in Mexiko)
1988 »Zeit der Rosen«
1990 »Der Tag der kleinen Helden«, »Verliebte Jahre«

## *Ehrungen, Auszeichnungen, Preise*

1957 »Preis der deutschen Kinobesitzer« als »Bester Nachwuchsdarsteller«

1965 »Preis der deutschen Musikjournalisten« als »Bester deutschsprachiger Sänger«

1966 »Goldenes Mikrophon« als bester »Musikstar des Europäischen Showbusiness«

1968 »Bronzener Löwe von Radio Luxemburg« für »Der letzte Walzer«
»Goldener Löwe« für »Schön muss es sein, dich zu lieben«
»Lieber Augustin« der Stadt Wien

1969 »Goldene Leinwand« für »Zum Teufel mit der Penne«
»Goldene Leinwand« für »Hurra, die Schule brennt«
»Goldener Löwe von Radio Luxemburg« für »Liebesleid«
»Midem Preis« als bester deutschsprachiger Sänger
»Silberner Löwe« für »Komm und bedien dich bei mir«
»Goldene Europa« als beliebtester Schlagersänger

1970 »Bambi«-Leserpreis von »Bild & Funk«
»Goldene Kamera« von »Hörzu«
»Silberner Bildschirm« von »TV Hören und Sehen«
»Goldener Rathausmann der Stadt Wien«

1971 »Bambi« als bester Showstar
»Silberner Bildschirm« von »TV Hören und Sehen«
»Bronzener Otto« von »Bravo«
»Goldenes Ehrenzeichen für Verdienste um das Land Wien«

1972 »Bambi« als bester Showstar

1973 »Goldener Bildschirm« von »TV Hören und Sehen«
»Goldene Kamera« von »Hörzu«
»Ehrenlöwe« von Radio Luxemburg als bester Sänger
»Bambi« als bester Showstar
»Goldner Teller« von der deutschen Gastronomie
»Goldener Bär« als beliebtester ausländischer Interpret in der Schweiz

1974 »Goldener Bildschirm« von »TV Hören und Sehen«
»Goldene Europa« von Europawelle Saar
»Sonder-Bambi« als beliebtester Künstler im TV

1975 »Ehrenkreuz 1. Klasse der Republik Österreich« für Verdienste um Wissenschaft und Kunst

1976 »Goldener Bildschirm« als Star des Jahres
»Hans Moser Preis« der Kronen Zeitung

1977 »Silberner Löwe« für »Die kleine Kneipe«
»Bambi« als beliebtester Showstar

1978 »Bambi« als beliebtester Showstar

1980 »Goldene Super-Kamera« von »Hörzu« als »Größter Star aller Zeiten«
»Goldene Kamera« als »TV-Star des Jahrzehnts«
»Robert Stolz Büste« von »Heimatmelodie«
»Silberner Teller« der Robert Stolz Stiftung
»Goldene Europa« von Europawelle Saar
»Deutscher Schallplattenpreis« für volkstümliche Unterhaltung

1982 »Goldenes Konzertjournal« für über 200 000 Besucher

1984 »Goldene Kamera«

1985 »Ehrenring der Stadt Wien«
»Großes Ehrenzeichen für Verdienste um die Republik Österreich«

1986 »Goldene Cleo« vom »Kurier« als beliebtester Star Österreichs

1987 »Ehren-Bambi« für außerordentliche Karriere

1990 »Sonder-Bambi«

1992 »Rosenhügel-Preis« für österreichische Filmgeschichte
»Romy« als bester Showmaster Österreichs
»Goldene Video-Cassette« als bester Unterhaltungskünstler des ORF

1993 »Platin Romy« für das Lebenswerk

1994 »Tourismuspreis der Stadt Wien«

1996 »Bambi für das Lebenswerk«

## *Bibliographie*

Zahlreiche der zum Teil geringfügig gekürzten wörtlichen Zitate dieses Buches stammen aus folgenden Büchern:

Peter Alexander: *Gestatten, Peter Alexander*. Gedanken. Bertelsmann, Gütersloh 1971

»Atze« Brauner: *Mich gibt's nur einmal*. Rückblende eines Lebens. Herbig, München/Berlin 1976

Géza von Cziffra: *Kauf dir einen bunten Luftballon*. Erinnerungen an Götter und Halbgötter. Herbig, München/Berlin 1975

Paul Hörbiger: *Ich hab für euch gespielt*. Erinnerungen. Aufgezeichnet von Georg Markus. Herbig, München/Berlin 1979

Franz »Zwetschi« Marischka: *Immer nur lächeln*. Geschichten und Anekdoten von Theater und Film. Amalthea, Wien 2001

Gunther Philipp: *Mir hat's fast immer Spaß gemacht*. Erinnerungen. Herbig, München 1989

Marika Rökk: *Herz mit Paprika*. Aufgezeichnet von Elvira Reitze. Universitas, München 1993

## *Danksagung*

Für die Mitarbeit an diesem Buch gilt mein besonderer Dank:

Familie Alexander-Neumayer, Prof. Franz Antel, Dieter Böttger, Mag. Johanna Dollhäubl, Gerhard Bronner, Prof. Rudolf Buchbinder, Viktor Gernot, Waltraut Haas, Christiane Hörbiger, Günther Huber, Prof. Udo Jürgens, Dagmar Koller, Johannes Kunz, Ernst Wolfram Marboe, Michael Niavarani, Dieter Quester, Wolfgang Rademann, Dr. Brigitte Sinhuber-Harenberg, Roman Schliesser, Prof. Karl Spiehs, Erwin Strahl, Dr. Bernhard Struckmeyer, Prof. Peter Weck, Prof. Dr. Helmut Zilk.

# *Namenregister*

Julie Mamou-Mani
@mamouz

Jessica Cymerman
@ze_serial_mother

# Petit éloge du rire

## De la naissance à la mort : les secrets de l'humour

ILLUSTRÉ PAR TIFFANY COOPER

LEDUC HUMOUR